# 过云楼与江南文化
# 论文集

苏州市档案馆 编

文匯出版社

**编委**
　　虞爱国　陈　凯　贾　莉　沈慧瑛　卜鉴民
　　施　开　谈　隽　陈进锋　林忠华　方玉群
　　张小明　俞　菁　相明洁　陈　亮　谢　静

**编辑**
　　俞　菁　甘　戈　倪嘉琪

过云楼第一代主人顾文彬塑像 　　过云楼第二代主人顾承小像
　　　　　　　　　　　　　　　　　　吴湖帆绘

过云楼第三代主人顾麟士在怡园 　　顾麟士之子顾公柔

胡芑孙、任熏绘《吴郡真率会图》，左一为顾文彬

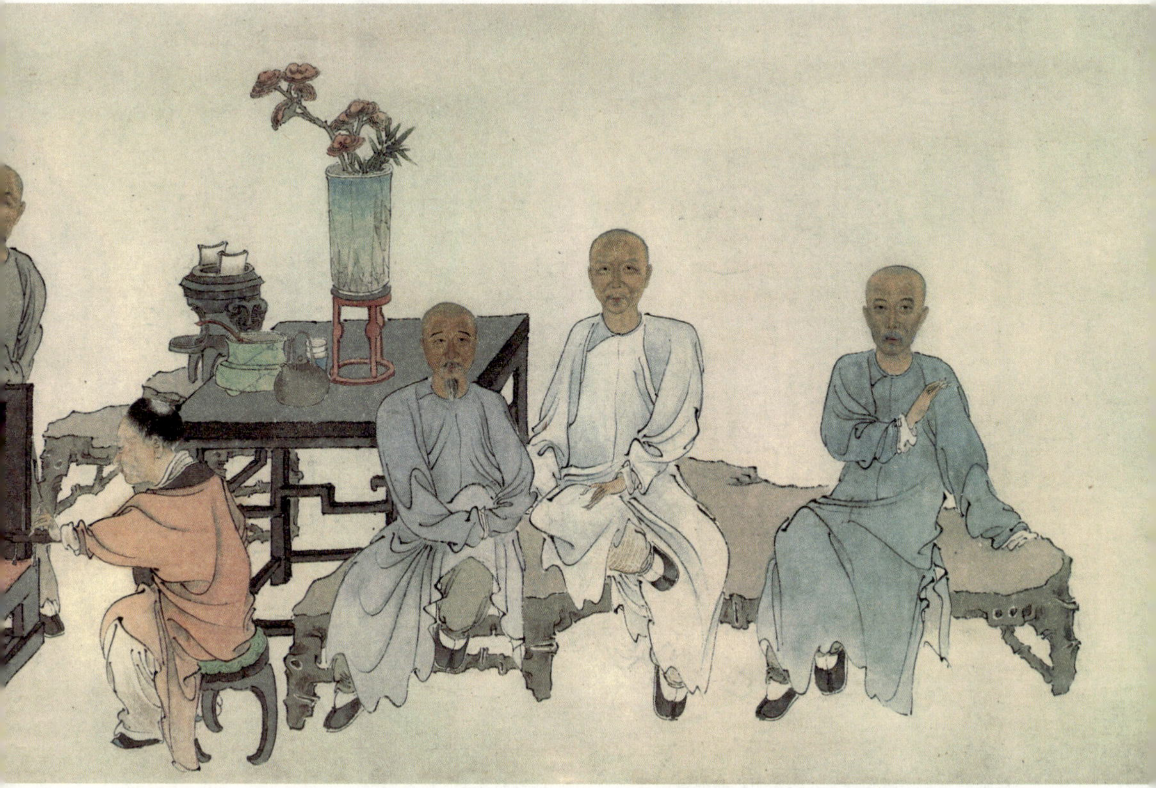

顾文彬为任熏《自锄明月种梅花图》题画

一枝粗穩三徑初成
商略遺編且題醉墨

過雲樓者余收藏書畫之所也蓄意欲搆此樓十餘年矣塵事牽率辛未果乙亥夏余移疾歸里樓適落成方集辛幼安詞句題之時方有書畫錄之輯故次聯云爾
艮菴顧文彬識并書

顾文彬《过云楼书画记》
印本扉页一

顾文彬编《顾承行述》

顾承山水图扇页

顾承致顾文彬函

顾麟士《顾鹤逸山水册》选页

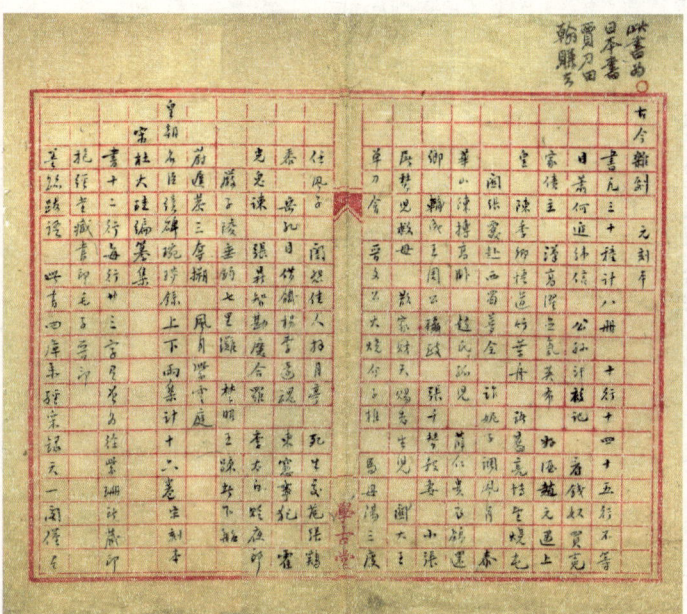

顾麟士《鹤庐藏书志》残稿　　顾麟士《鹤庐画趣》手稿

顾公雄《销寒山水图册》

顾公柔《摹黄大痴秋山图》

顾公硕《爱马图》

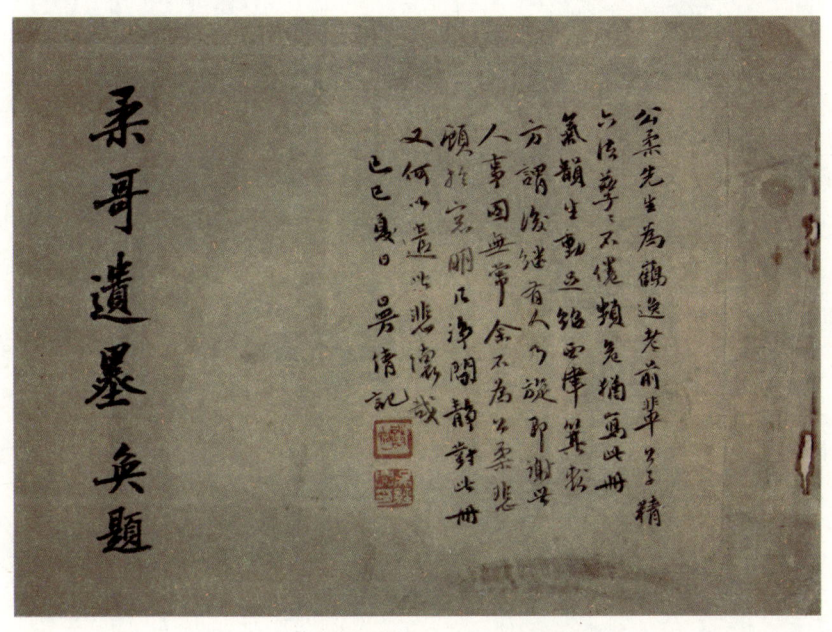

《柔哥遗墨》，吴湖帆题记，顾公硕题画册名

"十三五"国家重点图书"过眼烟云——过云楼历代主人手书精粹"丛书（苏州市档案馆编）

# 序

苏州自古文化昌盛，人文荟萃，藏书储画之风源远流长，至明清时期更是蔚然成风。苏城名门望族建藏书楼者不在少数，其中以素有"江南收藏甲天下，过云楼收藏甲江南"之称的顾氏过云楼最为著名。过云楼，由顾文彬于铁瓶巷起造，建成于清同治十二年（1873），取意苏东坡所言"书画于人，不过是烟云过眼而已"。过云楼四代主人历经百年，集腋成裘，珍藏了大批名家字画、善本古籍、彝鼎古玩等文化瑰宝，过程中形成的种种档案文献资料亦是弥足珍贵。

近年来，顾氏后人顾笃璜先生向苏州市档案馆陆续捐赠了2000余件家藏珍贵档案。涵盖从第一代顾文彬、第二代顾承、第三代顾麟士到第四代顾公柔、顾公硕等人之代表作，包括日记、家书、笔记、诗词、年谱等，以及收藏的书籍、碑拓、书画，一批与亲友的往来信札，其中不乏俞樾、傅增湘、杨守敬、胡林翼等名家手迹。这些文献内容极其丰富，全面反映了过云楼创建以来的发展历程与各个时期的文化风貌，但作为家藏秘珍，绝少为外人所知。

为充分挖掘这些档案文献的历史价值和文化价值，更好地保护和传承优秀传统文化，苏州市档案馆编纂出版了"过眼烟云——过云楼历代主人手书精粹"系列丛书，作为"十三五"国家重点图书予以推出，并被列入"苏州文化繁荣兴盛三年行动计划"。自2017年至2020年，历时四载，包括《顾文彬日记》《宦游鸿雪》（又作《宦游鸿雪》，本书统一作《宦游鸿雪》）、《顾承信札》《鹤庐画趣》《顾公柔日记》等在内的"过眼烟云——过云楼历代主人手书精粹"系列丛书全部付梓，共13种21册，计360万字。此外苏州市档案馆还整理出版了《过云楼日记》《过云楼家书》《吴云信札》《过云楼友朋信札》等书籍。著名学者赵珩先生充分肯定苏州市档案馆为此所做的工作，认为"悉心整理，编辑注录，功莫大焉"。过云楼丛书在第十届江苏书展上亮相，获得了学界的广泛关注与普遍好评，并荣获2020年江苏省档案开发利用成果精品评选特等奖。过云楼档案文化开发利用成果还获得苏州市2021年度全市宣传思想文化工作创新成果提名项目。

专家对过云楼档案文献的价值及其编研成果的学术与史料价值做出高度评价。过云楼档案具有系统性、多样性和稀缺性等特点，地域特征和文化特质十分明显，这些文献年代久远、时间跨度大，具有丰富的历史文化内涵。因过云楼档案得到很好的保护、整理与开发利用，受益于此的研究者愈加增多，使过云楼文化逐渐成为显学，具有很大的学术价值与社会意义。

过云楼历代主人留下的信札、笔记、著作等种种文字记载，记录着包括顾氏在内整个江南文化圈子的活动，为研究者提供了一个具象了解江南文化的机会。为了让人们更深入地了解过云楼，了解过云楼背后深藏的文化底蕴，苏州市档案馆于2021年11月举办了"过云楼与江南文化"学术研讨会。中国人民大学教授黄爱平、南京大学教授范金民等知名专家学者撰写了会议论文，在会上分享了自己的独到见解和精彩观点。

本书辑录了近20位与会作者的论文，汇集成此册公开出版，以飨读者。这些文章多基于苏州市档案馆所编纂的过云楼书籍开展研究，或聚焦过云楼主的仕宦生涯，或阐述过云楼藏品的渊源流变，或探究过云楼历代主人对江南文人雅士的艺术创作及书画鉴藏、昆曲、绘画、古琴等传统文化产生的深远影响，可为各界学者研究过云楼与江南文化的相关议题提供借鉴。这些文章将进一步推动关于中国书画流转、怡园琴会对后世影响、苏州园林兴盛、晚清官绅交游等相关问题的研究，推进与深化对江南近代史与社会文化方面的研究。

# 目录

**序**

**官宦生涯与书画赏鉴**     001
——顾文彬过云楼的收藏
范金民（南京大学历史学院）

**云过留痕**     020
——江南过云楼文化现象解析
黄爱平（中国人民大学清史研究所）

**晚清琉璃厂文玩字画交易与南北文化交流**     039
——以《顾文彬日记》为中心
阚红柳（中国人民大学清史研究所）

**《过云楼书画记》的考据特色和学术追求**     057
——以苏轼书法作品著录为例
艾俊川（金融时报社）

**晚清过云楼档案的开发利用及其价值研究**     070
沈慧瑛（苏州市档案馆）

顾文彬与盛康、盛宣怀父子关系浅探　　　　　　085
张步东（常州市档案馆）

顾氏藏书世家　　　　　　094
曹培根（常熟理工学院）

清代中晚期苏州徽商的社会融入与身份重塑　　　　　　105
——以顾文彬家族为例
王　晗（苏州大学社会学院）

从吴昌硕与顾麟士交往看对他的艺术创作影响　　　　　　127
祝兆平（过云楼研究会）

盛康购留园年代"疑案"再考　　　　　　139
——兼论顾文彬书信札文
周苏宁　程斯嘉（苏州市风景园林学会）

元僧雪庵手卷《书韩昌黎山石诗卷》入藏
过云楼始末及其相关考证　　　　　　148
姚凯琳（南京图书馆古籍部）

苏州过云楼顾氏琴事考源　　　　　　159
顾　颖（无锡市公安局）

馆藏吴门真率会尺牍册研究　　　　　　169
潘文协（苏州博物馆）

## 顾麟士、顾则坚父子的书画情缘及对苏州美术界的影响 **188**
俞 菁（苏州市档案馆）

## 顾承往事 **198**
倪嘉琪（苏州市档案馆）

## 顾文彬家庭教育思想研究 **207**
——以《宦游鸿雪》为中心
王圣云（中国人民大学清史研究所）

# 官宦生涯与书画赏鉴
## ——顾文彬过云楼的收藏

范金民

(南京大学历史学院)

  **摘　要：** 晚清书画收藏大家顾文彬过云楼的收藏品，无论藏品数量还是书画档次皆属一流，主要庋藏于藏主出任晚清有名肥缺浙江宁绍台道员期间，该缺特别丰厚的银钱进项，为藏主提供了充足的资金保障。为了坐稳宁绍台道员这个美缺的交椅，顾文彬处心积虑，讨好上司，交好同僚，获取较好官声。书画收藏赏鉴的生动情节表明，直到晚清，官宦生涯与书画收藏往往互为挹注，互相助益。

  **关键词：** 顾文彬；官缺；书画赏鉴

  过云楼主顾文彬（1811—1889），字蔚如，号子山，晚号艮庵，是晚清江南的书画收藏大家，其书画收藏一时无出其右。过云楼的书画收藏，起始于道光八年（1828），但直到顾文彬同治十年（1871）起复铨选为浙江宁绍台道员，似乎并无过人之处，名声也不响。顾文彬于光绪元年（1875）退官家居时，其雅好收藏鉴赏书画的兴致丝毫未减，仍然利用一切机会，倾心于此，过云楼从而出旧补新，拾遗补阙，持续增添了不少瑰宝，但总体而言，顾家的收藏高峰已经过去，过云楼的镇楼珍品早已庋藏在库，东南或江南第一藏家的名声也已闻名遐迩。毫无疑问，过云楼的丰厚收藏成就于顾文彬就任宁绍台道员期间，则宁绍台道缺与过云楼收藏的关系，就饶有兴味，值得探讨。

一

苏州府元和县人顾文彬丁忧服阕起复，于同治九年三月底抵京候选，同年闰十月铨为浙江宁绍台道员，次年正月就任。获得任官旨意后，顾文彬于同治九年十一月十三日起，连续三天出去馈送"别敬"，前后共送别敬银3066两，扣除璧还或未收的，实际送出2516两。[1]

外官就任，向京官送别敬，是清代官场惯常做法，必不可少。此前，道光二十五年（1845）正月，仪征人张集馨就任陕西督粮道，"今得此缺，向来著名，不得不普律应酬"，向各处借贷一万九千两，实际"共用别敬一万七千两"。道光二十七年六月，张集馨又补授四川按察使，自军机大臣以下按级别送"别敬"，"共用别敬一万五千余金"。[2] 咸丰九年（1859），浙江按察使段光清离京赴任，凡是同年同乡及浙省京官，均为其接风饯行，他一天要赶赴七八处，酬应数日，"酌留别敬，在人不见讨好，在余则已花银数千"。[3]

顾文彬的职位及所得缺分与张集馨相当，单个人的别敬数额也基本相同，但大约因为其时社会经济不景气，致送别敬的范围大为收缩，人头减少，是以总数大为减少。较之段光清，时代较近，做法相类，不丰不啬，所费别敬也大致相当。

顾文彬夫子自道："余素嗜书画，自唐宋元明迄于国朝，诸名迹力

---

[1] 顾文彬：《过云楼日记》，苏州市档案局（馆）、苏州市过云楼文化研究会编，文汇出版社，2015年标点本，第63—64页。
[2] 张集馨：《道咸宦海见闻录》，中华书局，1981年标点本，第78、90页。
[3] 段光清：《镜湖自撰年谱》，中华书局，1997年标点本，第144页。

所能致者,靡不搜罗,旁及金石,如钟鼎尊彝古钱古印之类,亦皆精究。"[1]其孙顾麟士也自我品评,自道光八年至民国初年,百年于兹,"唐宋元明真迹入吾过云楼者,如千里马之集于燕市"。[2]其书画收藏楼过云楼是清末以来收藏极为丰赡的名楼。

顾氏收藏书画,有两个关键时期,一是太平天国战后清廷克复江南后;二是顾氏出任美缺浙江宁绍台道员时。前一个时期,使顾氏收藏大为丰赡增益;后一个时期,顾氏推陈出新,以高头大章替换中下之驷,使过云楼收藏既丰益精,更上台阶,顾氏也巍然成一代收藏大家。

顾文彬的老家苏州、早年出任京官的京师和现在浙江宁绍台道员的所在地宁波,都是历代名迹收藏流通重地。顾文彬从道光八年起,留心收藏,尽力搜求,到出任宁绍台道员时,奔藏法书名画已有一定规模,但名声还不响,藏品并无过人之处。

同治十年二月十九日,顾文彬到任,两个多月后,解饷委员带来其婿朱研生在京中为他物色到手的智永真草千文卷。顾大喜过望,"反复审玩,的是奇宝",不免心生感慨,"京中赏鉴家不少,蹉跎至今,仍落吾手,殆有夙约"。[3]后来藏主将此瑰宝列为过云楼藏品书类第一号,可见该卷在过云楼书画中的至高地位。从此开始,因为宁绍台道员的预期收入,顾氏实际上有了大事搜罗珍迹的财力底气。

同治十年六月,顾家从玉溪处购入王石谷卷。为购得此卷,顾文彬指令其子,"玉溪之物,山樵、石谷两册,世间稀有,切勿交臂失之,更恐为捷足者得去,如肯脱手,亟须取归",至于价格,可以不计较,但按所拟价格,可陆续增添,"以成为度"。第二天,又致信儿子,"昨夜悬想山樵、石谷两册,几不成寐",因为石谷卷所拟出价三百元,已

---

1　顾文彬:《过云楼书画记》附录《哭三子承诗四十首》,江苏古籍出版社,1999年标点本,第193页。
2　顾麟士:《过云楼续书画记·自叙》,江苏古籍出版社,1999年标点本。
3　顾文彬:《过云楼家书》,苏州市档案局(馆)、苏州市过云楼文化研究会编,文汇出版社,2016年点校本,第44页。

不离左右，而山樵卷一百金，可能尚未到位，恐难成交，因而再次指令其子，价格不必计较，"两册总以购成为度，且能于数日内成交最妙"。过了几天，顾文彬致信儿子，进一步指令，如果卖家只肯先售一件，"宜先石谷而后山樵"，因为石谷是热货，"人所共识，亦所共争，先抢到手，省得与人争竞"。一周后，顾文彬又强调，卖家是江湖老友，藏此瑰宝，求之者又众，估计不肯轻易出手，若二者不可兼得，不妨"舍黄鹤而取石谷"。因为石谷册虽然并不稀少，但"此大册，实所罕见"，而且顾家若要聚集四王巨册，缺此不可。大概卖家提出单是石谷卷就要增价，文彬表示，四百元能略减便是便宜，即使依此数，也不必在乎此数十元，购此巨册，宜"莫惜重价"。大约又经一周，此卷购藏入手，顾文彬备感欣慰，情不自禁："石谷册如愿而得，可谓快心之事。抄录各题并各幅结构，虽未目击亦可神游。"[1]

同月，从宁波楼月潭家购入恽、王十万图和麓台渔山合璧册等。十九日，顾文彬经其钱谷幕友曹恺堂介绍，从宁波楼月潭家取回画作四件，其中麓台画轴、石谷合璧卷和南田仿元四家四段卷，都是赝品，但南田十万图册"精妙绝伦"，而恽、王十万图"居然珠联璧合"。而且十万图卷仅付了百元，价格相当便宜。过了几天，楼家又送来三箱书画，多达230余件，"自宋元明及国朝名大家，无所不有"，最精者也有十余件。其中出色之物，以王麓台、吴渔山合璧册各六页为最，是王原祁62岁时和吴历48岁时为麓台弟子王敬铭所作，"故极意经营"。[2] 此外，四王卷轴和恽、吴扇面，以及历朝名绘精品之作不少。王十万图后来收入《过云楼书画记·画类六》。

到同治十年七月中旬，顾家"近来所得书画，统计已需千元之外"，[3] 但所藏清朝六大家巨册所少者南田、麓台，因而一直在关心江阴陈寄舫

---

1　顾文彬：《过云楼家书》，2016 年点校本，第 52—53、55 页。
2　顾文彬：《过云楼家书》，2016 年点校本，第 62、64、65、67 页。
3　顾文彬：《过云楼家书》，2016 年点校本，第 72 页。

（又作陈以和）家所藏麓台、南田两巨册，以及陈伯蕴处之石斋册，朱小沤家之老莲册，钮兰畹处之烟客小卷，皆留意收购。

十一年二月中旬，从张子蕃手购入衡山轴两件、麓台大轴、渔山轴、石涛册、柴桢册、莲池大师字卷，共费250元，"价虽稍昂，所选皆精"。[1] 其中石涛山水十二页，"幅幅对题，纸白板新，苍秀而无犷气，其画境与李笙渔所藏四页相仿"，[2] 只要60元。而麓台大轴，画面苍深浑厚，题款之字，也属"开门见山"，画幅高五尺余，阔二尺八寸多，与以前京中所得之廉州大轴幅阔相仿而稍短，尚可相配，与西庐大轴也相仿，尚可相配。顾文彬思忖，如能再得石谷大轴，四王大轴齐全，其自我感觉，便若著名画家萧云从（1596—1673，字尺木）太白楼中所画四大名山天下奇观，"足以雄视一世"。[3]

从茅古董处购画。十一年十月初，李长蘅书画册，傅青主募缘疏册，明人尺牍册，临阁帖册，以60元得之茅古董。[4] 在宁波，十月中旬，从捎客处（顾猜测此货必是杨企堂家之物）购得藏品，数日来得到七卷，即南田设色兰花长卷，傅青主设色山水送陈迦陵南行卷，陈居中工笔文姬归汉卷，"皆开门见山，精妙绝伦"；文承休青绿四水卷，史汉王孝子像卷，李君实赤壁卷，张二水草书长卷，"皆精"。统共只费百元，在文彬看来，仅南田一卷即足值此款。[5] 十一月初六日，有人携来南田临山樵夏日山居图轴，系画主56岁时所作，正值"大成精到时"，因此"经意非常"，上有双题，顾家已有藏品都无逾此件，以27元成交。[6] 初十日，顾文彬总结，"近日所得，以南田一卷一轴，石田两卷一轴一册为最，皆开门见山之物也"。[7]

---

1 顾文彬：《过云楼家书》，2016年点校本，第131页。
2 顾文彬：《过云楼家书》，2016年点校本，第129页。
3 顾文彬：《过云楼家书》，2016年点校本，第131、132、134页。
4 顾文彬：《过云楼家书》，2016年点校本，第185页。
5 顾文彬：《过云楼家书》，2016年点校本，第190页。
6 顾文彬：《过云楼家书》，2016年点校本，第195页。
7 顾文彬：《过云楼家书》，2016年点校本，第197页。

如此广收，不免审择过滥，真伪杂收。如顾文彬兴高采烈从楼月潭家购入的王麓台、吴渔山合璧册，承认失眼；赵、恽等件，明定为赝品；花20元从张子蕃手购入的渔山轴，文彬认为是精品，而其子顾承和琴霞皆以为假；文衡山轴，千岩竞秀，但顾承以为伪。为此吸取教训，尽量收紧。同治十一年二月顾文彬说："但从王吴合册失眼之后，于麓台画尤不敢轻信。"[1] 十一月初十日又说："此后如有大票书画来，必细审而后择取，且以收紧为主，决不至真伪杂收也。"[2]

其时浙东旧家之货不断流出，顾文彬不断收到惬意之物。十一年十月十二日说："近日古董家掮来书画，虽好歹杂出，亦颇有佳品。新得新罗册一本，较楼本更胜……又有薛素素画崔莺莺小帧，笔意宛似停云，精不可言。履任两年，直至今日，始觉书画云集，翰墨因缘迟速殆有前定耶？"[3] 十几天后又说："近日掮书画古玩者络绎不绝，虽无大件头，而小精品亦颇不乏"，"近日掮来字画络绎不绝，所得之物，有出色者几种，虽所费不赀，亦不能顾矣"。[4]

所收如杨椒山手札二十行，"真迹无疑"。张伯雨行楷七绝一首，"亦是题画之作"。杨龙友山水册十二页，系著名收藏家江苏镇洋人毕泷藏品。卞玉京兰花八页，每页有杨龙友题字。祝枝山草书七绝两页，钱牧斋小行楷题跋一页，吴渔山画松一页，王虚舟草书十余页，都是名人手迹。此外名人小品尚多，"入宝山，零玑断璧，俯拾即是，快心之事莫过于此矣"。[5] 另有黄大痴育斋图山水小幅，画笔明冶淡荡，气韵绝佳，上方题铭书法也佳，先后为王时敏、毕泷所藏。更得任渭长为姚梅伯画摘句图120页，分为6册，绢白板新，最令文彬惬意。此件昔年曾在上海见过，大概因为囊中羞涩，只得任其流过，被宁波富豪冯氏收藏。现

---

1 顾文彬：《过云楼家书》，2016年点校本，第127页。
2 顾文彬：《过云楼家书》，2016年点校本，第197页。
3 顾文彬：《过云楼家书》，2016年点校本，第198页。
4 顾文彬：《过云楼家书》，2016年点校本，第199—200页。
5 顾文彬：《过云楼家书》，2016年点校本，第201页。

在由古董家购出，文彬重睹宝物，岂容再失之交臂，竟以360元之高价"忍贵"购得。文彬又一向看好任渭长，推许他"为本朝一大家"，五百年后，其声价一定不在四王之下。此件又是任渭长经两个多月构写的生平杰作，较之陈老莲，"已有出蓝之胜"，文彬以巨资购买在手，"反复展对，百读不厌"，视为称心如愿娱老之杰构。[1]

十一年十一月底，顾承以银614两购得褚兰亭和唐写经两卷。此是人间至宝，顾文彬得知宝物出现，致信儿子，一再强调，要求不计价格抢购到手："褚摹兰亭及唐人写经，皆人间至宝，幸而遇之，万不可失，失之交臂即悔之终身。来禀所云，还价六百金，两卷并获，是否已算成交？若犹未成，不妨逐渐增添，总以成交为度。汝料我遇此尤物，即千金拼得出，真知我心之言也。……第一秘诀，总以不放出去为要着。切嘱切嘱！我家既得永师书，兹若再得河南书，则大江以南推为收藏家第一，亦可当之而无愧矣"，"若褚卷是万不可失之物，虽千金以外，亦必得之，断无议价不谐之虑，汝放胆购之可也。宋拓兰亭，尚值数百金，况唐贤墨宝耶？以此衡量，即千金非贵矣。赵子固云：性命可轻，至宝是保，亦为宋拓而言，若遇墨迹，不知作何赞叹耳。我家有唐书，必须有唐画配之"。[2] 入藏后，顾文彬欣喜异常，说："我家所藏宋拓兰亭、宋元人跋已不少。……此时既得唐宋名迹，眼界更高，真有一览众山小之势，寻常物件皆在可收可不收之列矣"，"褚书、唐经两种，乃人间至宝，幸而得之。……将来倘能逐渐上石，不但传名，而且获利"，"我家既得褚兰亭，凡宋元人所临皆当收之，汇成大观"。[3]

收购胡晓峰家之物。同治十一年十一月二十八日，从胡晓峰家轶出之物中选出佳者20件，其中有米元章行书卷，字如酒杯大，后有董思翁跋，"皆开门见山，的确无疑"。[4] 此外黄大痴、徐幼文两轴，以及

---

1　顾文彬：《过云楼家书》，2016年点校本，第201页。
2　顾文彬：《过云楼家书》，2016年点校本，第203、204页。
3　顾文彬：《过云楼家书》，2016年点校本，第204—205、206、219页。
4　顾文彬：《过云楼家书》，2016年点校本，第204页。

明人及清初名迹之精者还有不少。

宁波书画纷至沓来，顾文彬不惜重价，大量收购，所费相当可观。同治十一年十一月二十八日，文彬总结道："今年因买书画、古玩所费未免过巨，然所贵乎有钱者，原为快心之用，否则与守财虏何异哉！"[1]

十二年正月，顾承购得胡书樵之物。从中选取王叔明、倪云林、吴渔山、石谷嵩山草堂、麓台仿巨然五轴，紫芝兰亭卷，石谷山水册，共七件，出价480元，以440元购得。

更值得庆幸的是，顾承又从徐仰屺那里购得极为精整的苏书，"苏字以三百元得之，可喜之至"。[2]而且此票是趁徐家中落不甚爱惜之时，差不多罄光徐家所有。四月，从余姚王姓手中，以130元之价购得恽轴一件和恽题王卷一件。[3]其时"新得书画各件，皆是出色之物，价虽昂而仍不吃亏"。[4]

五月初，新得恽题石谷秋山萧寺轴，"精妙之至"。[5]五月中旬，新得徐文长大轴，"魄力雄壮"。[6]其时，顾承又得米小楷千文。这是米芾为进御所书，尤为经意，"全身本领都用出来，真有龙跳虎跃之势"，在文彬看来，"更在崇国墓志之上，是人间至宝"。当主家提出需五百元才肯出售，文彬指令儿子，即依其价，不必吝惜。收归过云楼后，文彬兴高采烈，说："米小楷本是人间至宝，今真迹两种俱归过云楼，何幸如之！"[7]五月下旬，文彬又得王廉州仿子久陡壑密林轴，"出色之作"。[8]稍后，文彬从里梁湖王家购得南田山水册八页，书、画皆精，"幅幅精楷长题，水墨、设色各半，工致绝伦"，图章也浓厚鲜红，后来推为过

---

1 顾文彬：《过云楼家书》，2016年点校本，第204页。
2 顾文彬：《过云楼家书》，2016年点校本，第223、234页。
3 顾文彬：《过云楼家书》，2016年点校本，第235页。
4 顾文彬：《过云楼家书》，2016年点校本，第236页。
5 顾文彬：《过云楼家书》，2016年点校本，第240页。
6 顾文彬：《过云楼家书》，2016年点校本，第246页。
7 顾文彬：《过云楼家书》，2016年点校本，第247、248页。
8 顾文彬：《过云楼家书》，2016年点校本，第252页。

云楼所藏恽册之冠；沈石田设色山水长幅，"行笔工致，足称细沉"。[1]

六月初，顾承以银80余元购得王孟端卷轴，"题咏甚多"。[2] 闰六月初，文彬以150元之价购得里梁湖王家天香楼收藏十种，其中除恽南田山水册页外，王石谷山水册八页，"甚精"；唐六如、仇十洲山水两卷；恽南田临山樵直幅，"画与题皆精"；金冬心梅花小幅，"题字多而精"；恽香山山水轴、郑板桥兰竹大轴、张浦山山水册、沈石田山水轴等。同时又以不到百元的价格，在杭州购得王烟客轴、商琦轴似是元人王椒畦轴、钱择石松石小帧、耶律楚材字卷、查二瞻山水册、费晓楼仕女小页等。[3]

十二年八月中旬，从德宝斋购得沈石田看花图、吴匏庵行书《园中草木诗》二十首、文伯仁仿赵松雪春堤策马图卷，皆开门见山之物"。[4] 十月下旬，以400元之价，购得名品巨然卷。此卷"声名与气魄俱大"，文彬设想，"置之过云楼藏书中，的是甲观"。[5] 十二月中旬，顾承从苏州藏家潘遵祁处购得黄茅小屋。此件被明后期鉴赏家李日华推为"唐卷第一"。此物到手，文彬心满意足，感觉即使念兹在兹的《出山图》无法拥有，也可无需心恋了。[6] 十三年二月，得彦仲册，属"至精之品"。[7]

至此，因手撒得开，不免时有赝品，如大小米卷，又因收藏花费巨大，乃与儿子相约，"除非唐宋元剧迹，尚可勉收，此外一概不收"。[8] 各种精品云集而来，想甚得甚，文彬颇为得意，说："年来书画缘深，有求必遂。凡平昔所求而未获，无不渐次来归。近如潘氏之唐卷，李氏之夏卷，皆是也。"[9]

---

1 顾文彬：《过云楼家书》，2016年点校本，第252、256页。
2 顾文彬：《过云楼家书》，2016年点校本，第259页。
3 顾文彬：《过云楼家书》，2016年点校本，第268页。
4 顾文彬：《过云楼家书》，2016年点校本，第308页。
5 顾文彬：《过云楼家书》，2016年点校本，第315页。
6 顾文彬：《过云楼家书》，2016年点校本，第338页。
7 顾文彬：《过云楼家书》，2016年点校本，第359页。
8 顾文彬：《过云楼家书》，2016年点校本，第332页。
9 顾文彬：《过云楼家书》，2016年点校本，第364页。

同治十三年七月中旬，无锡收藏家秦缃业出让《出山图》，更令顾文彬十分得意。清初苏州著名收藏家张丑，所居离唐寅家不远，所藏其剧迹已属寥寥，而三百年后，顾家所藏唐寅卷轴居然多达十余件，被秦缃业推为"甲于天下"。现在秦氏又成人之美，慷慨出让六如剧迹以归汇萃，文彬十分得意，道："六如妙迹尽萃我家，甲于天下。"[1] 与此同时，文彬意外购入《子虚上林图》。此图是文彬于道光八年从亲戚魏某处购来之画，成为他收藏书画之始。后来文彬之父送予慈溪秦芥湖，文彬一直不能释怀。同治元年，文彬侨居海上，在楼月潭处忽见此画，旧物重见，很想回购。无如索价过昂，囊中羞涩，未能如愿。现在居然有人携此卷求售，文彬手头充裕，于是毫不含糊，不惜重资购归。[2] 十月，文彬购得徐青藤花卉人物小册、八大山人花果小册、南田设色花卉鸟虫写生册，共费120余元。三件精品，堪称天壤间佳物，文彬吸取以前滥收教训，慎之又慎，认定"此三本皆万无一失，为近日得意之事"。[3]

从梁章钜后人手中购得精品。十三年十二月初八日，终于与梁章钜诸子谈定购买书画事宜。从少甫名下购得王叔明巨卷，价银250两；押得赵文敏行书秋兴卷、赵仲穆洛神赋册、祝枝山临古册、黄石斋画菜卷，又楷书册、王觉斯草书册，银350两。从芷湾名下押得赵仲穆双骏卷、王孟端竹卷、宋濂楷书册、吴梅村雕桥庄诗画卷、黄石斋楷书册，银200两；山樵卷，长逾二丈，有张伯雨、吴匏庵跋，文彬认为真迹无疑，售价250两，"尚不甚贵"。[4] 对于此票书画精品，文彬可谓处心积虑，觊觎已久。梁章钜道光六年至十二年任江苏布政使，道光二十一年任江苏巡抚，富有学养，收藏丰夥，故后五子均分其所遗书画。诸子中梁敬叔也有收藏嗜好，所得遗物也最精，但家景萧落，曾不得已于同治十一年初将五件珍品以银600两之价典押给顾文彬，即苏黄合璧一册、赵松

---

1　顾文彬：《过云楼家书》，2016年点校本，第408页。
2　顾文彬：《过云楼家书》，2016年点校本，第411页。
3　顾文彬：《过云楼家书》，2016年点校本，第454页。
4　顾文彬：《过云楼家书》，2016年点校本，第456页。

雪札一册、王叔明怡亲堂图卷、倪云林湖山书屋图卷、黄石斋五札。[1]梁之另一子逢辰,与文彬是进士同年,已故,逢辰之子任过江苏候补官,文彬曾两次要儿子顾承找上门去,观赏书画,寻找购藏机会。[2]

此前,先后收罗到恽南田、徐青藤、八大山人册,现又收到著名收藏家梁章钜之遗藏王叔明长卷,顾文彬老怀大开,欣喜地说:"近日书画缘步步引人入胜。"[3]稍后,上虞王氏之婿倪姓携示书画十种,"皆选其至精而的确者"。[4]张子蕃之子丙生又从上海捎来书画古玩,显系旧家之物,其中以王元章梅花卷、唐六如松下茅草堂卷为最。元章画梅,清劲苍老,题字与云林相近,毫无火气。又有人携示山谷卷,索价三百元,还价一百四十五元。[5]面对源源而来的名迹,文彬自称"书画之缘络绎而来,令我歇手不得耳","近来书画之兴虽已阑珊,设遇剧迹,究难弃置耳"。[6]

顾文彬自同治十年初至十三年底任职宁绍台道员的将近四年时间,在宁波和上海、杭州等地购入这么多历代名品剧迹,其子顾承在老家苏州物色了数件名迹,其婿朱研生则在京城为之征购到了智永真草千文卷和王孟端长卷等名品,使过云楼收藏的书画不仅数量增加,而且品质不断提升档次。顾家原藏宋拓兰亭、宋元人跋已不少,智永真草千文卷、褚摹兰亭和唐人写经的入藏,文彬自诩过云楼为大江以南"收藏家第一"。既得唐宋名迹,文彬怡然自得,眼界也更高,"真有一览众山小之势,寻常物件皆在可收可不收之列"。[7]

顾氏父子数十年耗费心力,最近两年更不惜重资,前后不下银

---

1　顾文彬:《过云楼家书》,2016年点校本,第119页。
2　顾文彬:《过云楼家书》,2016年点校本,第125、137页。
3　顾文彬:《过云楼家书》,2016年点校本,第457页。
4　顾文彬:《过云楼家书》,2016年点校本,第458页。
5　顾文彬:《过云楼家书》,2016年点校本,第465页。
6　顾文彬:《过云楼家书》,2016年点校本,第458、475页。
7　顾文彬:《过云楼家书》,2016年点校本,第205页。

一二万两，到同治十二年五月，同行"群相推服，推为江南收藏第一家"。[1]其时，广及全国范围收藏界衡量，金石一门不得不推让同在苏州的湖州人吴云的两罍轩，但书画一门，文彬认为吴云也"甘拜下风"。过云楼收藏名声更大，引得"各处古董家云集而来"。[2]同治十二年以巨价收得浙东徐、梁两家珍品后，文彬得意地说："过云楼则广大精微，无所不备，气魄更驾乎其上。"[3]次年七月秦缃业将过云楼收藏推为甲于天下，文彬自许"真足当之而无愧"，宜乎他人见"其家所藏而望洋兴叹"。[4]

顾文彬从事收藏，相当看重社会上的名气。同治十二年八月初六日说："古玩一道既雅俗共赏，则声价益增矣。"[5]十三年十一月二十三日说，著名书法家、收藏家何绍基屡次观其收藏，"如小巫之见大巫"。何氏足迹半天下，眼界也不浅，看了过云楼收藏，文彬认为"不但足以折服其心，并可代我家扬名于宇内，亦快事也"。[6]隔日，又指令儿子，何绍基既是真鉴赏，奉送其一二件名品以作应酬，"我家收藏可甲天下，难得如此之精，得此公到处揄扬，从此声名更为洋溢矣"。[7]

过云楼书画收藏赏鉴之地位，非仅主人自矜，而确实实至名归。光绪二十二年，苏州人王同愈与同乡收藏家叶昌炽互举全国"收藏之家"，于书画一门，仅提到寓居吴门的李鸿裔和苏州当地人顾文彬。[8]清末民初，缪荃孙置评："元和顾子山年丈搜弄书画，与李蘧园、沈鳅庐、吴退楼、吴窓斋同时，赏鉴实出诸家之上。贤子文孙，相为赓续，至今为苏垣甲观。吴分望气，上彻斗牛，江介扬灵，中亘虹月，先生亦自定之矣。《过

---

1 顾文彬：《过云楼家书》，2016年点校本，第255页。
2 顾文彬：《过云楼家书》，2016年点校本，第256页。
3 顾文彬：《过云楼家书》，2016年点校本，第285页。
4 顾文彬：《过云楼家书》，2016年点校本，第408、449页。
5 顾文彬：《过云楼家书》，2016年点校本，第299页。
6 顾文彬：《过云楼家书》，2016年点校本，第450、451页。
7 顾文彬：《过云楼家书》，2016年点校本，第451页。
8 王同愈：《王同愈集·栩缘随笔》，顾廷龙编，上海古籍出版社，1998年影印本，第473页。

云楼书画记》十卷,谨严过于诸书,例言尤高。"¹在缪荃孙看来,晚清苏州的收藏家,顾文彬不独收藏赏鉴在诸家之上,而且子孙赓续,传承有序,《过云楼书画记》在同时诸家书画记中,也得体合例,见解高超。

## 二

顾文彬过云楼收藏能够臻此高峰,推原其故,最为得力者实应归功于其凭借宁绍台道员一缺奠定的殷实经济实力。在清代中后期,官缺最美者,道员缺是海关道,金安清记,"其沿海关道,上海为最,宁绍、登莱青次之,汉口、九江、常镇又次之,已著名为美缺也"。²顾文彬父子都指望新缺能够补偿支出、增加财力,待缺时,文彬考虑离家要近,而儿子顾承认为只要缺好,不在乎远,现在天遂人愿,居然铨得既近且美的宁绍台道缺。闻此喜讯,文彬欣喜非常,"各省道缺最近者无过于此,今适得之,可谓天从人愿"。³此缺之美,文彬就任不久,就深切体会到了。同治十年六月初十日,文彬喜悉新得一孙,十分高兴,起名为麟澥,并在致信儿子时特意解释此名之寓意,说:"命名每以近来得意之事,所谓志喜也。得意之事,以宦游此地为最,此缺以护理海关为最,特命名曰'麟澥'。澥者,海也,寿山福海,将来福泽无量矣。"⁴半年后,又对儿子说:"此缺之美,凡同乡及同乡之宦于浙者,无不艳羡。"⁵

所谓美缺,自然是指其收入可以合法合例纳入私囊。依据其家书和日记统计,顾文彬自同治十年五月初十日首次向家中汇款银2200两,到同治十三年九月二十八日最后一次汇款银16000两,同治十年汇款

---

1 缪荃孙:《云自在龛随笔》卷5,《缪荃孙全集·笔记》,凤凰出版社,2013年标点本,第109页。
2 金安清:《水窗春呓》卷下,中华书局,1984年标点本,第60页。
3 顾文彬:《过云楼家书》,2016年点校本,第38页。
4 顾文彬:《过云楼家书》,2016年点校本,第58页。
5 顾文彬:《过云楼家书》,2016年点校本,第103页。

17600两,十一年汇款19500两,十二年汇款41600两,十三年汇款34600两,四年中共汇款银112700两。文彬不时地向家中所汇如此巨款,自然不全用于购求书画,而曾大量用于在家乡购地、购房,砌筑怡园,顾家先后购进5000亩田产,并购了数家邻居的数十间房屋,构造多年的怡园也于其任期末落成。过云楼收藏的支出,文彬于同治十二年五月底做过统计,谓:"我家收藏,费父子数十年心力,近更不惜重资,前后统计不下一二万金,以故群相推服,推为江南收藏第一家。"[1] 书画收藏前后所费不过数万金,文彬宁绍台道员任上所汇巨款,应该主要用在了买房得地造园等方面。然则恰恰说明,顾氏因为宁绍台道员这个肥缺的巨额收入,财大气粗,收藏书画,银钱不是问题,但以到手为度,可以说,当时在苏州地面上,恐怕无人敢与其争锋,同行根本无法与其争较。

财力上独一无二的优势,也是收藏界的最大优势,在晚清江南收藏市场充分反映出来。顾文彬的老友、姻家,著名金石收藏家吴云,在与人通信时,屡屡述及自身收藏时所处的尴尬境地。他致信潘曾莹时说:"南中自兵燹以后,好事者颇多,书画碑版稍可入目者,价便腾贵。吉金类多赝鼎,其著名之器,价必以千计。人肯以重金市马骨,则千里马至矣,鹜(原作"鸷",疑有误,故改——引者)利者固不胫而走也。然非好之而又有力者,安能与之豪夺哉。寿卿屡次来书,欲托在吴中购觅金石,盖不知近时情形也。知好中惟子山蔗境最甘。甬上不乏收藏之家,好事者少,故渠新得独多。"[2] 致信潘祖荫时又说:"现在同好有沈仲复、李香雨与子山乔梓,皆好之而又有力者,见惬心之品,便不惜重值购之。偶有遗珠,或沈霾乡里,未登市肆,鄙人亦间有拾得者,为数较钜,即便缩手不敢与角也。"[3] 沈仲复即沈秉成,李香雨即李鸿裔,

---

1 顾文彬:《过云楼家书》,2016年点校本,第255页。
2 吴云:《两罍轩尺牍校注》卷3《潘星斋少宰曾莹》又(二),马玉梅校注,上海古籍出版社,2020年标点本,第115页。
3 吴云:《两罍轩尺牍校注》卷8《潘郑庵大司寇祖荫》又(三十四),第340页。

子山即顾文彬，都是当时私交甚密而嗜好收藏的高手。吴云致信潘祖荫时还说："近来绝少俊品，好事者多，偶出中驷，即不惜重值购去。"[1] 吴云致信其金石至交陈寿卿时则说："南中古物不独金器为有力者收括殆尽，即碑帖、书画、磁玉等类，稍可入目者，价便奇贵"，"南中旧时同志均已凋谢，近日好事者但能出其重赀搜罗，而欲讲求古文奇字者，实少其人"。[2] 他在致信陈寿卿时还说："子山收藏至富，尤喜四王恽吴，类皆以重值得之"，"欧阳公所谓'好之而有力，则无不至者'是也。弟以数十年心力所积……亦力不能争也"，"南中重元四家遗迹，收藏家不惜重值，多方购取，以不得为俗"。[3] 吴云屡屡陈说江南好事而有力者不惜重资搜罗书画鼎彝名品，而且矛头主要指向其几十年的至交好友姻家顾文彬。不独如此，吴云还因为限于财力，竟然将以500两银的价格购得的虢叔大棽钟复以1500两银的高价转让给了顾文彬，还自以为赚了一笔，气得其同道至交陈寿卿作书痛责，"几有绝交之憾"。[4] 仕宦地位、鉴赏能力、社会声望均与顾文彬难分伯仲的行家吴云尚且如此，更遑论一般好事家和财力拮据者。

顾文彬因为就任美缺，财源滚滚，银钱不成问题，从而出得起重价，而且往往稍抬其价，以吸引卖家。文彬视米小楷千字文为人间至宝，为了收藏此宝，他指令儿子，完全满足卖家欲求，"即依他五百元，不必吝惜"。[5] 文彬自己也清楚，其出价较一般人要高。同治十二年五月十六日说："现在购求字画，苟遇精品，往往不惜重价。"[6] 十三年五

---

[1] 吴云：《两罍轩尺牍校注》卷8《潘郑庵大司寇祖荫》又（三十四），第343页。
[2] 吴云：《两罍轩尺牍校注》卷9《陈簠斋太史介祺》又（四）、又（五），第353、356页。
[3] 吴云：《两罍轩尺牍校注》卷9《陈簠斋太史介祺》又（七）、又（三十一）、又（三十二），第360、383、384页。
[4] 江标：《江标日记》，黄政整理，光绪十三年十二月廿八日，凤凰出版社，2019年标点本，第292页。
[5] 顾文彬：《过云楼家书》，2016年点校本，第247页。
[6] 顾文彬：《过云楼家书》，2016年点校本，第248页。

月下旬说:"盖钱财易得,至宝难求耳。"并且注明"指现在做官而言"。[1]六月初五日,顾文彬欲重价购买颜真卿和怀素书法,致信儿子:"依我主意,颜、素两宝,若一宝真,愿出千金;若两宝俱真,愿出二千元,此亦至足之价,普天之下出价之人谅亦无出我右者矣。"[2]文彬一再指令儿子,遇到真迹名品,不惜重价,必以购成为度。六月初八日,为购得王时敏巨幅,指令儿子:"我家收藏虽已极富,不应再贪,然苟遇名迹总不肯放过。烟客巨册尤属罕见,无论要价若干,必以购成为度。"[3]过云楼的不少名作,就是在不计重价的情形下抢购入藏的。

顾文彬出价高于他人,也并非全然倚仗财力,其实也兼存周人之急之心。出售书画者,不少是旧家故交,文彬既想得到其所收名迹,又心存同情,不忍心故交旧雨后人将遗产贱卖,因而往往并不过于计较。同治十三年五月十九日就曾吐露心迹道:"近来购故交之物无不放价,暗寓周急之意。"[4]

各地卖家也纷纷优先就前趋卖,顾家因而能不时收到一般人无法购买到的名迹珍品。同治十二年六月初二日,顾文彬与儿子相约:"此时收藏名声更大,各处古董家云集而来,当收紧眼光,拔尤而取可也。"[5]数日后,文彬又说:"各处佳品云集而来,固由聚于所好,亦因出价稍松,故趋之若鹜耳。"很想到手的唐寅、吴历两轴,若还价不到位,"可以增添,以成为度"。[6]两个多月后又得意地说:"我收古董及出善价之名播于远迩,物皆不胫而走,云集而来。"[7]

因为不惜高价,原来限于财力,不免缩手缩脚失之交臂的珍迹也能得偿所愿,进入过云楼。《子虚上林图》,是其道光八年开始收藏书画

---

1 顾文彬:《过云楼家书》,2016年点校本,第380页。
2 顾文彬:《过云楼家书》,2016年点校本,第387页。
3 顾文彬:《过云楼家书》,2016年点校本,第388页。
4 顾文彬:《过云楼家书》,2016年点校本,第379页。
5 顾文彬:《过云楼家书》,2016年点校本,第257页。
6 顾文彬:《过云楼家书》,2016年点校本,第258页。
7 顾文彬:《过云楼家书》,2016年点校本,第302页。

之时购进，虽承父命转送给父执挚友，但一直耿耿于怀。同治元年侨居上海时，又见此画，"亟谋购之，以索价过昂而罢"。同治十三年秋，居然有人携此卷求售，虽然距离初购时已 40 余年，价格也数倍于前，但其画"焕若神明，顿还旧观"，文彬不惜重资购归。[1]

因为不惜重价，过云楼不断收入来自各地的名迹，文彬深知，要成为收藏大家，不能只进不出，而必须推陈出新，方能良性循环，因此不断以上佳精品逐渐替代中下之品，使过云楼收藏升档提级。同治十二年五月初二日就说："过云楼收藏精益求精，中下之驷必须推陈出新，以资贴补。"[2] 文彬一再指令儿子和女婿，京城四王画作行情见涨，而其家所藏又多，应该出中进上，走收藏可持续之路。

## 三

为了坐稳宁绍台道员这个美缺的交椅，顾文彬处心积虑，不时向浙江巡抚杨昌濬馈送书画等礼物，以获得上司的信任，同时交好宁波等地的文武官员，在同寅圈内和地方获得较好官声。最为突出的是，顾文彬时刻提防着前任方子颖，此公一直觊觎着这个肥缺，因为顾文彬周旋得当，此缺始终未曾易人。为了确保此缺特别丰厚的收入，顾文彬上任伊始，就着眼于与书吏分润关税所入，采取措施，精打细算，令主事书吏不得不退出每年四五千两银归其所有。同治十一年是乡试之年，按定例，乡试提调从在任道员中选充，该职由人署任，这样一来，两个多月中，原任收入会损失很重。文彬为避免充任乡试提调，反复思虑，先是多方征询此乡试提调应由何职出任，后又数次前往省城杭州谒见巡抚探听风声，千方百计试图规避，后来弄清楚担任提调可以带印进闱并不影响其个人收入，方才放心。如此这般，已经超出本文主旨，不作赘论，但已

---

[1] 顾文彬：《过云楼家书》，2016 年点校本，第 411 页。
[2] 顾文彬：《过云楼家书》，2016 年点校本，第 240 页。

从一个侧面说明宁绍台道员这一美缺在顾氏心目中的重要分量及其与过云楼藏品日渐增益的紧密关系。

明代中后期起，全国特别是江南地域，前后兴起三波书画收藏鉴赏高潮，涌现出一批又一批收藏鉴赏高手名家，这些高手名家，就其身份而言，很多人其实就是达官显宦，如明代吴宽、王鏊、王世贞、汪道昆、钱谦益，清代王时敏、高士奇、宋荦、王鸿绪、梁同书、毕沅、阮元、吴大澂、潘祖荫、吴云、翁同龢等人，其本身仕途起点高，文化素养优，鉴藏眼力又准，更兼仕途通达，宦囊丰实，经济实力、知识素养与官缺要位因缘际会，互相助益，因而有可能并有实力搜罗、鉴赏以至传承极为繁夥的历代珍迹名品。清后期活跃于文物重地苏州的宁绍台道员顾文彬等一批收藏家，就是典型代表，其文物收藏赏鉴行为及其资金来路，颇值得引起关注。

**参考文献：**

1.［清］顾文彬著，苏州市档案局（馆）、苏州市过云楼文化研究会编：《过云楼日记（点校本）》，文汇出版社，2015年。

2.［清］顾文彬著，苏州市档案局（馆）、苏州市过云楼文化研究会编：《过云楼家书》，文汇出版社，2016年。

3.［清］顾文彬著：《过云楼书画记》，江苏古籍出版社，1999年。

4.［清］顾麟士著：《过云楼续书画记》，江苏古籍出版社，1999年。

5.［清］张集馨著：《道咸宦海见闻录》，中华书局，1981年。

6.［清］段光清著：《镜湖自撰年谱》，中华书局，1997年。

7.［清］王同愈著，顾廷龙编：《王同愈集》，上海古籍出版社，1998年。

8.［清］吴云著，马玉梅校注：《两罍轩尺牍校注》，上海古籍出版社，2020年。

9.［清］江标著，黄政整理：《江标日记》，凤凰出版社，2019年。

10.［清］缪荃孙著：《云自在龛随笔》《缪荃孙全集·笔记》，凤凰出版社，2013年。

11.［清］金安清著：《水窗春呓》，中华书局，1984年。

# 云过留痕
## ——江南过云楼文化现象解析

黄爱平

（中国人民大学清史研究所）

**摘　要**：苏州顾氏家族的过云楼建成于光绪元年，自清末以来，即以收藏名家字画以及典籍善本著称，迄今已历五世，代有传人，并在新中国建立之后，以崭新的方式浴火重生，被视为"中国雅文化的一代经典和吴越士文化的最后高峰"。寻其渊源，理其脉络，析其内涵，可以看到，正是江南地区丰厚的文化底蕴，江南士子尤其是过云楼历代主人深湛的文化修养、高雅的文化收藏、高尚的文化精神和自觉的文化传播，凝聚成过云楼独特的文化价值，造就了苏州乃至江南地区这一极具特色的文化现象。

**关键词**：过云楼；江南；文化现象；文化价值

苏州是我国重要的历史文化名城之一，建城已有两千五百余年的历史。城内星罗棋布的园林建筑、名胜古迹，享誉天下的藏书、藏画楼，构成了这座历史文化名城的亮丽风景线。其中顾氏家族的过云楼，就是这道风景线上耀眼的明珠。

过云楼建造于同治末年，落成于光绪元年（1875），以收藏名家字画以及典籍善本为主要特色，清末以来，即有"江南收藏甲天下，过云楼收藏甲江南"之称[1]，享有"江南收藏第一家"的美誉[2]。自过云楼肇建迄今，已历五世，代有传人，尤其是新中国建立之后，其楼及其藏品，均得以前所未有的形式，浴火重生，焕发出崭新的光彩。时至今日，人们往往将苏州过云楼与宁波天一阁相提并论，视之为"中国雅文化的一代经典和吴越士文化的最后高峰"[3]。显然，过云楼及其收藏，作为吴越士文化乃至中国雅文化的代表，已然成为一种引人注目的文化现象，有必要予以深入探究。本文即试图从文化底蕴、文化修养、文化收藏、文化精神、文化传播诸方面，解析江南过云楼这一极具特色的文化现象。

## 文化底蕴

过云楼是苏州乃至江南地区独一无二的藏画楼，它之所以能产生在苏州，与江南地区独特的地理环境和丰厚的文化积淀密切相关。在历史上，自三国吴政权建立，特别是西晋永嘉南渡、北方士族大量南迁之后，江南地区的政治、经济、文化得到了迅速的发展。南宋建立，北方汉族士大夫再次大规模南迁，江南地区遂逐渐取代中原，成为全国政治、经济、文化的重心。此后，虽有元朝歧视南人政策的影响、明清之际战乱的破坏，但江南地区仍然凭借其得天独厚的地理环境，长期保持着经济、文化重心的地位，并由此积淀成丰厚的文化底蕴，至清代而臻于极盛。诚如近人刘声木所言："历代声明文物之盛，多在大河以北，即世称中

---

1 转引自高福民：《过云楼梦——大变革时代江南文脉之一隅·引言》，文汇出版社，2017年。
2 顾文彬：《宦游鸿雪》（三），同治十二年信札，第28页，文汇出版社，2020年。
3 周振鹤：《丛书总序》，见高福民：《过云楼梦——大变革时代江南文脉之一隅》卷前，文汇出版社，2017年。

原是也。自南宋偏安于杭，声明文物，转在江南。我朝学术之盛，超轶数代，综其人物，大约不外江浙数省，地实江南北一隅。"[1]

以藏书为例。雍正、乾隆时期的藏书家、学者孙从添曾说："大抵收藏书籍之家，惟吴中苏郡、虞山、昆山，浙中嘉、湖、杭、宁、绍最多。"[2] 事实也的确如此。清代中叶，朝廷为纂修《四库全书》，曾在全国范围内开展大规模的征书活动。乾隆帝在征书谕旨中即特别说道："江浙诸大省，著名藏书之家，指不胜屈。"[3] 还直接点出"从前藏书最富之家，如昆山徐氏之传是楼，常熟钱氏之述古堂，嘉兴项氏之天籁阁、朱氏之曝书亭，杭州赵氏之小山堂，宁波范氏之天一阁"等，专谕两江总督高晋、江苏巡抚萨载和浙江巡抚三宝，要求他们"务即恪遵朕旨，实力购觅，并当举一反三，迅速设法妥办"。[4] 而江浙地区也确实呈现出人文渊薮的雄厚实力，先后征集的图书数量高达9400多种[5]，位居全国之首，为《四库全书》的编纂做出了巨大贡献。

书画的创作、收藏与流通也是如此。苏州是历史上江南的政治、经济、文化中心之一，经济发达，交通方便，地理条件优越，思想活跃开放，自古即为人文荟萃之地，文化积淀极为丰厚。明代以绘画闻名的"明四家"沈周、文徵明、唐寅、仇英均为苏州人，沈周、文徵明、唐寅还与祝允明一并以书法著称，有"吴门四大书家"之誉。清代乾隆时期，江南地区经济发展，文化繁荣，历史上的书画珍品与古书善本一并成为

---

1 刘声木：《苌楚斋随笔》卷五，《江南文物盛衰》，上册，第104页，中华书局，2007年。
2 孙从添（庆增）：《藏书纪要》，见《澹生堂藏书约（外八种）》，第35页，上海古籍出版社，2005年。
3 中国第一历史档案馆编：《纂修四库全书档案》第四三条，《谕内阁传令各督抚予限半年迅速购访遗书》，乾隆三十八年三月二十八日，上册，第68页，上海古籍出版社，1997年。
4 中国第一历史档案馆编：《纂修四库全书档案》第四五条，《寄谕两江总督高晋等于江浙迅速购访遗书》，乾隆三十八年三月二十九日，上册，第70、71页，上海古籍出版社，1997年。
5 参见黄爱平：《四库全书纂修研究》，第35页，中国人民大学出版社，1989年。

江南士大夫竞相购置、收藏的对象。进入近代以来，尽管江南地区饱经战乱，文物典籍多遭摧残，但文化底蕴仍在，文化底气仍存，一旦遇到合适的契机，诸多潜在的文化因子就会迅速生长壮大，再现甚至超越昔日的辉煌。苏州顾氏家族过云楼的创建就是其中的典型。

过云楼的第一代主人顾文彬生长在苏州，深受江南地区文化氛围的熏陶，不仅饱读诗书，而且工诗词，擅书法，精鉴赏。与中国古代大多数士子同样，他也通过科举踏上仕途。自道光二十一年（1841）考中进士之后，历任刑部主事、陕西司员外郎、福建司郎中，转湖北汉阳知府，擢武昌盐法道。后因父丧回籍。同治九年（1870）入京候选，得授浙江宁绍台道员。虽然在朝廷及地方仕宦多年，但顾文彬的兴趣始终在书画鉴赏方面，早在道光八年（1828）即开始收藏书画，为官之余，也经常购置一些力所能及的书画作品。并且，他很早就有建楼以收藏书画的心愿，而名震天下的宁波天一阁，就是他仿效的榜样。同治十二年（1873），在与其子顾承的信中，顾文彬明确说："我素有起造小天一阁之愿，常耿耿于心。"[1] 故而他在赴宁绍台道员职任之始，即指授其三子顾承，在家乡置园建楼，以备休憩收藏。光绪元年（1875），顾文彬辞官归乡，适值楼宇落成，乃取"书画之于人，子瞻氏目为烟云过眼者也"之意[2]，名之曰"过云楼"，并请好友冯桂芬为之题写匾额。

此时，清王朝在镇压了太平天国运动之后，社会秩序逐渐稳定，经济有所恢复，出现了短暂的"中兴时期"。江南地区社会安定，传统文化复兴，苏州以其"官商辐辏之区"的优越条件，成为官僚士大夫为官退隐、建楼造园的首选之地。短短数十年间，就出现了沈秉成的耦园、俞樾的曲园、吴云的听枫山馆、史杰的南半园等园林建筑，而顾文彬的怡园以及过云楼，更是独领风骚，成为当地官员和士大夫经常性的雅集

---

[1] 顾文彬：《宦游鸿雪》（三），同治十二年信札，第28—29页，文汇出版社，2020年。
[2] 顾文彬：《过云楼书画记·自叙》，第3页，上海古籍出版社，2011年。

处所，他们或诗酒唱和，或撰文作画，或品鉴交流，把江南地区的雅文化推向了发展的高峰。

## 文化修养

江南地区环境优越，物产丰饶，经济发达，文化繁荣。当地士子大多饱读诗书，精通书画，崇尚风雅，有着深湛的文化修养。过云楼主人也不例外。自其第一代主人顾文彬肇始，历经第二代传人顾承、第三代传人顾鹤逸、第四代传人顾公硕、顾公雄，至今第五代传人顾笃璜，无不以其深厚的书画造诣名著一时，并推展至昆曲、古琴等文化艺术领域，这不仅为过云楼的肇建奠定了坚实的基础，也为其书画乃至典籍收藏创造了优越的条件。

过云楼第一代主人顾文彬（1811—1889），字蔚如，号子山、紫珊，晚号艮盦、艮庵。他自幼对书画有着特殊的兴趣，为官之余，亦多寄情书画，并且随着年龄的增长、阅历的增加，这一兴趣愈益浓厚。晚年他曾自言："平昔博弈饮酒，无所不好，今一概置之，独书画癖如故。暇则手一编，或作书，或翻阅书画，否则萧然枯坐如在家僧。"[1] 尤其是辞官归乡之后，顾文彬倾其财力，多方购置书画精品，充实过云楼珍藏，并日益流连于亭台楼阁、诗酒书画之间，与古人神交，与友朋雅集，品书赏画，乐此不疲。先后著有《过云楼书画记》十卷、《眉绿楼词》八卷、《集词楹帖》一卷、《百衲琴言》七卷，以及《过云楼日记》（今名《顾文彬日记》）、《宦游鸿雪》（又名《过云楼家书》）等。可以说，顾文彬能够肇建过云楼并开启书画收藏的传奇之旅，与其精深的书画造诣和深湛的文化修养是分不开的。

过云楼的第二代传人顾承（1833—1882），字承之，别号骏叔，是

---

[1] 顾文彬：《顾文彬日记》（三），第 2 页，文汇出版社，2019 年。

顾文彬的第三个儿子。自幼耳濡目染，家学熏陶，他很早就显示出在书画上的天赋，不仅能书善画，且尤精鉴别。就连顾文彬对书画作品有疑不能决者，也由其辨识定夺，往往百不失一。据顾文彬记载，光绪元年三月十九日，"有人携示黄文节书刘明仲《墨竹赋》卷，字如杯大，有四百余字。余未能定其真伪，请保三观之，亦不能决。特由信局寄苏，交承儿决之"。后顾承定为伪作，顾文彬还在当日的日记上特加眉批云："骏叔决为伪迹，乃还之。可见书画介乎疑似者，便是伪作。"[1] 正是由于顾承出色的鉴别能力，为过云楼书画藏品的质量提供了重要保证。书画造诣而外，顾承还长于金石，著有《过云楼书画录初笔》上下篇、《过云楼书画录再笔》上下篇、《画余盦古泉谱》《画余盦印谱》等。

过云楼的第三代传人顾鹤逸（1865—1930），名麟士，字鹤逸，号西津，以字行，是顾承的第三个儿子，近代著名书画家、收藏家、鉴赏家。他幼承家学，擅书画，工诗词，精鉴赏，在版本、金石方面也有相当成就。顾文彬生前曾指定他继承过云楼收藏，而他也不负所托，过云楼收藏在他手上臻于鼎盛。顾鹤逸尤以书画名重一时，特别是他的山水画，造诣极高，深受书画界推崇，甚有"画苑柱石"之誉[2]。他还发起成立怡园画社，主持吴中风雅数十年，著有《过云楼续书画记》《鹤庐画趣》《鹤庐画识》《鹤庐印存》等，出版书画作品有《顾鹤逸山水册》《顾鹤逸仿宋元山水册》《顾西津仿古山水册》等。

过云楼的第四代传人当推顾公雄、顾公硕兄弟。顾公雄（1897—1951），名则扬，字公雄，号野梅，以字行，为顾鹤逸第三子。他善画山水，酷爱收藏，尤识大体，具有浓厚的家国情怀和强烈的社会责任感，为保护先人书画藏品竭尽心力。顾公硕（1904—1966），名则奂，字公硕，以字行，为顾鹤逸幼子。他擅长书画，精于鉴赏，对摄影也有浓厚的兴

---

1 顾文彬：《顾文彬日记》（三），第11页，文汇出版社，2019年。
2 吴湖帆致叶公绰信札，转引自高福民：《过云楼梦——大变革时代江南文脉之一隅》，第117页，文汇出版社，2017年。

趣和相当的造诣。新中国成立后,投身文博、文化工作,曾任苏州工艺美术研究所所长、苏州市博物馆副馆长等职,为苏州园林、古建保护和刺绣、年画、雕刻等传统工艺美术事业做出了重要贡献。"文革"初期,因不堪凌辱,留下遗书"士可杀而不可辱,我去了",自沉于虎丘1号桥。[1]1978年沉冤得雪,其劫后幸存有关桃花坞木刻年画、虎丘泥人、苏绣、造园艺术、陶瓷、戏剧乃至摄影等工艺美术的文章、研究笔记、工作记录等文稿资料,由今人整理成《顾公硕残稿拾影》出版。

过云楼第五代传人顾笃璜(1928—2022),系顾公硕次子。数十年致力于昆曲艺术的抢救和保护、传承和发扬,曾任苏州文化局副局长,以"长期潜心昆曲艺术事业成就显著",荣获文化部表彰。著有《昆曲史补论》《苏剧昆剧沉思录》等。

可以说,正是江南这块文化沃土上孕育出来的深湛的文化修养,潜移默化,润物无声,成就了过云楼主人对以书画为代表的传统文化发自内心的热爱,并且代代相传,世世相守,不仅形成了以书画创作、鉴赏、收藏为特色的文化世家,而且造就出过云楼这一独特的文化现象,使之得以成为中国雅文化的代表和吴越士文化的高峰。

## 文化收藏

丰厚的文化底蕴,良好的文化修养,催生了江南士人群体的品质生活和精神追求。他们懂生活,会享受,但他们更看重文化品位和精神满足,特别是在有钱有闲之后,他们或流连诗酒,或醉心书画,或痴迷古书,或沉潜学术,致力于追求精神上的愉悦和享受。这或许是江南多出学者、藏书家、文化人乃至文化世家的重要原因之一。

苏州过云楼以收藏书画精品著称。其第一代主人顾文彬对书画的喜

---

[1] 顾笃璜:《怀念父亲》,载高福民主编《顾公硕残稿拾影》卷前,文汇出版社,2017年。

好,来自他的父亲。他说:"余家旧尟藏弆,先子暮年获名贤一纸,恒数日欢……于真伪工拙,审之又审,按款识岁月,核诸行事,以究所繇作。左卷轴,右故书,雅记恒不离。或进余隅坐,假以辞色,俾献一得。"[1] 在父亲的言传身教下,顾文彬对书画的兴趣及鉴赏能力与日俱增。18岁那年,他从一位亲戚手中买到两幅极为珍贵的画作,一是唐代《吴道元水墨维摩像轴》,一是南宋院画《上林图卷》,由此开启了其书画收藏之途。此后一发不可收拾,俸禄所得,多用来购置书画作品。如隋朝僧人智永的《真草千文卷》,堪称书法极品,同治九年(1870),顾文彬在京候选时,于松筠庵心泉和尚处得见真迹。据其日记记载:"一见诧为奇宝,议价一百五十金。嗣以客囊窘涩,舍之而出,中心耿耿,未尝一日忘。"任浙江宁绍台道员后,他立即致函京中友人,"仍照原议之价购之"。当这幅稀世墨宝终于到手时,顾文彬欣喜异常,不仅在当天的日记中详细记载了事情的经过,还由此大发感慨,说:"窃叹历来见此卷者,岂无好而有力之人,顾皆弃而弗收,迟之又久,而卒归于余,固由翰墨因缘亦有前定,究由真鉴难逢,因循不决,如此奇珍,失之交臂。假使余出京后,此卷竟属他人,悔将何及,既自幸又自愧也。"[2] 正是因为顾文彬父子花费数十年心力,既有眼力,又不惜重金,故而其书画收藏得到时人的普遍认可,"群相推服,推为江南收藏第一家"[3]。

在长期的书画收藏实践中,顾文彬愈益体会到优秀书画作品对人的作用和益处,这就是陶冶性情,开启心智,增长学识。他说:"莹虑识,陶质性,莫疾于书画。"故而他不遗余力地搜罗、积聚书画珍品,并肇建过云楼之藏,期冀"前有以娱吾亲,后有以益吾世世子孙之学"。[4]

---

1　顾文彬:《过云楼书画记·自叙》,第3页,上海古籍出版社,2011年。
2　顾文彬:《顾文彬日记》(一),同治十年四月廿三日,第88页,文汇出版社,2019年。
3　顾文彬:《宦游鸿雪》(三),同治十二年信札,第28页,文汇出版社,2020年。
4　顾文彬:《过云楼书画记·自叙》,第4页,上海古籍出版社,2011年。

北宋大文豪欧阳修题《杂法帖》有言"寓心于此，其乐何如"，顾文彬对此十分赞同，他说："此八字刻一印章，印于书画跋尾，甚妙，可与'足我所好，玩而老焉'作对。"[1] 晚年的顾文彬，更为深刻地认识到："书画乃昔贤精神所寄。"[2] 对他来说，书画收藏已不仅仅是个人的喜好，更多了一份沉甸甸的文化责任，为此，他专门制定了严格的法则，此即书画阅藏"十四忌"："霾天一，秽地二，灯下三，酒边四，映摹五，强借六，拙工印七，凡手题八，徇名遗实九，重画轻书十，改装因失旧观十一，耽异误珍赝品十二，习惯钻营之市侩十三，妄摘瑕病之恶宾十四。"[3] 顾文彬还将这十四条法则镌刻在藏书密室的门楣上，以此告诫子孙，期冀他们护持好这些来之不易的书画珍品。

顾文彬对书画的喜好和追求，尤其是他对优秀书画作品所秉持的责任心和使命感，深深地影响了其子孙后代。其子顾承、孙顾鹤逸无不继承其衣钵，以深厚的学识、精深的造诣，发扬光大过云楼的文化收藏。顾鹤逸说："予家自曾王父以来，大父及仲父、先子，咸惟书画是好，累叶收藏，耽乐不息。溯道光戊子，迄今丁卯，百年于兹。唐、宋、元、明真迹入吾过云楼者，如千里马之集于燕市。帧轴卷册，郁郁古香，寝馈其中，恍友前哲，赏心乐事，无逾于此。"在他看来，"陈后山云：'晚知书画真有益。'予幸获益之非晚，何可不述祖德，重负云烟邪？"[4] 故而他始终以绍述祖德、光大门楣为己任，不遗余力地丰富、完善过云楼的书画精品收藏，使过云楼作为"江南收藏第一家"的影响日益扩大。此后的过云楼主人，无不竭尽全力，精心呵护，终于使这些书画珍品得以基本保存下来。如果说，顾氏先辈用心于书画珍品的文化收藏，那么，

---

1 顾文彬：《顾文彬日记》（四），光绪四年二月廿六日，第5页，文汇出版社，2019年。
2 顾文彬：《过云楼书画记·凡例》，第7页，上海古籍出版社，2011年。
3 同上。
4 顾麟士（鹤逸）：《过云楼续书画记·自叙》，第1页，江苏古籍出版社，1990年。

顾氏后人则更多地致力于对这些书画珍品的文物保护。诚如先哲所云："知之者不如好之者，好之者不如乐之者。"[1] 过云楼几代传人对书画珍品的搜集、收藏和保护，正反映了他们对书画艺术由衷的喜爱和对传统文化自觉的坚守。

## 文化精神

高雅的文化收藏，孕育出了高尚的文化精神。无论是平常时期的点滴维护，还是战乱年代的坚守担当，过云楼的历代主人都表现出朴素而又高尚的文化精神，尤其是新时代的慷慨捐赠，在中国文化史上书写了浓墨重彩的一笔，留下了一段佳话。

一般而言，书画作品的收藏需要很多条件，诸如一定的温度、湿度，必须防晒、防潮、防尘、防虫等，并且还需要掌握装裱、修复等相关技能。过云楼第一代主人顾文彬所列"十四忌"，其中的霾天、秽地、灯下、酒边、拙工印、凡手题、改装因失旧观、耽异误珍赝品等项，就直接涉及书画保存容易出现的各种问题。只有时时刻刻用心呵护，才能确保书画藏品完好无损。亦因如此，历史上许多收藏家，为保存书画、典籍这些文化珍品，往往节衣缩食，不遗余力。过云楼的传人也是如此。顾笃璜曾说："我们家里最好的房子放书，放画，书画放楼上，人住楼下。最好的箱子不装衣服，而是装书和画。那是一种福建产的皮箱，密封程度很高，关箱子时，都会有空气'哧'的一声被挤压出来。我们家的人都不讲究穿，衣服都是很普通的，我祖父鹤逸先生经常穿打补丁的衣服，一件棉袄要穿十几年。父亲在解放初期为苏绣的发展去北京争取支持和参加展览活动时，也为没有一套出客的衣服而尴尬，我们穿的衣服都是

---

1 《论语·雍也》，《十三经注疏》下册，第2479页，中华书局，1980年。

带补丁的。"[1]在一般人看来,这种情形或许难以理解,据顾笃璜回忆:"曾有人对父亲说,你们顾家又有园林,又藏品无数,一定很有钱啊。父亲听后仰天大笑,他说,我这些东西,不能吃,不能穿,不能卖,如果能卖当然有钱,但它们是文物啊,不能看成钱,还要自己花钱去保护。"也就是说,"在顾氏家族看来,这些藏品不是单纯的金钱,而是需要保护的文物"。[2] 朴素的话语,反映的是高尚的情怀,令人肃然起敬。

如果说,平常时期的呵护已然不易,那么,战乱年代的坚守就更需要胆识和担当。20世纪30年代日本侵华期间,为保护书画藏品不致落入侵略者之手,顾公雄、顾公硕兄弟甘冒风险,想方设法,终于将其中的珍品辗转运到上海,存放于中国银行保险箱及四行储蓄会保险库。当时,顾公雄一家在运送书画途中,因卡车抛锚遭到日本兵的盘诘。为保书画珍品无虞,顾公雄情急之下,将两个儿子留在常熟汽车站旁边的小店,自己押车先将画箱运到上海。大家都埋怨他:为保护书画,连两个儿子都不要了。可见,过云楼的传人视家藏书画珍品为生命,甚至比生命更为重要,这种精神,体现的是中国文人的脊梁和骨气,值得后人景仰。

新中国建立后,人民获得了新生,社会主义建设事业欣欣向荣,蒸蒸日上。作为过云楼第四代传人,顾公雄、顾公硕兄弟在亲身经历了战争离乱和世事沧桑,并目睹新中国建立以来的巨大变化之后,他们深感私人对书画的收藏保管难以长久无虞,而承载中国古代士子思想理念和艺术成就的书画珍品应该是国家的,也是人民大众的。故而顾公雄在1951年去世之前嘱托家人,把自己珍藏的书画毫无保留地献给国家。其夫人沈同樾和子女顾笃璜等秉承遗志,决定化私为公,于1951年、1959年先后两次将300余件家藏书画珍品捐献给上海博物馆,使这批书画珍品得到了更为妥善的保藏。顾公硕也在1959年参与苏州博物馆

---

1 转引自高福民:《过云楼梦——大变革时代江南文脉之一隅》,第276—277页,文汇出版社,2017年。
2 同上。

筹备工作,于征集文物时,带头把自己珍藏的100余件书画珍品慷慨捐献给国家。诚如其后人所说:"当初,父辈觉得新社会了,将心爱的收藏捐出来,让人民一起享用。同时,相信人民政府,觉得私家保管这些藏品任务越来越艰巨,祖先传下来的珍藏不能毁在自己的手上,收藏古籍书画所需的温度、湿度等条件非常严苛,那时仅凭个人力所不及。"[1] 可以说,新时代的过云楼主人,思想觉悟得到了新的升华,他们并没有把这些珍贵的书画藏品看作是一家一己的财富,而是要为这些无价之宝找到最好的归宿,使之得以长久保存,免遭毁失的厄运,并且能够"让人民一起享用"。这就是"藏于私,不如藏于公"的思想,是一种更高层次的文化收藏,也是一种更高境界的文化精神,值得后人永远铭记。

## 文化传播

在中国古代历史上,对典籍、书画等文化藏品最好的保护和传承,就是让它公之于众,广泛传播。对此,学人士子已有共识。清代初年,一些亲身经历明末战乱的藏书家、学者,曾大力倡导传抄、刊刻珍本秘籍,以促进古书的流通和传播。曹溶针对那些只知护惜古书,一切秘而不宣的藏书家,特别提醒说:"当念古人竭一生辛力,辛苦成书,大不易事,渺渺千百岁,崎岖兵攘劫夺之余,仅而获免,可称至幸。又幸而遇赏音者,知蓄之珍之,谓当绣梓通行,否亦广诸好事。何计不出此,使单行之本,寄箧笥为命,稍不致慎,形踪永绝,只以空名挂目录中,自非与古人深仇重怨,不应若尔。"[2] 并因此而作《流通古书约》,提出藏书家彼此抄录书籍、互通有无的流通办法,得到当时学者的一致认同。黄虞稷、周在浚等学者还挑选家藏珍本秘籍,共同发起征刻唐宋秘本事宜。

---

1 转引自高福民:《过云楼梦——大变革时代江南文脉之一隅》,第277页,文汇出版社,2017年。
2 曹溶:《流通古书约》,见《澹生堂藏书约(外八种)》,第35页,上海古籍出版社,2005年。

书画作品的收藏与典籍善本的收藏有许多相似之处，最好的保存办法，同样也是让它能够广泛流通。过云楼历代主人均深明此理，在文化传播方面做了不少有益的事情。

其一，藏品的公布。过云楼以收藏书画精品驰名，然而，过云楼主人并没有把这些书画珍品视为一己私产，而是让它发挥其应有的作用。光绪八年（1882），顾文彬与其三子顾承，从过云楼珍藏的法书中选择隋释智永，唐褚遂良，宋范仲淹、苏轼、米芾，元赵孟頫，明祝允明、文徵明、董其昌诸家法帖精品，按时代先后编成八集，请海盐陆芝山精摹刻石，刊成《过云楼藏帖》（又名《过云楼集帖》）八卷。这部法帖所收，均为稀世珍品，极为难得。以隋释智永《真草千文卷》为例。智永本名王法极，是东晋书圣王羲之的六世孙。他潜心书法数十年，深得其先祖王羲之书法神韵，达到了极高的造诣。其书法作品以《真草千字文》最受后世推崇，被誉为"天下法书第一"。同治十年（1871）四月，当顾文彬于一番周折之后终于得到这幅书法墨宝时，既大喜过望，又庆幸不已，在与其子顾承的家书中，他说："智永卷反复审玩，的是奇宝。京中鉴赏家不少，蹉跎至今，仍落吾手，殆有夙缘。"[1] 其后顾文彬撰《过云楼书画记》，即将此卷置于书类第一，刊刻《过云楼藏帖》，亦将此卷冠首。又如《范文正手札卷》，为范仲淹尺牍二通，内容"皆商度义田事"，卷末有明人吴宽、王鏊、沈周、费宷、乔宇、胡瓒宗、湛若水、邹守益等二十四家题跋。此札原藏于苏州文正书院，"范氏子孙世守勿替"。然经太平天国战乱之后散出，幸得归过云楼收藏。顾文彬既推重范仲淹书法，"喜公《翰长》《许下》诸帖外复见此书"，更钦佩范仲淹人品道德，谓"公首创义田，其敬宗收族之精意，实足为千百世良法，宜沈周、胡瓒宗皆以'世泽'二字署首也"，"因刻入《过云楼集帖》，

---

[1] 顾文彬：《宦游鸿雪》（一），同治十年信札，第29页，文汇出版社，2020年。

以谂来者"。[1]他如《褚河南兰亭》《苏文忠祭黄几道文》《苏文忠与谢民师札》《米襄阳千字文》《赵文敏黄庭经》《祝京兆归去来辞》《文待诏落花诗》《董文敏临古六种》等,皆为难得一见的珍品。亦因如此,这部荟萃名家名作的藏帖被称为过云楼一绝,流行一时,为普通士子欣赏、习练名家名帖,推广和弘扬中国传统书法文化起到了重要作用。

其二,藏品的揭示。顾文彬辞官归乡之后,在倾其财力继续购置书画珍品的同时,还对家藏书画作品逐一进行整理,撰成《过云楼书画记》十卷。其中书类四卷,画类六卷,著录自藏书画珍品计246件,每件作品均撰写题识,记述行款、布局、题记及印章,历叙师承源流、遗闻逸事等,并征引史实,辨识真伪,间加评论。全书著录严谨,鉴别精审,堪称书画鉴赏名作。过云楼第二代主人顾承,对家藏书画珍品情有独钟,不仅协助其父编纂校勘《过云楼书画记》,还著《过云楼书画录初笔》《过云楼书画录再笔》二书,共收录书画作品200件,每件作品均记载用材、尺幅与表现形式,尤逐一迻录其上不同时期前人的题识及其印鉴,为后人了解作者情况、鉴别作品年代、欣赏作品风格、领略作品意境,乃至研究书画之道等,提供了极为有用的资料。顾鹤逸(麟士)则赓续其父祖,既依照《过云楼书画记》的内容、体例,作《过云楼续书画记》六卷,"附前《记》以行"[2],又沿袭前人在画作之上题跋的传统,每每于赏画、作画之际,随兴所至,或吟咏,或记事,或考订,或评论,留下了诸多题跋文字,由其子顾公柔(则坚)汇编为《鹤庐画赘》一书(今人重新加以整理,分为《鹤庐画趣》《鹤庐画识》二书)。上述顾氏祖孙三代对家藏书画珍品的著录、考订和鉴别,无疑大有裨于后人了解这些作品的藏弆流转情形,乃至研究书画流派的源流演变等有关问题。以《过云楼书画记》《过云楼续书画记》为例,二书实为过云楼书画藏品的系统

---

1 顾文彬:《过云楼书画记》卷一,《范文正手札卷》,第24页,上海古籍出版社,2011年。
2 顾麟士(鹤逸):《过云楼续书画记·自叙》,第1页,江苏古籍出版社,1990年。

整理和全面揭示，诚如顾鹤逸所言："愚家祖孙父子秉性好古，断简残片中往往遇精妙之品，必抉而出之以为快。其不精者，虽真不取。三世鉴别，数十年收集心力，成此二册，要为非易，故记之以告来者。"[1]如《过云楼书画记》中著录有明代唐寅行书条幅《漫兴诗轴》，苏州收藏家、文化人钱镛看到后，心里始终念念不忘，建国之后，他与过云楼第四代传人顾公硕言及此事，并于1959年国庆十周年之际，与顾公硕商议，将自家珍藏的沈周《行书五律诗》条幅、文徵明《行草七绝诗》条幅、祝允明《乐志论》条幅，与唐寅行书条幅《漫兴诗轴》一起合为明代"吴门四大书家"书法作品全璧，作为国庆献礼，捐献给苏州市文物保管委员会。由于"吴门四大书家"的书法作品非常稀见，集齐合璧尤为难得，故而此次捐献，成为国庆十周年苏州文化界的一大盛事，轰动一时。

其三，书画艺术活动的开展。清代末年，随着西方文化的大规模传入，中国传统文化受到一定的冲击和触动，各种社会思潮风起云涌，新的事物不断出现。在这样的时代背景下，过云楼主人也在尝试书画艺术的传承与创新。光绪十五年（1889），过云楼第三代传人顾鹤逸发起成立怡园画社，以"研讨六法，切磋艺事"为宗旨，以过云楼书画收藏为依托，以怡园为雅集场所，开展书画艺术交流、大型合作绘画等活动。怡园画社聚集了当时苏州最有影响的书画界精英，大学者、著名书画家吴大澂为第一任社长，其后顾鹤逸继为第二任社长，经常参加雅集绘画活动的有顾沄、吴昌硕等十余位资深文人兼画家，最核心的人物则为号称"怡园七子"的吴毂祥、倪田、吴昌硕、金心兰、顾沄、胡锡珪、陆恢。作为晚清苏州地区第一个具有现代意义的书画家社团组织，画社的雅集活动还吸引了外地书画家慕名而至，于右任、吴湖帆、黄宾虹、王一亭、陈摩等均曾往来于过云楼，在此挥毫泼墨，论书评画。苏州由此

---

[1] 顾麟士（鹤逸）：《过云楼续书画记》卷末识语，第73页，江苏古籍出版社，1990年。

成为江南地区的绘画中心,怡园也被誉为"有清一代艺苑传人之殿"[1]。为书画艺术的发展和书画人才的培养起到了积极作用。

其四,传统工艺美术的弘扬。新中国建立以后,过云楼传人发扬"藏于私,不如藏于公"的高尚精神,陆续将祖辈几代呕心沥血搜集并保存下来的书画珍品捐献给国家,同时以极大的热情,投身于文物保护和文化事业,不遗余力地发掘、抢救、保护和研究桃花坞木刻年画、苏绣、虎丘泥人、红木家具、玉石雕刻等传统工艺美术。以苏绣为例。苏州的刺绣,历史悠久,名闻中外,但在新中国成立前,这朵传统工艺美术之花已经凋零不堪。建国之后,为抢救、保护苏绣,时任苏州市文联民间艺术研究组组长的顾公硕做了大量工作。他在上级领导支持下,发起筹备市文联刺绣小组,并在自己家中组织进行试绣,全家都义务帮忙,夫人张娴直接参与《百鸟朝凤》等大幅画卷的绣制,儿子顾笃璜则参与绣品图案纹样的绘制。不仅如此,顾公硕还大力引荐聘请金静芬、杨守玉、顾文霞等一批刺绣人才以及沈子丞等画家,举办训练班,传授新针法,培养壮大刺绣人才队伍,推陈出新,使传统的苏绣艺术重新焕发青春,荣登全国"四大名绣"之首。顾公硕还致力于苏绣艺术的研究,爬梳史料,实地调研,梳理中国古代刺绣尤其是苏绣发展的历史,尤为重视考察与苏绣关系密切的顾绣,分析苏绣和顾绣的特点,并将苏州通行绣法名称与民国时期苏绣大家沈寿《雪宦绣谱》所列绣法以及全国各地绣法名称加以比较,列举异同,说明源委[2],在理论和实践上都大大推进了苏绣乃至传统刺绣艺术的发展。其他如造园艺术、古建保护、年画、雕刻、昆曲、古琴等,顾氏传人也都矢志不渝地抢救、保护、推广、传播,为发展传统工艺美术事业、弘扬优秀传统文化做出了杰出的贡献。

当年,建造过云楼并成为其第一代主人的顾文彬,取苏轼"烟云过眼"

---

1 (民国)《吴县志》,转引自高福民:《过云楼梦——大变革时代江南文脉之一隅·引言》,文汇出版社,2017年。
2 参见顾公硕:《顾绣与苏绣》,见高福民主编《顾公硕残稿拾影》上册,第34—35页,文汇出版社,2017年。

之意，以"过云"命名这座专门收藏书画作品的楼阁。其友人冯桂芬欣然为之题写"过云楼"匾额，并作跋云："子山二兄大人收藏法书、名画、旧榻、碑版甚富，以小楼储之，取周公谨'烟云过眼'意为名。其癖也，亦其达也。"[1]可谓相当准确地揭示出过云楼主人对书画的痴迷和对收藏的豁达胸怀。或许，在历史的长河中，很多人物、很多事件都是过眼烟云，但唯有文化，能够跨越时空，成为永恒。正所谓"云过留痕"，过云楼及其收藏作为苏州乃至江南地区极具特色的文化现象，无疑体现出江南地区丰厚的文化底蕴，江南士子尤其是过云楼历代主人深湛的文化修养、高雅的文化收藏、高尚的文化精神和自觉的文化传播。所有这些，都凝聚成过云楼独特的文化价值，已经并且必将持续在中国文化史上留下不可磨灭的辉煌印记。

---

[1] 冯桂芬书"过云楼"匾额并题识，载《顾文彬日记》卷前，文汇出版社，2019年。

**参考文献：**

1. ［清］顾文彬撰，柳向春校点：《过云楼书画记》，上海古籍出版社，2011年。

2. ［清］顾文彬著，苏州市档案馆、苏州市过云楼文化研究会编：《顾文彬日记》，文汇出版社，2019年。

3. ［清］顾文彬著，苏州市档案馆、苏州市过云楼文化研究会编：《宦游鸿雪》，文汇出版社，2020年。

4. ［清］顾承著，苏州市档案馆、苏州市过云楼文化研究会编：《过云楼书画录初笔》，文汇出版社，2019年。

5. ［清］顾承著，苏州市档案馆、苏州市过云楼文化研究会编：《过云楼书画录再笔》，文汇出版社，2019年。

6. ［清］顾承著，苏州市档案馆、苏州市过云楼文化研究会编：《顾承信札》，文汇出版社，2018年。

7. ［清］顾麟士撰，顾荣木、汪葆辑点校：《过云楼续书画记》，江苏古籍出版社，1990年。

8. ［清］顾麟士著，苏州市档案馆、苏州市过云楼文化研究会编：《读书随笔》，文汇出版社，2018年。

9. ［清］顾麟士著，苏州市档案馆、苏州市过云楼文化研究会编：《鹤庐画趣》，文汇出版社，2018年。

10. ［清］顾麟士著，苏州市档案馆、苏州市过云楼文化研究会编：《鹤庐画识》，文汇出版社，2019年。

11. 高福民主编：《顾公硕残稿拾影》，文汇出版社，2017年。

12. 高福民编著：《过云楼梦——大变革时代江南文脉之一隅》，文汇出版社，2017年。

13. 孙从添（庆增）撰：《藏书纪要》；曹溶撰：《流通古书约》，见《澹生堂藏书约（外八种）》，上海古籍出版社，2005年。

14. 刘声木撰：《苌楚斋随笔》，中华书局，2007年。

15. 中国第一历史档案馆编:《纂修四库全书档案》,上海古籍出版社,1997年。
16. 黄爱平著:《四库全书纂修研究》,中国人民大学出版社,1989年。
17. 刘士林等著:《江南文化理论》,上海人民出版社,2019年。

## 晚清琉璃厂文玩字画交易与南北文化交流

——以《顾文彬日记》为中心[1]

阚红柳

（中国人民大学清史研究所）

**摘 要**：自清中期以来，北京琉璃厂已成为全国最大的书籍市场和书画文玩集散中心。苏州学者顾文彬于同治九年进京候缺，寓京期间撰写的日记和书札是还原晚清琉璃厂书画文玩交易活动的重要史料。顾文彬一面大量购入京城藏货送归苏州以丰富收藏，一面售出部分藏品以维持在京生计，以一人兼通南北，促进了南北书画文玩的交易和流通；他与琉璃厂店铺的掌柜、在京同乡以及鉴藏界的同好等广泛交游，亲身参与了京城的艺术品鉴和文化交流

---

[1] 以《顾文彬日记》为中心探究琉璃厂文玩交易的研究成果，以笔者所见，有艾俊川《过云楼的书画生意》（《文汇报》2017年3月3日），述及顾文彬在琉璃厂参与书画买卖的大体情况；李特《德比主璋 与古为徒——晚清民国（1851—1945）德宝斋古玩铺艺术品经营初探》（《美术大观》2019年第9期），着重利用顾文彬日记为史料还原德宝斋的艺术品经营状况；沈慧瑛《顾文彬京城淘宝记》（《中国档案报》2020年9月18日），侧重概述顾文彬在京城的文玩交易活动。此外，白谦慎著《晚清官员收藏活动研究》（广西师范大学出版社2019年）涉及顾文彬所参与的"四王"画作南北交易的情况。本文在梳理顾文彬在琉璃厂参与文玩交易的基础上，进一步探究其在南北文化交流层面所扮演的角色、发挥的作用。

活动；他整合南北藏品，化零为整、变散为聚，以一力兼顾家国。顾文彬其人其行以个案形式反映了晚清琉璃厂和私人藏家在南北文化交流以及文化传承方面所发挥的历史作用。

**关键词：**晚清；琉璃厂；文化交流；顾文彬

北京琉璃厂，自清中期"成为清代中国最大的书籍市场和文物集散中心"，[1]古书和文玩交易吸引了海内外来京、寓京人士。苏州学者顾文彬于同治九年（1870）进京至吏部候缺，他三月二十八日抵京，[2]十一月十八日离京，[3]在京231天，所记日记载录游厂肆内容的约计90余天，[4]大致以每两三天一次的频率光顾琉璃厂古玩铺，留下了较为完整的晚清琉璃厂文玩字画交易记录。顾文彬还留有寓京期间写给其子顾承的信札23通，[5]两相印证，可大体还原其此次在京行迹。[6]他不仅在位居北方的琉璃厂大量购入文玩寄回家乡或收藏或再售，也少量出售在南方老家苏州搜集的藏品以维持在京生计，实质上成为沟通南北方文玩市场的活体枢纽。在京期间，顾文彬与新朋旧友等同好在文玩鉴藏方面合作交流，对南北艺术品市场文化信息的传播流布以及价值观念的碰撞和融汇做出了实际贡献。本文拟以《顾文彬日记》（以下简称《日记》）为中心，梳理顾文彬在京期间所参与的字画交易情况，并由此探析顾文

---

1 ［美］艾尔曼著，王红霞、姚建根、朱莉丽等译：《中国近代科学的文化史》，第79—80页，上海古籍出版社，2009年。
2 顾文彬著，苏州市档案馆、苏州市过云楼文化研究会编：《顾文彬日记》，第1册，第11—12页，文汇出版社，2016年。
3 顾文彬著，苏州市档案馆、苏州市过云楼文化研究会编：《顾文彬日记》，第1册，第49页，文汇出版社，2016年。
4 数据按日记所载统计，不排除顾文彬日记并未将游厂肆活动完全记录。
5 按，苏州市档案馆和苏州市过云楼文化研究会整理的《宦游鸿雪》第一册收录顾文彬同治九年的信札29通，按时间计在京期间发出的信札共23通。
6 道光二十一年（1841）中进士后，顾文彬曾在京任官14年，咸丰五年（1855）外任湖北汉阳知府，才离开京城。

彬其人及晚清琉璃厂其地在书画文玩的南北文化交流中所起的作用。

## 一、南货北销与北货南售：
## 顾文彬琉璃厂文玩字画交易活动考

  顾文彬（1811—1889），苏州府元和县人。字蔚如，号子山、紫珊，晚号艮庵居士、艮庵老人。道光二十一年（1841）进士，先后任刑部主事、陕西司员外郎，咸丰朝任福建司郎中，在京游宦14年，后外任湖北汉阳知府、武昌盐法道。咸丰十年（1860）丁父忧回乡。同治九年（1870），江苏巡抚丁日昌力荐，顾文彬进京候缺，[1] 离开15年后重返京城。"（三月）二十八日巳刻，砚生备车来接，同至西河沿公馆。所住之西边楼下两间，即昔年砚生入赘新房。相隔二十年，迭为宾主，亦是奇缘。此房前有楼榭，后有树石、亭子，墙外长窑，古木郁葱。昔年旧居，此来重住，颇惬于怀。"[2] 顾文彬寓所西河沿正是琉璃厂的北界，为其畅游厂肆提供了极大便利，他抵京次日即到访博古斋，"晤李老三"，[3] 依《日记》所见，其后，到过松竹斋、筠青阁、论古斋、润鉴斋、亦古斋、德宝斋、英古斋、彩笔斋、宝古斋、凝秀阁、渊鉴斋、松茂斋、青云斋、宝珍斋、蕴珍斋、涵雅斋、绪古斋、宝石斋、隶古斋、宝名堂，连同博古斋共21个文玩书画店铺。《日记》以京外人士的眼光，大量记述了琉璃厂古玩铺的店名、卖品及交易情况，在晚清文献中颇为珍贵。笔者按《日记》所载，对其中古玩铺情况加以统计，具体铺名及顾文彬到访次数的数据详见下表：

---

1 见高福民《过云楼梦——大变革时代江南文脉之一隅》，文汇出版社，2016年。
2 顾文彬著，苏州市档案馆、苏州市过云楼文化研究会编：《宦游鸿雪》，同治九年第七号，第1册，第5页，文汇出版社，2020年。
3 顾文彬著，苏州市档案馆、苏州市过云楼文化研究会编：《顾文彬日记》，第1册，第12页，文汇出版社，2016年。

## 顾文彬到访琉璃厂文玩店铺情况表[1]

| 序号 | 铺名 | 次数 | 序号 | 铺名 | 次数 |
|---|---|---|---|---|---|
| 1 | 博古斋 | 14 | 12 | 渊鉴斋 | 1 |
| 2 | 松竹斋 | 11 | 13 | 松茂斋 | 3 |
| 3 | 筠青阁 | 5 | 14 | 青云斋 | 1 |
| 4 | 论古斋 | 19 | 15 | 宝珍斋 | 2 |
| 5 | 润鉴斋 | 3 | 16 | 蕴珍斋 | 1 |
| 6 | 亦古斋 | 1 | 17 | 涵雅斋 | 2 |
| 7 | 德宝斋 | 30 | 18 | 绪古斋 | 1 |
| 8 | 英古斋 | 2 | 19 | 宝石斋 | 1 |
| 9 | 彩笔斋 | 1 | 20 | 隶古斋 | 7 |
| 10 | 宝古斋 | 1 | 21 | 宝名堂 | 1 |
| 11 | 凝秀阁 | 3 |  |  |  |

由上表可知，顾文彬光顾较多的店铺为德宝斋、论古斋、博古斋、松竹斋。这大体反映了琉璃厂古玩店铺的实际经营状况和商业实力：德宝斋是开业时间最长的古玩铺，开业于咸丰元年（1851），1945年歇业，一共开了94年；论古斋的创始人为萧秉彝，同治元年（1862）开业，至1924年倒闭；博古斋开设于清道光年间，光绪二十六年（1900）歇业；松竹斋则据说始建于康熙十一年（1672），后更名为荣宝斋，历史更为悠久。顾文彬此前曾寓京14年，对厂肆极为熟悉，更信赖那些经营时间较长、有良好信誉的古玩店铺，并以之为交易对象。

长安居，大不易，"京中红白分子甚多，外官在京应酬，较京官还要宽些"。[2] 即便省吃俭用，也有数额不小的消耗，"每月约需四五十金"。顾文彬叮嘱儿子顾承："嗣后，逢双月须寄百金，以应我用。"[3] 京城

---

[1] 表格数据源于《顾文彬日记》所载，统计到访次数（以天计），因《顾文彬日记》所记游览店铺及文玩交易时偶有未及铺名的情况，故本表数据当不完全，但可供研究参考。

[2] 顾文彬著，苏州市档案馆、苏州市过云楼文化研究会编：《宦游鸿雪》，同治九年第七号，第1册，第5页，文汇出版社，2020年。

[3] 顾文彬著，苏州市档案馆、苏州市过云楼文化研究会编：《宦游鸿雪》，同治九年第九号，第1册，第7页，文汇出版社，2020年。

官场盘根错节，吏部候缺旷日持久，顾文彬明知部选无期，对归期毫无把握，"所带川资行将告罄"，"若久待下去，为之奈何？"[1] 只能依靠自身所长，自筹生计，他携带部分藏品进京，委托老相识博古斋古玩商李老三帮忙变卖，以部分地解决生活难题。顾文彬随身携带进京的南货，"销去座位帖一本、石谷碎墨一本、廉州山水一卷，得价一百四十两"。[2] 此后，又销去明人扇册得15金、曼生墓志得15金，"其余尚销不动，盖价虽可得，而销路不广也"。无奈又令顾承再寄，"则川费及收买书画皆取给于此矣"。[3] 顾文彬游厂肆，在南北文玩市场买进卖出，赚取差价，固然是为了满足艺术追求，同时也是出于很实际的生计需要。他在信札中对顾承明言："我在京候选，川费不轻，兼做贩书画家，不无小补。"[4]

京中生活的窘困部分地限制了顾文彬的选购行为，南北文玩市场兼顾的生意经则实际上成为主导其购买行为的主要因素。从顾文彬在琉璃厂所购文玩品类来看，他对汉玉有非常浓厚的兴趣，出手购买往往带有购买北货以便南售的意识。"汉玉器，大小十余件，价约数十两。此间买汉玉者甚少，故价不甚昂，而精品颇多，然精者亦不贱。我所得者，价不昂，故亦不能甚精，然到苏销售必可获利，故择其可爱买之。闻有玉印甚精者，已为有力者所据，当设法图之。"[5] 顾文彬以营利为目的购置文玩颇为谨慎，自认为"所买书画精品居多，设使变价，均可占钱，即绫本各轴，谅亦可得价。惟所买玉器古泉等，或有吃亏，然亦无几，

---

1　顾文彬著，苏州市档案馆、苏州市过云楼文化研究会编：《宦游鸿雪》，同治九年第十号，第1册，第9页，文汇出版社，2020年。
2　顾文彬著，苏州市档案馆、苏州市过云楼文化研究会编：《宦游鸿雪》，同治九年第十六号，第1册，第16页，文汇出版社，2020年。
3　顾文彬著，苏州市档案馆、苏州市过云楼文化研究会编：《宦游鸿雪》，同治九年第十三号，第1册，第13页，文汇出版社，2020年。
4　顾文彬著，苏州市档案馆、苏州市过云楼文化研究会编：《宦游鸿雪》，同治九年第七号，第1册，第5页，文汇出版社，2020年。
5　顾文彬著，苏州市档案馆、苏州市过云楼文化研究会编：《宦游鸿雪》，同治九年不列号，第1册，第8页，文汇出版社，2020年。

况此后已定见不买"。[1] 或因旅途置办转运不便，或因价格过昂则不易盈利，他对价高体重的文玩品类兴趣不大。如《日记》载，在博古斋看到的"石谷（王石谷，即王翚）临山樵长卷，索价四十两，方方壶（方从义）小立轴，索价四十两，以此二件为最，惜价昂不能买也"。[2] 又"宝珍斋大玩甚多，字画亦不少，余在京十月竟未与成一文交易，可谓无缘"。[3]

顾文彬把在琉璃厂获取的市场信息通过信札传递给苏州的顾承，作为选购藏品以及南货北销的远程指导。"昨日到琉璃厂博古斋，旧识之李老三尚在，此公看字眼光颇好，搜罗亦广。略看数件，颇有佳品，内有石谷临山樵长卷，索价百二十金，方方壶小立轴，索价四十金。据此可见京中字画之贵。我所带之物，将来或可希冀得价也。绫绢本长幅字画，或尚可搜罗，稍暇日即当访之。"[4] "天发神谶，此间甚贵。国初拓本已值二三十两，明以前拓更贵，能觅寄否？"[5] 南北信息的沟通，有助于把握市场行情，对艺术品销售的总体情况以及商业价值做出更为理性的判断，"前所寄绫本字画，南中搜罗已尽，此间亦复不多，尽可居奇，切勿贱售"。[6]

当然，尽管遇到一些经济困难，但购藏过程中艺术品味及收藏爱好仍然是放在第一位的，顾文彬为经济困窘一再感叹，"所见书画，颇有铭心之品，而眼馋手窘，只可割爱"，"若书画之爱不能释者，且俟带

---

1 顾文彬著，苏州市档案馆、苏州市过云楼文化研究会编：《宦游鸿雪》，同治九年不列号，第1册，第18页，文汇出版社，2020年。
2 顾文彬著，苏州市档案馆、苏州市过云楼文化研究会编：《顾文彬日记》，第1册，第12页，文汇出版社，2016年。
3 顾文彬著，苏州市档案馆、苏州市过云楼文化研究会编：《顾文彬日记》，第1册，第29页，文汇出版社，2016年。
4 顾文彬著，苏州市档案馆、苏州市过云楼文化研究会编：《宦游鸿雪》，同治九年第七号，第1册，第5页，文汇出版社，2020年。
5 顾文彬著，苏州市档案馆、苏州市过云楼文化研究会编：《宦游鸿雪》，同治九年不列号，第1册，第8页，文汇出版社，2020年。
6 顾文彬著，苏州市档案馆、苏州市过云楼文化研究会编：《宦游鸿雪》，同治九年第十三号，第1册，第13页，文汇出版社，2020年。

出之物销去，再作推陈出新之计"。[1]他重金买下王石谷十万画册，花费四十两；[2]恽南田仿子久水墨山水袖卷，花费四十五两，[3]这两件，当属艺术水准上乘，因而割舍不下的心爱之物。收藏方面的偏好也影响到他的视野，比如，顾文彬不喜收绢本，故有几次徒劳而返的经历，如六月十七日，"在德宝斋闲坐，适胡石查来，偕至宝珍斋，见当号赵字册，未必真笔，且绢本，蓑衣裱不足取矣"。[4]

正如博古斋掌柜李老三所言，外地来京人士是京城书画文玩的重要消费者，"京官爱书画者有数人，然皆无力量，即使买去，难免拖欠，须遇外官方好"。[5]顾文彬是典型的寓京南人，在京期间较为广泛地参与了琉璃厂的书画文玩交易活动，并推动南货北销、北货南售，亲身推动了艺术品市场的南北交流，对活跃市场、促进书画文玩的流通做出了实际贡献。

## 二、掌柜、同乡与同好：顾文彬琉璃厂交游考

除了必要的官场应酬活动外，顾文彬在京交谊圈主要围绕着琉璃厂的文玩书画交易鉴藏等活动开展。[6]书画文玩店铺的掌柜、在京的同乡

---

1　顾文彬著，苏州市档案馆、苏州市过云楼文化研究会编：《宦游鸿雪》，同治九年第十号，第1册，第9页，文汇出版社，2020年。
2　参见顾文彬同治九年五月二十八日日记："与论古斋议定宋拓《定武兰亭》卷、王石谷《十万图》册，价银八十两。近日快心之事，除军机进单外，此事为最。然进单一节尚属分内之事，此则得之意外者。平心而论，即石谷册已值此数，《兰亭》卷只算平空拾得，论此卷价值，即三百金不为贵也。"顾文彬，苏州市档案馆、苏州市过云楼文化研究会编：《顾文彬日记》，第1册，第22页，文汇出版社，2016年。
3　顾文彬著，苏州市档案馆、苏州市过云楼文化研究会编：《宦游鸿雪》，同治九年不列号，第1册，第17页，文汇出版社，2020年。
4　顾文彬著，苏州市档案馆、苏州市过云楼文化研究会编：《顾文彬日记》，第1册，第29页，文汇出版社，2016年。
5　顾文彬著，苏州市档案馆、苏州市过云楼文化研究会编：《宦游鸿雪》，同治九年第八号，第1册，第6页，文汇出版社，2020年。
6　《顾文彬日记》所见顾文彬在京交游甚广，笔者仅以琉璃厂文玩书画活动为中心，对部分交流对象加以考证和说明。

以及在书画文玩鉴藏方面的同好成为其主要的交游对象。

顾文彬进京次日就拜访博古斋掌柜李老三,[1]这是他在京城的旧交,"此公看字画眼光颇好,搜罗亦广"。[2]顾文彬对李老三非常信任,并以诚相待。据《日记》载:"(四月一日)午后,李老三来观字画,令其评价。余复往博古斋,约其店伙将字画一箱抬去,托其销售。"[3]顾文彬将从苏州家中带来的字画委托李老三销售,后"尹耕云托蒋子良问书画价,先是余以书画三十余件托博古斋之李老三销售,李老三送与耕云阅看,耕云知系余物,故托子良来问。余虽告以所择八件索价四百余金,然因李老三是经手人,嘱其不可撒却也"。[4]顾文彬为此特地亲至博古斋,"晤老三,告以耕云问价事"。[5]通过亲身接触,顾文彬熟悉并了解这些琉璃厂生意人的品行,从中择选品行端良、讲求信誉的生意人作为结交和交易对象。如德宝斋掌柜李诚甫,在琉璃厂一带颇为知名,据张祖翼记载:"德宝斋主人李诚甫,亦山西太平人。肆始于咸丰季年,仅千金资本耳,李乃受友人之托而设者。其规矩之严肃,出纳之不苟,三十年如一日,今其肆已逾十万金矣。诚甫能鉴别古彝器甚精,潘文勤、王文敏所蓄,大半皆出其手。"[6]顾文彬对李诚甫颇为推重,以友相待。《日记》中说,李诚甫"虽市井中人,颇讲交情,故余与之颇投契"。生意关系在长期交往中转变为朋友关系,故"德宝掌柜人李诚甫定于明日起程往

---

1 据张祖翼《海王村人物》,"至博古斋主人祝某,鉴赏为咸同间第一,人皆推重之"(《清代野记》卷下,第197页,中华书局,2007年),或二人非同时掌博古斋。
2 顾文彬著,苏州市档案馆、苏州市过云楼文化研究会编:《宦游鸿雪》,同治九年第七号,第1册,第5页,文汇出版社,2020年。
3 顾文彬著,苏州市档案馆、苏州市过云楼文化研究会编:《顾文彬日记》,第1册,第11—12页,文汇出版社,2016年。
4 顾文彬著,苏州市档案馆、苏州市过云楼文化研究会编:《顾文彬日记》,第1册,第13页,文汇出版社,2016年。
5 顾文彬著,苏州市档案馆、苏州市过云楼文化研究会编:《顾文彬日记》,第1册,第14页,文汇出版社,2016年。
6 张祖翼:《海王村人物》,《清代野记》卷下,第197页,中华书局,2007年。

山西置货，因送之"。[1] 松竹斋掌柜张仰山，书法篆刻堪称一绝，顾文彬"至松竹斋晤张仰山，谈古颇洽"，[2] 后"张仰山在宝兴堂为母做寿，往拜之"。[3] 论古斋管事萧钟山，"素耳余（指顾文彬）名，相接甚殷勤"。[4] 此外，与其交往的买卖人还有筠青阁管事王泉坡、润鉴斋管事雷际云等等。

　　与文玩铺掌柜的交往既是书画文玩交易之所需，也为顾文彬在琉璃厂活动提供了不少方便。从《日记》来看，这些古玩界的行家里手不仅可以与顾文彬一同鉴赏书画文玩，互相交流经验，增广见闻，而且还会热情地为顾文彬提供市场交易信息和鉴赏、会晤场所，主动推荐书画文玩藏品并提供各种玩赏便利，如介绍藏家情况、允许取货回家细细揣摩、允许赊欠等等。他们还免费充当购买和售卖的中介，如帮买主与卖主和会，[5] 甚至主动出手，撮合买卖双方的交易，景其濬收藏汉玉钩两枚，"其一与余（顾文彬）藏钩竟是一对，惟腹上亦作琴式而花纹不同，否则几乎分别不出"，[6] 为将两只玉钩配作一对，"德宝斋以旧瓷、印盒、水盂五件售与景剑泉（其濬），换其汉玉琴钩，归于余，余代还瓷器价作六十两"。[7] 这种以物易物的方式，令旧藏家可以淘汰旧存，买入新品，新藏家得其爱物，一遂心愿，古玩铺自身也可从中售出货品，获得盈利，

---

1　顾文彬著，苏州市档案馆、苏州市过云楼文化研究会编：《顾文彬日记》，第1册，第39页，文汇出版社，2016年。
2　顾文彬著，苏州市档案馆、苏州市过云楼文化研究会编：《顾文彬日记》，第1册，第15页，文汇出版社，2016年。
3　顾文彬著，苏州市档案馆、苏州市过云楼文化研究会编：《顾文彬日记》，第1册，第29页，文汇出版社，2016年。
4　顾文彬著，苏州市档案馆、苏州市过云楼文化研究会编：《顾文彬日记》，第1册，第15页，文汇出版社，2016年。
5　据《顾文彬日记》："（十月初五日）在德宝斋，有徐姓持来烟客山水立轴求质，店主李诚甫斥为赝笔，余审为真而且佳，托店主和会，惜索价太昂，未成，然念之不置也。"（顾文彬著，苏州市档案馆、苏州市过云楼文化研究会编：《顾文彬日记》，第1册，第36页，文汇出版社，2016年。）
6　顾文彬著，苏州市档案馆、苏州市过云楼文化研究会编：《顾文彬日记》，第1册，第19页，文汇出版社，2016年。
7　顾文彬著，苏州市档案馆、苏州市过云楼文化研究会编：《顾文彬日记》，第1册，第26页，文汇出版社，2016年。

可谓一举三得。古玩铺不仅在本店经营方面打开方便之门,甚至可以帮忙在不同店铺间还价,[1]撮合买卖,有力地支撑并保障了琉璃厂文玩经营的有序进行。

  在京的江苏同乡有书画特长及嗜古同好者,是顾文彬交往的第二大群体。顾文彬晚年回忆昔年居官京城之时,"寓居与琉璃厂相近,公余之暇,辄游厂肆,肆中售书画者麇集,余颇爱流览而鉴别未精,真赝莫决,同乡华亭秋、秦谊亭、淡如三君,皆莫逆交,雅擅丹青,尤精赏鉴,每拉与同游,藉资印证。笛秋目光如炬,攀山绢海,中遇有佳品,辄拔其尤。如伯乐相马,冀北以顾,其群遂空,夸示同人,余从旁窃睨,盖不胜其羡且妒焉"。[2]此次进京候缺,与秦炳文(谊亭)再续前情。秦炳文(1803—1873),清画家,原名燡,字砚云,号谊亭,江苏无锡人,道光举人,擅长画山水、花卉,精鉴赏,收藏书画甚富,所藏多精品。顾文彬和秦炳文互相交换藏品玩赏,"(五月初十日)秦谊亭来晤,索观书画,将新得各种及旧藏沈石田三卷、石谷一卷、南田一册并博古之大痴、方壶、天游三轴与观","谊亭送来柳如是《五柳高隐》卷,纸本,钱牧斋题右方,袁简斋题引首。顾横波画《梅兰竹菊》卷,纸本,龚芝麓题卷首,吴梅村题七绝于卷尾"。[3]

  同乡友人之中,除了收藏界同好外,还有一批客居京城的艺术家。如袁崇,丹徒人,字崇山,客京师时与俞承德、秦炳文等于松筠庵结画社,善山水;沈振麟,元和人,字凤池,一作凤墀,道光初即供奉画院,

---

[1] 据《顾文彬日记》:"(十月廿四日)以六金得汉玉方勒一枚,此勒于数月前见于东城古玩铺绪古斋,还价三金,不售。嗣后托德宝店伙屡次添价,今始买得,亦前缘也。" 顾文彬著,苏州市档案馆、苏州市过云楼文化研究会编:《顾文彬日记》,第1册,第39页,文汇出版社,2016年。
[2] 顾文彬:《跋华笛秋〈手集王烟客、王湘碧、王石谷、王麓台、恽南田、吴渔山山水册〉后》,顾文彬著,苏州市档案馆、苏州市过云楼文化研究会编:《顾文彬诗文稿》,第102—103页,文汇出版社,2020年。
[3] 顾文彬著,苏州市档案馆、苏州市过云楼文化研究会编:《顾文彬日记》,第1册,第19页,文汇出版社,2016年。

同治十三年（1874）任奉宸院卿，总管如意馆，工写真，亦善山水、竹石、花鸟、虫鱼，画牛颇佳，能创作于画轴、册、扇、贴落等；顾肇熙，长洲人，字皞民，号缉庭，举人，官工部主事，擢道台，晚年居木渎，工画，书法苏轼；赵宗德，常熟人，谱名宗藩，字价人，号白民，喜藏书抄书，能诗文，善画山水，仿王翚笔意，画多不署款，只盖白民小印。与同乡书画家们的交往在《日记》中着墨不多，往往只记其名，推其情形，交游主题当为以书法绘画技艺为主的艺术交流。

  顾文彬在京期间，还广泛接触了不少文玩界的藏家，与之交流经验，共享藏品，分享心得体会。依《日记》所见，顾文彬与松云庵心泉和尚的交往颇多。心泉和尚为顾文彬旧交，"我闲暇无事，日往琉璃厂闲游。可与谈者，旧识惟博古斋之李老三、松云庵之心泉和尚，新交有松竹斋之张仰山，此人颇明于金石，向与沈韵初交好"。[1]心泉和尚是京城有名的藏家，顾文彬赏看了不少他的藏品，"（四月十二日）巳刻，访心泉和尚，见其所藏书画各件。一夏珪纸本山水卷，有俞紫芝、黄大痴、柯丹丘、文衡山跋；一恽香山纸本水墨山水册；一恽香山青绿山水册；一王西庐山水册，先画七页，后补三页，有王员照跋；一恽南田山水册，诒晋斋藏本；一恽南田花鸟册；一恽南田扇面册；一黄瘿瓢画册；一蒋南沙绢本花卉册。皆真迹，其中以南田山水册为最佳。有陶九成绢本山水册，乃伪迹，盖旧画添款者。又见汉玉各件，大拱璧两件、圭一件、杠头两件、文带两件、书镇一件，其中以杠头为最佳"。[2]通过鉴赏同道的藏品可以互相分享鉴藏体会，增加经验，有效地纠正误判，后心泉因经济情况不佳，大量出售藏品，顾文彬也由此收购了一些心泉旧藏中的精华。据六月廿七日《日记》眉批："心泉收藏颇富，赏鉴亦精，近为境遇所困，大半散去，所存者以南田山水袖卷、又山水小册、又花鸟

---

1 顾文彬著，苏州市档案馆、苏州市过云楼文化研究会编：《宦游鸿雪》，同治九年第八号，第1册，第5—6页，文汇出版社，2020年。
2 顾文彬著，苏州市档案馆、苏州市过云楼文化研究会编：《顾文彬日记》，第1册，第14—15页，文汇出版社，2016年。

三种为最，皆为余物色得之。心泉书画船从此减色矣。余所欲购未成者，只智永《千文》卷，然究非开门见山之物矣。"[1]

当顾文彬游逛琉璃厂，发现"此间古钱刀币颇多，惜我目不识丁，将来拟请明于此事者代购"。[2] 了解到李眉卿对古泉和字画颇有研究，特地主动拜访结交，"往晤李眉卿，山东人，刑部员外，其父竹朋，刻《古泉汇》者，知其识古泉，兼识字画，一见如故，约他日同游厂肆"。[3] 又经其推荐，结识胡石查，"往晤胡石查（义赞），河南人，辛卯同年胡仁颐之子。前日李眉卿称其精于鉴古，故往拜之"。[4] 顾文彬在京结识的收藏家还有景其濬，字剑泉，贵州兴义人，咸丰二年（1852）恩科进士，选翰林院庶吉士，散馆授翰林院编修，官至内阁学士。他好收藏，精鉴赏，善楷书，体态圆润，平淡天真，自成一格。此外，顾文彬所交还有：孔广陶，广东南海人，以藏古籍、书画有名于时，有粤省四大藏书家之誉，所藏古泉亦甚精；王景贤，绍兴府山阴县人，能承家学，有画名。在此不一一赘述。

从顾文彬在京交游圈可以看出，琉璃厂周围活跃着一批对文玩鉴藏有着共同爱好的人士，他们交互鉴藏文玩，携游厂肆，交换藏品，实际地参与并丰富和提升了京城文化圈的艺术品味。顾文彬与古玩店铺掌柜、京城古文藏家以及书画界名家均有一定程度的交往，这为他在琉璃厂的商品交易和文化交流活动创造了人脉，使他能够较为充分地参与京城书画文玩的商品流通和鉴藏讨论，进而为提升个人鉴藏水平、沟通南北市场信息以及促进南北艺术品的文化交流奠定了基础。

---

1 顾文彬著，苏州市档案馆、苏州市过云楼文化研究会编：《顾文彬日记》，第1册，第29—30页，文汇出版社，2016年。按，智永《千文》卷后亦为顾文彬所得。
2 顾文彬著，苏州市档案馆、苏州市过云楼文化研究会编：《宦游鸿雪》，同治九年第八号，第1册，第6页，文汇出版社，2020年。
3 顾文彬著，苏州市档案馆、苏州市过云楼文化研究会编：《顾文彬日记》，第1册，第15页，文汇出版社，2016年。
4 顾文彬著，苏州市档案馆、苏州市过云楼文化研究会编：《顾文彬日记》，第1册，第16页，文汇出版社，2016年。

## 三、沟通南北与家国情怀：顾文彬的艺术品鉴与文化交流

对京城琉璃厂而言，与顾文彬一道进京的，除了作为居京生计补偿的一箱待售的南货外，还有他浸淫文玩界多年所形成的鉴藏眼光、经验和能力、艺术水准等，这些，以顾文彬个人为媒介，通过一系列鉴藏活动予以再现。顾文彬的鉴藏素养，与他带来的南货一起，卷入琉璃厂的文玩买卖，进而汇入南北文化交通乃至家国情怀共融的历史洪流。

文玩收藏，首重眼光，辨别市场导向，把握市场主流，关系到投资的成效。就鉴藏眼光来说，顾文彬本人初进京城之时，颇为自诩。他提出，"自古一代之兴，有能经文纬武、名垂史册者，落落不过数人。书画特六艺之一耳，然一代之中空前绝后者，亦复不过数人。……国初以来，四王、恽、吴推为六大家，论者谓可直接元四大家，而于明四大家骎骎欲度骅骝前矣。厥后作手非无矫然特出，别树一帜者，卒亦无能驾而上之，于是风行一时，收藏家于六大家苟不能兼收并蓄，辄欿然不足，以故搜罗日亟，声价日增，片楮零缣，珍如拱璧。余素抱书画之癖，亡儿承之亦有同嗜，竭数十年之精力，所收古今名迹，汗牛充栋，而于六大家尤所心醉。凡遇精品，不惜重赀，所蓄不止百种"。[1] 顾文彬认为，四王、恽、吴六家之作为有清一代画艺之巅峰，当为南北市场所公认，他对顾承称："所带字画已令李老三评价，与汝所拟之价不无出入，而总数不相上下。京中所重亦是四王、恽、吴，与沈、文、唐、仇，我所带之物甚合销路。至于眼光，虽李老三已算巨擘，然不如我与汝远甚。见石谷两册，深信为真，其易欺可见，我即托其代销。"[2] 顾文彬通过博古斋掌柜李老三的反应进一步肯定自己的判断，南北市场均推重四王、

---

[1] 顾文彬：《跋华笛秋〈手集王烟客、王湘碧、王石谷、王麓台、恽南田、吴渔山山水册〉后》，顾文彬著，苏州市档案馆、苏州市过云楼文化研究会编：《顾文彬诗文稿》，第102—103页，文汇出版社，2020年。
[2] 顾文彬著，苏州市档案馆、苏州市过云楼文化研究会编：《宦游鸿雪》，同治九年第八号，第1册，第6页，文汇出版社，2020年。

恽、吴画作，说明进京前的市场预估非常准确，故对进京以销售书画作为解决生计的手段很有信心。应该说，一方面，文玩交易过程部分证实了顾文彬的判断，六大家之作定价高，受欢迎；但另一方面，琉璃厂的文玩交易体验也逐渐改变了顾文彬的认识。由南携来的书画实际销售并不乐观，"然带出之物，既销不快，不得不再望续寄一二十件，以为接济"。[1] 而后续"寄来书画各件，恽、王扇面最为易销，此外尚恐稍滞。京中价值较苏虽昂，而售主寥寥，所谓有行无市也"。[2] 市场呼声推高了书画价格，但实际买卖行情则受经济发展情况制约，要想在南北市场游刃有余，顾文彬的鉴藏眼光还需两者兼顾。

识别真赝，是鉴藏经验的积累，也是鉴藏能力的体现。顾文彬确实有多年的鉴藏经验，颇有能力，他纠正了一些同好的误判。比如，他在《日记》中指出心泉所藏陶九成绢本山水册，"乃伪迹，盖旧画添款者"；在论古斋以四金买得沈石田水墨山水立轴，店主不知其为真迹，心泉和尚也怀疑是伪作，顾则断为真品；有徐姓到德宝斋求售烟客山水立轴，店主认为是赝品，顾却认为真而且佳；在凝秀阁见廉州水墨山水册十页，秦炳文鉴为真品，顾却认为是伪作，后证实果然为伪。[3] 琉璃厂依仗京城地利，文玩品类齐全，甲于天下，南方寻访多年不易得之物，北地则可以轻易买到，为此顾文彬感叹："乃知京师之大，无物不备。"[4] 但深入到这样一个琳琅满目的文玩市场，偶一失察，就可能判断失误。顾文彬起初还对古玉、古泉有浓厚的兴趣，很快就意识到，"至古玉、古

---

1　顾文彬著，苏州市档案馆、苏州市过云楼文化研究会编：《宦游鸿雪》，同治九年第十三号，第1册，第13页，文汇出版社，2020年。
2　顾文彬著，苏州市档案馆、苏州市过云楼文化研究会编：《宦游鸿雪》，同治九年第十九号，第1册，第21页，文汇出版社，2020年。
3　参见《顾文彬日记》第15页、第35页、第36页、第39页。
4　顾文彬著，苏州市档案馆、苏州市过云楼文化研究会编：《宦游鸿雪》，同治九年第十一号，第1册，第11页，文汇出版社，2020年。

泉，究不内行"[1]，"惟所买玉器古泉等，或有吃亏，然亦无几，况此后已定见不买"[2]。他也有误判误收的情况，"在英古家以十金得恽南田临米行草卷，汉玉虎头一枚"，后才意识到上当，"恽字不真，玉虎头亦是提色。恽字款是辛未，乃南田已故之明年。玉虎头用力盘之，黑色易褪，此皆不的之明证。及携归苏中，见者皆叹赏，可见真鉴之难"[3]。顾文彬花费二十两买下的大痴轴，后被鉴为伪迹。[4]造假手段层出不穷，防不胜防，鉴藏方面山外有山、人外有人的感悟也接踵而来。顾文彬与藏家袁崇会晤，"观其所藏高房山设色山水绢本袖卷，仇十洲设色《深柳读书》绢本卷。此二卷廿年前曾见过，当时不辨真伪，今日复观，皆真迹也。又祝枝山草书卷纸本，真而且佳，后有郑板桥跋"[5]。与精于鉴赏的同好一起游厂，则可拓展视野，增强鉴藏能力。"先是前在论古斋见查二瞻山水册，爱其工致，向其借观。携在车中，出示石查，一见决为赝本。余询其于何决之，曰家藏亦有一本，取出勘对，画境、题字并于升双款，丝毫无二。审视之，觉款字亦嫩，始识其伪。若给石查说破，几乎以善价得之。甚矣，赏鉴之难也。"[6]

鉴藏品味的提升，是鉴赏家有别于古董商的重要区别。顾文彬在琉璃厂的行迹，表现出超出一般性文玩鉴赏的学者气度和文化传承的家国情怀。顾文彬醉心书画文玩收藏，有明确的嗜古倾向。他喜欢谈古，青睐古书画的古香古色，如鉴赏论古斋的萧照山水长卷，称"画极古厚，

---

[1] 顾文彬著，苏州市档案馆、苏州市过云楼文化研究会编：《宦游鸿雪》，同治九年第十号，第1册，第9页，文汇出版社，2020年。
[2] 顾文彬著，苏州市档案馆、苏州市过云楼文化研究会编：《宦游鸿雪》，同治九年第十六号，第1册，第18页，文汇出版社，2020年。
[3] 顾文彬著，苏州市档案馆、苏州市过云楼文化研究会编：《顾文彬日记》，第1册，第18页，文汇出版社，2016年。
[4] 参见《顾文彬日记》第30页。
[5] 顾文彬著，苏州市档案馆、苏州市过云楼文化研究会编：《顾文彬日记》，第1册，第39页，文汇出版社，2016年。
[6] 顾文彬著，苏州市档案馆、苏州市过云楼文化研究会编：《顾文彬日记》，第1册，第16页，文汇出版社，2016年。

非明以后人所能到"，¹ 喜汉玉，爱其制之古朴，² 但又非食古不化，于鉴赏一途，以作者的品行气节为先。他教育子弟书画技能，强调"先论其人，次论其书法、画理，再论其价值"，³ 由推重为人再至推崇其作品。他常常强调书画作者的气节，对抗清名士黄道周、明遗民傅山等非常敬重，亦极为关注其作品，每在厂肆中遇到，无不驻足。他给顾承的信中写道："绫本石斋卷既已售去，我家并无石斋手迹，陈伯蕴所藏相眼册乃石斋精品，题跋亦精，此册志在必得，汝当亲往图之，价即昂亦不必吝惜。此间石斋字既少而声价亦昂，可见此老真迹，宇内海外均知宝贵，安可交臂失之？"⁴ "在德宝斋见傅青主草书大轴一帧，草书唐人七绝条幅十二帧，皆纸本，屏末幅自跋三行，秃笔狂草，字多不识。后见其父子杂书册两本。青主所书皆断简残编，首页仿颜楷书为最，余皆信手。寿毛所书小楷甚工，余法晋人，胜于前日所见行草卷。"⁵ 观顾文彬所处之时代，内忧外患交至，两次鸦片战争后政局动荡，民心沸腾，此时此刻，在收藏书画文玩之时强调作者的品行与气节，无疑沾染了时代的气息，反映了现实国情民情的呼声。

琉璃厂购置的藏品中，顾文彬最为钟爱者，当属购得的八十枚马泉和从景其濬处易得的汉玉钩。据《古泉汇》载，马钱存世只一百二十枚，"今一朝而十获其七，岂非快事？虽费多金，何悔焉！"⁶ 购得之物与家藏之物合体，则成马泉百品。同样，顾文彬家中藏有一只汉玉琴钩，

---

1 顾文彬著，苏州市档案馆、苏州市过云楼文化研究会编：《顾文彬日记》，第 1 册，第 15 页，文汇出版社，2016 年。
2 参见《顾文彬日记》，第 17 页。
3 顾文彬著，苏州市档案馆、苏州市过云楼文化研究会编：《宦游鸿雪》，同治九年第四号，第 1 册，第 3 页，文汇出版社，2020 年。
4 顾文彬著，苏州市档案馆、苏州市过云楼文化研究会编：《宦游鸿雪》，同治九年第十一号，第 1 册，第 10 页，文汇出版社，2020 年。
5 顾文彬著，苏州市档案馆、苏州市过云楼文化研究会编：《顾文彬日记》，第 1 册，第 21 页，文汇出版社，2016 年。
6 顾文彬著，苏州市档案馆、苏州市过云楼文化研究会编：《顾文彬日记》，第 1 册，第 17 页，文汇出版社，2016 年。

又从景其濬手中获得另外一只，"此钩与余昔年得张柳亭汉玉钩制造出于一手，色泽、分寸若合符节，惟下半钩所镂琴轸一凹一凸，似分阴阳，当时必是一对。千百年后，散而复合，洵奇缘也"。[1] 顾文彬为此将双玉钩与马钱百品汇藏一室，将书斋命名为"金马玉琴之室"，撰对联云"磅礴百金马；摩挲双玉琴"，旁注云："艮庵来游京师，得燕庭刘氏马泉八十余品，合之家藏十余品，集成百品。又得景剑泉阁学所赠汉玉琴钩，与家藏一钩制造出于一手，色泽、分寸若合符节，千百年物，珠联璧合，洵奇缘也。"[2] 马泉的百品汇聚，玉钩的双钩合璧，体现出顾文彬整合南北藏品，汇为一体，化零为整、变散为聚的观念。顾文彬指出："大约书画日少一日，次者、赝者固宜售去，其真而佳者亦须买进，如待价而沽，总可得善价。据此，则孙辈讲书画一节尤不宜缓耳。"[3] 于小处，固然是为子孙谋未来之生计；于大处，何尝不是为民族谋未来文化传承之根本。

顾文彬所生活的晚清，政治衰败，经济困顿，珍贵的典籍、书画、文玩等聚而又散，更有大量珍品流散海外，收藏家们凭借一己之力，购买、汇聚和存藏的行为，实质上是一种可贵的以文化传承为己任的态度，反映了收藏家珍视、抢救并保护民族文化的情怀。即此而论，顾文彬在琉璃厂的书画文玩交易，不仅是以一身兼通南北，更是以一人兼顾家国，其价值和意义更足珍视，值得认真总结，大力弘扬。

---

[1] 顾文彬著，苏州市档案馆、苏州市过云楼文化研究会编：《顾文彬日记》，第1册，第26页，文汇出版社，2016年。

[2] 顾文彬著，苏州市档案馆、苏州市过云楼文化研究会编：《宦游鸿雪》，同治九年第十四号，第1册，第14页，文汇出版社，2020年。

[3] 顾文彬著，苏州市档案馆、苏州市过云楼文化研究会编：《宦游鸿雪》，同治九年第八号，第1册，第6页，文汇出版社，2020年。

**参考文献：**

1. [清]顾文彬著，苏州市档案馆、苏州市过云楼文化研究会编：《顾文彬日记》，文汇出版社，2016年。

2. [美]艾尔曼著，王红霞、姚建根、朱莉丽等译：《中国近代科学的文化史》，上海古籍出版社，2009年。

3. 高福民编著：《过云楼梦——大变革时代江南文脉之一隅》，文汇出版社，2016年。

4. [清]顾文彬著，苏州市档案馆、苏州市过云楼文化研究会编：《宦游鸿雪》，文汇出版社，2020年。

5. 张祖翼撰：《清代野记》，中华书局，2007年。

6. [清]顾文彬著，苏州市档案馆、苏州市过云楼文化研究会编：《顾文彬诗文稿》，文汇出版社，2020年。

# 《过云楼书画记》的考据特色和学术追求
## ——以苏轼书法作品著录为例

艾俊川

(金融时报社)

**提　要:** 以《过云楼书画记》著录的苏轼《祭黄几道文》和《答谢民师书》两件书法作品为例,可见此书的主要特点,是通过文史考证解决书画自身及流传过程中存在的疑难问题。它实际上是一部以书画为载体、以考据为特色的研究著作。顾文彬在撰写《过云楼书画记》时,抱有超越收藏家、成为考订家的学术追求。

**关键词:** 顾文彬；过云楼书画记；苏轼书法；祭黄几道文；答谢民师书；书画考证

过云楼收藏甲江南,令人赞叹的,除了数以百计的书画珍品,还有别具一格的《过云楼书画记》。顾文彬的这部著作,迥异于当时通行的书画著录模式,拥有鲜明的自身面貌。本文拟分析《过云楼书画记》对两件苏轼书法作品的著录和研究,揭示此书的考据特色和顾文彬的鉴赏旨趣与学术追求。

## 一、不屑"为古人小胥"的作者

光绪元年,苏州过云楼建成,顾家珍藏的书画有了妥善的安身之地,顾文彬开始撰写《过云楼书画记》。他在为过云楼题写的"一枝粗稳三径初成;商略遗编且题醉墨"楹联边跋中说:"乙亥夏余移疾归里,楼适落成,因集辛幼安词句题之。时方有书画录之辑,故次联云尔。"至光绪八年秋,《过云楼书画记》撰成,随后刊刻行世。

在顾文彬为自己的藏品撰"记"时,古书画的鉴赏著录已有成熟模式,堪称典范者,在官为《石渠宝笈》,在私为《江村销夏录》,都是详细记录书画的质地、尺寸、内容、题记、印章、藏家题跋等基本信息,间或对艺术风格、递藏源流等进行评价和考订,其中照实记录书画的物质信息和内容信息是必备项目。顾文彬初时也采用这一模式,在现藏苏州市图书馆的《过云楼书画记》稿本中,他详记各项信息,并开列凡例六则,第一则即说:

> 此书大旨继轨江村,谓之"记"而不曰"录"者,高以记载款识题跋为主,其尺寸大小或有或无,此必一一于题后作小记,度其纸幅广隘、尺寸修短,考作时之岁月、作者之年岁。书则记其篆隶真草、行数若干,画则记其设色浓淡、水墨枯润。其高岩邃谷、疏林丛树,位置错杂,虽不能指掌瞭然,亦必约略记之,并云似某家笔意,使操左券者易合也。其题款多少、上下行数,亦必详记。[1]

"江村"即高士奇的《江村销夏录》,以著录翔实著名,人称"江村体"。可见,顾文彬最初想写的,是一部在体例完备、资料丰富方面超过《江村销夏录》的"江村体"著作,但《过云楼书画记》问世后,

---

1 苏州博物馆编:《清代苏州顾氏的收藏》,译林出版社,2016年,第337页。

人们看到的书却与"江村体"大异其趣。

《过云楼书画记》的定本,并未著录书画的各项自身信息,而是专注对作品真伪、文本内容、作者生平、流传过程的考订,实际上成为一部以书画为题材的考据著作。新定凡例的收录标准十分简单,即过云楼收藏的纸本书画真品,并限于卷、册、轴三种装潢形式;在著录体例方面,顾文彬又列出几条标准:

> 自《江村消夏录》后,于前代公私玺印悉载无遗,甚至葫芦连珠,钩摹满纸,余终嫌其骨董家数,且鉴赏之道不尽在是,何必合上下千年作集古印格哉!
>
> 书画中遇诗文,亦必尽情收录,此朱性甫《铁网珊瑚》成例也。余谓天壤间名迹只有此数,流传至今,著录已得大判,复有称述,不过如东坡所谓"这瓶水倾入那瓶水"而已,必欲以七十老翁为古人小胥,非惟无谓,抑且多事。
>
> 卷册详注纸素,兼疏尺寸,体例所在。余初以定武兰亭尺记其修广,而昏眊善忘,转致挂漏。徐思本朝如退谷可谓真鉴矣,然所为《消夏记》无及此者,故荷屋纂述,亦以刻舟求剑为非。是录取则《庚子》《辛丑》两家,敬告当世:论雅道而斤斤于斯,其为正法眼藏也希。[1]

分别说明他不记录印章、诗文、质地和尺寸的理由。此时,他将取法标准由高士奇的《江村销夏录》改为孙承泽的《庚子销夏记》。

过云楼收藏的苏轼《祭黄几道文》和《答谢民师书》两件名迹,都著录在《过云楼书画记》中。下面将这两则著录与其他藏家与谱录的题跋著录分析对比,以见《过云楼书画录》的学术特色。

---

1 [清]顾文彬撰,柳向春点校:《过云楼书画记》,上海古籍出版社,第5页。下引《过云楼书画记》文字均见此书。

## 二、对《祭黄几道文》传主的考证

《过云楼书画记》卷一《苏文忠祭黄几道文卷》云：

长公此文，结衔称"翰林学士朝奉郎知制诰苏轼、朝奉郎中书舍人苏辙"，故《式古堂书考》题《东坡兄弟祭黄几道文》，后并载弘治辛酉华亭钱福跋，而卷中无是，盖万历间归王凤洲，去之，见《弇州山人续稿》"六大家十二帖"跋中。然考《续稿》又有《摹长公真迹》跋云"客有周□□、徐长孺、章仲玉及吾从子骃，素善公结法，因令各响拓大小汇为七帙，藏之山房"，内有黄几道文云云，知此文凤洲先生有响拓本。下氏在国初时，复载钱跋，得非跋为飞兔家所得，乃取响拓本合之耶？

文见公集中。

又袁桷《清容居士集》有《跋苏文忠与黄师是尺牍》云："黄师是寔，先浦城人，其父颍州府君好谦与二苏公为同年进士，师是遂与苏公家通姻谱。"与祭文称"颍州使君同年"及"纳币请婚义均股肱"语合。《施注苏诗》"送黄师是赴两浙宪"云："黄师是名实，神宗时登进士第，历京东河北转运。师是为章子厚之甥，子由官陈，由是二女皆为子由妇。"是也。好谦字几道，盖取《易传》"人道恶盈而好谦之义"，知几道即好谦无疑。书此补董华亭、笪江上、王横云诸跋遗漏。

《顾文彬日记》同治十二年四月十九日记："得三儿信，知以三百元得东坡楷书《祭黄几道文》卷于永仓徐仰岯处，为近日大快事。"这是此卷入藏过云楼的时间。

在此之前，《祭黄几道文》经过明清两代多人收藏。卷中最早的题跋者是董其昌，仅书"董其昌观于曹周翰斋中。癸卯十月晦。同观者陈仲醇、周仲简、季良兄弟"数行，未加评论。癸卯为万历三十一年。

入清后，此卷先归笪重光，他于康熙十九年仲冬跋于卷后：

此卷载在《弇州山人续稿》"六大家十二帖"一则，内云"数年中得苏文忠《祭黄几道文》于朱司成大韶家、《送梅花帖》于嘉兴盛氏。考祭文是元祐二年书，玉堂视草，匆匆间精思构结乃尔。后有钱状元福跋，真而不佳，去之"之语。又云："吾于六君子书，竭资力二十年，数得数汰，如波斯大舶主，探宝非一时也。"观此，则为王凤洲先生搜藏，转入曹氏后，董宗伯、陈眉公诸公始得观之。余囊藏有东坡《中山松醪洞庭春色》二赋、《何舍人诗》一帖、《渡海》一帖、《子厚宫使》一帖、《长者帖》一卷，类作行草，此则纯用楷法，出入晋唐之间，古雅遒逸，与褚河南、颜平原册文手书流传海内，同一墨宝，信艺林之名迹、操觚之师范也。余于吴门既得黄山谷《楚志诗卷》，复购有此卷，顿使玉局、双井一时合璧，能无欣快欤？因记岁月于卷尾。[1]

后来又归王鸿绪，他于康熙五十七年冬跋云：

余曾于真定相国斋见坡公《中山松醪洞庭春色》二赋，于李给谏书云斋见《渡江帖》，于昆山徐座主司寇斋见《长者帖》，于盖牟下少司寇令之斋见《春帖子词》册，皆属神品，未得为我有也。惟《题林和靖诗卷》后长歌、《丹元传太白仙后诗》长卷及楷书《祭黄几道文》一卷，为寒斋所秘藏而已。虽止三卷，楷、行、草俱备。今年已七十有四，后此未知尚有所遇否？然即此几种时加展玩，则亦可相契坡公笔墨之妙于意象间，似不必聚天下之宝于箧笥而始有悟入也，况尚有苏册数幅可为活计耶。

---

[1] 此跋及王鸿绪跋均据徐邦达著《古书画过眼要录·晋隋唐五代宋书法：1》，紫禁城出版社，2005年，第310页。

《祭黄几道文》也见于明清各书画目。万历间，王世贞收藏此帖，将其装入《六大家十二帖》长卷中并作跋文，录入《弇州山人续稿》卷一百六十一，相关内容如笪重光所引。明郁逢庆《续书画题跋记》卷六著录《苏长公兄弟祭黄几道文》，仅抄录被王世贞舍弃的弘治十四年钱福跋文。后来汪珂玉《珊瑚网》、卞永誉《式古堂书画汇考》等也辗转过录此跋。清初吴其贞《书画记》卷五、顾复《平生壮观》卷二均曾记录《六大家十二帖》及《祭黄几道文》，但未做评论。

　　今将各家题跋与《过云楼书画记》对观，除了笪重光引用《弇州山人续稿》说明递藏源流外，各家均未涉及顾文彬着重求证的两个问题：一是《祭黄几道文》尚有王世贞家钩摹的副本；二是黄几道即黄好谦，而这是准确认知《祭黄几道文》的两个关键性问题。

　　先说黄几道的姓名。黄几道与苏轼、苏辙兄弟为同年进士，也是好友，他的儿子黄寔（师是）更是苏辙的亲家，两个女儿分别嫁给苏辙的两个儿子，二苏集中与黄氏父子有关的文字不少。如苏辙集中除了《祭黄几道文》，还有《黄几道郎中同年挽词》，以及公务作品《黄好谦知濮州》《黄好谦知颍州》敕草。苏轼集中有《书黄子思诗集后一首》，内云"余既与其子几道、其孙师是游，得窥其家集"，点明黄几道与黄师是的父子关系，但因为"几道"之字与"好谦"之名分别出现，人们一直没能将二者对应起来。乃至到清光绪六年，李鸿裔从过云楼借读《祭黄几道文》，遍检《宋史》《东都事略》《宋元学案》等书，仍未能找到黄几道其人，遂感慨"古之有德而名磨灭者，何可胜道"。

　　顾文彬将宋人所记黄好谦与黄寔为父子、与二苏为同年进士、曾官颍州、黄苏联姻等信息，与祭文中的内容互证，并根据《易传》"人道恶盈而好谦"之语，指出"好谦"与"几道"名字相应，推定黄几道即黄好谦，实为精彩的考证。

　　今天检索古文献数据库，可以找到黄好谦字几道的直接资料。宋黄䁱撰《山谷年谱》卷二十五"黄颍州挽词二首"下注"颍州名好谦，字几道，其子即师是"；（弘治）《八闽通志》卷四十九"选举"，嘉祐二年进士有黄好谦；卷六十四"人物"，黄好谦字几道，均证实了顾文彬的推断。

再看《祭黄几道文》的摹本。《式古堂书画汇考》书考卷一《苏长公兄弟祭黄几道文》下，著录了钱福的跋文，顾文彬以为卞永誉看到的是带有钱跋的本子，而钱跋明确被王世贞裁掉，未装入《六大家十二帖》卷中。于是他引用《弇州山人续稿》中《摹长公真迹》跋，指出王世贞晚年曾为《祭黄几道文》制作摹本，如果世间存在一卷带有钱福跋文的《祭黄几道文》，很可能是利用王氏摹本制作的赝品。

卞永誉著录钱跋，本是因袭明人旧文，徐邦达《古书画过眼要录》指出："按卞氏实钞《铁网珊瑚》所载，其时尚有钱跋，非另有一本。"其说是（俊川按，《铁网珊瑚》应为《珊瑚网》，该书撰成时，《祭黄几道文》钱跋已被裁去）。虽然如此，顾文彬的考辨逻辑清晰，案断有力，显示出一位收藏家对藏品真伪信息的高度敏感，也为后人深入研究带来启发。

现在看，顾文彬关于《祭黄几道文》若有钱跋即非王世贞旧藏、即为赝品的判断是正确的，但反过来说没有钱跋的《祭黄几道文》就是王世贞旧藏，在逻辑上则难成立。鉴于《祭黄几道文》裱装在《六大家十二帖》卷中间，至康熙时仍全卷流传，并未拆散；董其昌的跋是为独立藏品书写的，未谈及任何其他大家；顾藏本上没有早期收藏者华尚古（珵）、朱大韶、王世贞的印鉴等种种迹象，过云楼收藏的《祭黄几道文》卷究竟是否为王世贞旧藏本，尚有深入探讨的余地。

## 三、对《与谢民师札》变乱文字的分析

《过云楼书画记》卷一又著录《苏文忠与谢民师札》卷，其文云：

岳珂《桯史》云：谢举廉字民师，东坡尝以书与之论文，今见集中。知此札南宋已见著录。按东坡与民师书问往还自北归时始，

本集有《与谢民师》二首是也。此札在既归之后，据集本《与谢民师推官书》中有"自还海北，见平生亲旧，恻然如隔世人"云云，即其左证。惜札中此数语明时已佚，俗伧乃割裂卷末"然轼方过临江"之"轼"字，用为首句，又取"疑若不文是大不然"二语，合上残字，缀集作"是文之意疑若不然"。复以"然"下既去"轼"字，无从补空，乃窜"则"字入之。紫凤颠倒，苍狗变幻，将谓世无范云，不能读会稽刻石耶？乌知全集具在，不患无缘补脱字也。今首幅所缺百五十三字，娄子柔补书于后，凡十四行，并为之跋。又有陈眉公、董思翁、冯伯衡三跋。初为缪文子收藏，后归齐梅麓，徐紫珊尝借摹上石，最后为吾吴程心柏所得，乃售余。近刻《过云楼集帖》，复与《祭黄几道文》并寿于世。

《须静斋云烟过眼录》己卯年十二月二十日"观缪氏所藏苏文忠与谢民师札"文下，顾文彬注"苏文忠卷，余于壬戌得于海上"，[1] 与此跋合观，可知《与谢民师札》卷于同治元年（1862）从程心柏处得来，是较早入藏过云楼的藏品。

这个卷子，明万历时归王衡（辰玉）收藏，曾请娄坚、董其昌、陈继儒、冯铨鉴赏，娄坚钞补阙文，并作跋语：

> 坡公书肉丰而骨劲，态浓而意淡，藏巧于拙，特为淳古。公诗有云"守骏莫如跛"，盖言其所自得于书者如此。此卷为北归时答谢书，予所见公遗迹，独《楚颂帖》用笔与此相类，彼似少纵，而此则稳重，皆可想见纯绵裹铁也。今为辰玉太史收藏，惜卷首脱数行，属补写之。公书自不容轻补，特以此书极文章之妙致，今展卷者即一诵公之全文，亦一快也。今世知重公文，又十倍于翰墨，至其悟

---

1　顾文彬注与下文娄坚、陈继儒、董其昌、冯铨、齐彦槐诸跋，均据《古书画过眼要录·晋隋唐五代宋书法：1》，第343—344页。

解处，或似好事家多不辨公书真赝，抑又何耶？末段"然则"二字，盖公名之误，今装潢迹分明，非当时笔误也。

陈继儒跋：

东坡碑版照四裔，不如尺牍书天真烂熳，所谓"吾写字觉元气十指间拂拂飞出"，此卷等是也。辰玉生平临仿不去手，偶展一过，如笛弦咽绝时也。

董其昌跋：

东坡书学徐季海、王僧虔，间为李北海、颜鲁公，皆奇崛萧疏，似其人品。山谷所谓"挟以忠义贯日月、文章妙千古之气"，此卷是矣。辰玉太史数数出视余，叹赏弥日，重展慨然。

冯铨跋：

世人得东坡尺牍数行，便为拱璧，此《民师卷》凡三十三行三百六十字，笔法古健，乃其得意书，真可宝也。前文失去一纸，吴人娄坚补之。娄亦名手。

清代在归过云楼之前，仅见齐彦槐《双溪草堂书画录》著录：

首行"疑若不然"以上数字，乃取前阙字缀于此，不成文理。前缺一段，娄坚补于后并跋，陈眉公跋、董思翁跋、冯伯衡跋于隔水上。是卷以重价得于吴门缪氏。

这些跋语不是为书画谱录而作，均略其实物信息而重于个人感受。

陈继儒、董其昌、冯铨三跋纯出于鉴赏，对内容不着一字。娄坚指出此札作于渡海之后，并注意到卷中的"则"字是后来窜入的，并非原迹；齐彦槐看出首行文字经过变乱，但未深究。

再看《过云楼书画记》之文，至少解决四个问题：一是根据岳珂《桯史》考出收信人"民师"即谢举廉；二是根据苏轼文集考出此札作于渡海北归之时（元符三年）；三是指出除前面残缺153字以外，还有少数文字经过"俗伧"变乱，第一行"轼启是文之意疑若不然"几个字，是利用残字及卷内的一个"轼"字剪裁拼凑的，并详解残字来源；四是记录了此卷的传承题跋和刊刻流传情况。

可见，顾文彬的着眼点与传统鉴赏家并不相同，他关注的是《与谢民师札》中的学术问题，并通过考证解决了问题，其论证无一字无出处，结论坚实可靠。

《与谢民师札》首行文字变乱情况，已如《过云楼书画记》所言，不过还可略为补充。此卷从中间断开，只存后半，早年收藏者或古董商为让它看起来有头有尾，就剪下残卷第一行的字，重新编排文句。此行原有"意则疑若不文是大不然求物之"十三字，修补者将前面八字剪下，取"意""疑""若""文""是"五字，又写了一个"之"字，贴成"是文之意，疑若不然。求物之……"这样一句似通不通的话。复从后文剪下"轼"字移到行首，下写"启"的左上部分，仿佛"轼启"二字，原来"轼"字空缺用"则"字补上，形成今日面目。这个行为破坏了残卷原貌，损失苏轼所书"不""大"二字，不足为训，但只移动几个字，就让残卷看上去近似完整，手法还是很巧妙的。

## 四、《过云楼书画记》本色是考据

上述两件苏轼法书，未被其他重要谱录采入，因此只能比较《过云楼书画记》与卷中前后题跋的异同。下面我们再用清代著名谱录内的苏书题跋与《过云楼书画记》做个对比。先选顾文彬最初曾欲效仿的《江村销夏录》中一则：

> 宋苏文忠公后赤壁赋卷
>
> 纸本，高一尺余，长六尺，行书。文不录。
>
> 右《赤壁后赋》东坡真迹，旧传吴匏翁家物。前王晋卿图，后宋元人题跋甚多，今皆不存，岂转徙散失故耶？东坡文笔固无容议，惟因此展玩殊深慨叹，后之收藏者尤宜保惜。万历改元春三月，后进文伯仁书。
>
> 东坡《赤壁》，余所见凡三本，与此而四矣。一在嘉禾黄参政又家，一在江西庐陵杨少师家，一在楚中何鸿胪仁仲家，皆东坡本色书。此卷又类黄鲁直，或谓苏公不当学黄书，非也。苏、黄同学杨景度，故令人难识别耳。文德承又谓此卷前有王晋卿画，若得合并，不为延津之剑耶？用卿且藏此以俟。甲辰六月观于西湖上因题。董其昌书。
>
> 辛丑阳月朔，越人邵发僧忍得观稀世之宝，拜手记之。[1]

可见高士奇记录的项目，《过云楼书画记》里一项都未采用，顾文彬完全放弃了"江村体"。再看顾氏最终取法的《庚子销夏记》中的一则：

> 苏子瞻苦雨诗墨迹
>
> 《苦雨》五言古诗，乃坡公元丰六年八月六日书。字凡五百有余，指顶行楷，神韵备足，坡公最属意之书也。予于崇祯壬午得之吏部黄裏，兵乱失之，贾人仍持来售，亦奇缘也。
>
> 传世者米书多、苏书少，盖当时党禁，人不敢收苏氏文字，存者多付之水火。今之行世者皆烬余也。坡公尝自评其书"吾书骨撑

---

1 [清]高士奇撰，邵彦校点：《江村销夏录》卷二，辽宁教育出版社，2000年，第74页。

肉、肉没骨",又曰"吾书虽未工,自出新意不浅"。又每书辄多留空纸,曰以待五百年后人题跋,然公书一至南渡,已重如拱璧,宁待五百年哉!黄涪翁曰:"子瞻书为当代第一,为其挟以文章忠义之气耳。"此真知公者也。涪翁因公远谪,濒死不悔;米元章初借公以成名,即而背之,号于人曰"在苏黄之间",自恃其才不入党,与视涪翁,有余愧矣。[1]

孙承泽也未著录藏品的形态、内容等信息,只是叙述自己的收藏缘分,评价苏轼书法的价值和朋友们对他的态度。从形式上看,他的题跋摆脱实物束缚,自出机杼,确与《过云楼书画记》笔法相似,但从内容看,二者仍有根本区别。孙承泽重视的是藏品的艺术特色,表达的结果是主观的;顾文彬重视的是藏品本身和流传过程中存在的各种问题,题跋的目的是解决这些问题,结论是客观的。二书只是形似而已。

总体看,《过云楼书画记》是一部以考据为特色的书画鉴赏著作,或说是一部以书画为题材的文史考据著作,将其置入清代考据学著述之林,并不逊色。

清人洪亮吉在评论藏书家的高下时,曾将他们分为五等,从高往下,能"推求本原,是正缺失"的是考订家;能"辨其板片,注其错讹"的是校雠家;能"搜采异本,上则补石室金匮之遗亡,下可备通人博士之浏览"的是收藏家;能"第求精本,独嗜宋刻"但"作者之旨意从未尽窥,而刻书之年月最所深悉"的是赏鉴家;低买高卖而能"眼别真赝、心识古今"的则是掠贩家。[2] 将此论推之书画收藏,何尝不然。

《过云楼书画记》体现出顾文彬不甘于只做鉴赏家、收藏家,而要成为考订家的抱负,于此也可理解他在凡例中所"敬告当世"的"鉴赏

---

[1] [清]孙承泽撰,余彦焱校点:《庚子销夏记》卷一,上海古籍出版社,2011年,第26页。
[2] [清]洪亮吉:《北江诗话》卷三,《洪亮吉全集》,中华书局,2001年,第2271页。

之道不尽在是""论雅道而斤斤于斯,其为正法眼藏也希"的真意:他的鉴赏之道,是在摩挲卷轴、品评优劣之外,追求更高学术目标,将书画藏品当成文史研究的材料,"推求本原,是正缺失",重在考证;他的实践和成果,上承乾嘉考据余绪,下接现代文史研究,值得重视。

# 晚清过云楼档案的开发利用及其价值研究

沈慧瑛

（苏州市档案馆）

**摘　要**：过云楼是吴中望族顾氏创办的以书画为主的收藏楼，清同光年间声名远扬，近年来过云楼文化研究成为显学。苏州市档案馆陆续征集过云楼档案，并有计划整理出版，推出过云楼档案系列丛书，嘉惠学界。本文回眸过云楼的崛起，梳理过云楼档案的征集整理与开发利用，分析研究过云楼档案的研究价值。

**关键词**：过云楼档案；征集整理；档案价值；开发利用

过云楼是江南著名的收藏楼，民间素有"过云楼收藏甲江南，江南收藏甲天下"的美誉。晚清宁绍台道员顾文彬、顾承父子热衷书画收藏，于同治十二年（1873）兴建过云楼，以庋藏书画为主，兼收碑拓、古泉、印章、古琴等；过云楼第三代主人顾麟士开始收藏宋元明清刻本，使其成为书画、古籍并重的收藏楼。中华人民共和国成立后，过云楼藏品大多为上海博物馆、故宫博物院、苏州博物馆等国家文博机构收藏。馆藏过云楼档案反映了顾文彬父子收藏书画和构建过云楼、私家园林怡园的全过程，以及家族发展、子女教育、士绅交游、官场生态、社会交往等内容，具有重要的历史研究价值。过云楼档案的征集整理与开发利用，是地市级档案部门优化馆藏结构、丰富馆藏资源、挖掘档案文献、提升档案馆综合影响力的成功案例。

## 一、顾文彬祖孙三代与过云楼

顾氏是吴中大族，为顾野王后裔。及至顾文彬祖辈已成为城市平民阶层，但他们恪守崇文重教的传统，促使顾文彬通过科举考试进入官场，成为一名京官。顾文彬自幼受到父亲顾大澜的影响，酷爱书画艺术，收藏书画，并引导他的次子顾廷熙、三子顾承延续这一爱好，他们合力打造了晚清民国著名收藏楼——过云楼。

### 1. 顾文彬、顾承、顾麟士祖孙三代生平

顾文彬（1811—1889），字蔚如，号子山，又号紫珊、自怡居士，晚号艮庵。清元和（今江苏苏州）人。祖父顾鑑，专做会计，后开设油行；父亲顾大澜业儒，十六岁时弃儒从贾。顾文彬四岁入私塾读书，二十岁中式第七十名，直至道光二十一年（1841）正月第六次赴京考试，"榜发中式第一百七十三名"，殿试二甲第六十名，分刑部湖广司，成为一名刑部官员。在刑部任职期间，顾文彬跟随大学士柏葰赴东北办案，其才干获得柏葰赏识。咸丰五年（1855）二月十四日，顾文彬"发湖北以知府用"，其时太平军围困湖北，湖广总督官文将他调到大营办理随州盐务，七月署安陆知府，八月又被调到大营办理营务；十一月，汉阳、武昌同日克复，顾文彬以军功议叙，奉旨加道员衔赏戴花翎，补授汉阳知府，但仍留在营中办事。咸丰七年三月，他升任武昌盐法道。顾文彬因克复九江有功，赏加按察使衔，两次充湖北乡试提调。咸丰十年二月二十二日，顾文彬接到父亲病逝的消息，立即申请"丁忧"，官文再三挽留，但被他谢绝。因战争阻断交通，他在湖北滞留了一年多，于次年

九月初一日抵达上海，因彭蕴章推荐，与江浙官绅一起帮办团练，对付太平军，直至同治三年（1864）八月才回到苏州。顾文彬赋闲十年后，于同治九年三月初一北上京城谋求官职，十月二十日被任命为宁绍台道员。同治十年正月二十三日，顾文彬到浙江任职，至光绪元年（1875）四月二十八日辞职离开宁波，五月二日抵达苏州，从此与吴中旧雨新知欢度暮年。顾文彬擅长楷书，能诗善词，精于书画鉴赏，著有《眉绿楼词》《过云楼题画词》《过云楼书画记》等。

顾承（1833—1882），原名廷烈，后改名承，字承之，别号骏叔，又号乐泉、乐全。同治七年，入元和庠。他是过云楼主顾文彬与原配夫人浦氏所生的第三子，也是过云楼实体建筑的构建者。由于两位兄长早逝，顾承成为顾文彬管理家族事务、收藏书画、营造过云楼与怡园的得力助手。顾承擅书画，精鉴赏，能操琴，酷爱印章、古泉，编著《楚游寓目编》《过云楼书画录》（初笔、再笔）、《古泉略释》（六卷）、《画余庵古泉谱》（四卷）、《借碧簃集印》（一卷），其中《古泉略释》《画余庵古泉谱》得到好友金石学家金嘉穗的帮助。

顾麟士（1865—1930），字鹤逸，又字谔一，号西津、筠邻、一峰亭长，室名鹤庐、海野堂、甄印阁。顾承三子。他在家族麟字辈中行六，故有顾六之称，是顾文彬生前看重的孙子。顾麟士"体干秀伟，妙于语言，秉不世出之天资，绵家学鸿雅，为同辈推服"。顾麟士参加童子试时，遇见一个老年考生跪着请求换掉自己不小心弄污的卷子，结果遭到"厉呵"，从此他发誓不再参加考试。顾麟士一生浸淫六法，成为晚清民国著名的书画家，作品多次到日本和上海参加展览。著有《顾鹤逸山水册》《顾鹤逸仿宋元山水册》《顾西津仿古山水册》《顾鹤逸中年山水精品》《过云楼续书画记》《鹤庐画赘》《鹤庐印存》。

### 2. 过云楼的收藏

光绪八年秋，顾文彬在《过云楼书画记》序言中表示："今此过云楼之藏，前有以娱吾亲，后有以益吾世世子孙之学。"他的父亲顾大澜经商之余仍坚持读书写字，以书画怡情养性，往往反复鉴定书画真伪工拙，按照题跋、款识、时间，详加考证，可谓谨慎之至。因此顾文彬收藏书画既有孝顺父亲的意思，又有以书画艺术滋养后代的愿景。苏州是书画重地，元代黄公望，明四家文徵明、祝允明、沈周、仇英，清初四王和吴历均出自这片文化沃土，这为顾文彬的收藏事业提供保障。

历来收藏并非易事，顾氏家族也如此。既要有财力支撑，又要有过人的鉴别能力，因此过云楼收藏历经吐故纳新、精益求精的漫长过程。道光八年（1828），魏姓亲戚到顾家做客，携来《上林图》，年仅十八岁的顾文彬"爱而购之，为收藏书画之始"。这是顾文彬收藏的第一幅作品，留下一个得而复失、失而复得的故事。从顾文彬的日记、家书中获知过云楼收藏以购买为主要方式，或直接在古玩店铺购得，或通过古董商、掮客获得书画信息而购买，也有以家藏书画作品与他人交换而来的。同时顾文彬也以书画作为生意，低价购进高价出售，如同治九年四月十五日顾文彬致顾承的信中谈及书画销售之事："京中所重亦是四王、恽、吴，与沈、文、唐、仇，我所带之物甚合销路……箱中物拣去八件，如可成交，约可得三百金。据此看来，此种生意尚可做得。我在京候选，川费不轻，兼做贩书画客，不无小补。我意欲在家中所藏内再拣一箱寄京，但仍须以明四大家、本朝六大家为主。"当时京城推崇明四家和清六家的作品，顾文彬利用这个商机高价卖出，获取高额利润。

顾文彬于同治十年赴任宁绍台道员后，收入陡增，过云楼收藏迎来新的高峰，明唐寅（伯虎）的《王文恪出山图》《风木图》《黄茅小景》、杜琼（东原）的《南村十景》，以及任熊的《姚大梅诗意图》等精品都是这个时期收购的。同治十二年九月二十一日，顾文彬在日记中记道："先是骏叔从苏来杭，道出荻江，访章紫伯，见其收藏，择八种，还价三百元，未成。到杭后，与余酌加六十元，添画卷一件，托我庚雇舟往取。是日，我庚回来，共购得恽南田花卉山水合册，张尔唯书画册，石溪山水册，陈士谦书《道德经》卷，丰南禺字卷，杜东原、顾昉山水合卷，陈丹衷人物卷，钱舜举《五柳庄》卷，李流芳父子山水合册，计洋三百六十元。又购得戴子余家藏杜东原《南村十景》册、沈石田山水册、陆包山山水册、石溪山水大轴、文衡山山水大轴、石曼卿草书卷、石涛书画卷、陈惟允山水轴、汪舟次字册，共洋九百四十四元。以旧藏王麓台《云山》卷及新得陈惟允轴、汪舟次字册与秦淡翁易得王麓台山水册、赵仲穆马卷。王册尚在伊甥张雨生处，约十月中寄来。淡翁尚欲以所藏唐六如画《王文恪出山图》卷易余新得之杜东原册，余许以姑俟异日。"一个月后，顾文彬又花费四百元从同道边仲思处购得巨然画卷、王原祁（麓台）轴、陈洪绶（老莲）人物等数种。

上述文字的信息量极大，一是顾文彬花费洋一千三百零四元收购名家作品，这绝对是大手笔；二是顾文彬与秦缃业（字淡如，无锡籍书画家）想交换藏品。财力是顾文彬能如此大手大脚开展收藏的根本保障，而他与顾承父子高超的鉴赏水平也为收藏珍品提供保障。顾承是书画鉴赏家，本人又擅长书画，过云楼藏品多数经他之手。

顾文彬亲自审定、编写的《过云楼书画记》，收录了唐宋明清书画作品246件，其中包括《米题褚摹兰亭卷》《苏文忠祭黄几道文卷》在内的书法类作品58件，包括《释巨然海野图卷》《唐子畏王济之出山图卷》（即《王文恪出山图》）在内的绘画类作品188件。顾文彬之孙顾麟士撰写的《过云楼续书画记》，共收录书画作品113件，其中书法类作品29件，绘画类作品84件。《过云楼书画记》《过云楼续书画记》只收录顾文彬、顾麟士祖孙认为的精品，共359件。过云楼实际收藏的书画远远不止这些，如同治九年四月十八日顾文彬在京城筠青阁以八金购得的吴文中《辋川图》并未收入。过云楼除了收藏字画外，还收藏了碑拓、古籍、印章、泉币等。过云楼藏品经过多次分家，散落在各房手上，但从后人捐献书画数量就可以看出当年过云楼收藏的规模。1951年、1959年，顾麟士三子顾则扬（公雄）的妻子沈同樾向上海市政府捐献宋元明清书画308件及明代善本和罕见稿本十余部。1952年3月，文化部部长沈雁冰签署褒奖状，指出："以先世过云楼所藏书画一百三十件、古器物三项、书籍八十九种、碑拓两种捐献政府，重视古物，化私为公，殊堪钦佩，特予褒扬。"顾麟士的幼子顾则奂（公硕）向苏州博物馆捐献元王蒙《竹石图》、明祝允明《兴宁志》手稿等120余件。

过云楼传到第三代顾麟士时，他扩大了收藏范围，除继续收藏书画外，还注重秘籍孤本和乡邦文献的收藏，共收藏了包含宋刻《锦绣万花谷》《皇朝名臣续碑传琬琰录》《龙川略志》《别志》在内的1300余种秘籍珍本。过云楼从专门收藏书画逐渐成为书画、古籍并重的综合性收藏楼。

### 3. 过云楼的建立

过云楼作为一个建筑实体，从酝酿到诞生经过一段相当长的时期，确切地说，先有过云楼之名，再有过云楼之楼。中国传统文人士大夫喜欢为自己的居所或书斋或收藏之所起名，顾文彬为存放书画之处起名为过云楼，来自苏东坡所言："书画之于人，子瞻氏目为烟云过眼者也。"表达了一种达观的人生态度。目前所见顾文彬文字中最早出现"过云楼"三字作为室名是同治元年十月十五日，那日他为《吴渔山白传溢江图卷》题跋，落款为"文彬识于过云楼"。光绪元年（1875），顾文彬从宁波回到苏州，集辛弃疾（字幼安，号稼轩）句题过云楼，并题跋曰："过云楼者，余收藏书画之所也。蓄意欲构此楼十余年矣，尘事牵率，卒卒未果。"顾文彬家族因经商起家，过上富足生活，但由于一场大火以致家道中落，之后一直租房居住，但并不妨碍他取室名。他到湖北任职后，家境逐渐好转，加之顾大澜在铜局工作，收入颇丰，同治二年买下租住的铁瓶巷房屋，可能此时顾文彬产生了营造过云楼的想法。光绪初年顾文彬实现梦想，那么确实经过了十余年时间。

同治十年二月初八日，顾文彬与吴艾生在杭州一起参观同年郑兰（字谱香）的四面楼，只见"四面天井甚宽，皆环以太湖石，凿池两处"，回廊亭榭点缀其间，一派苏式园林的风光。顾文彬觉得这四面楼与他心心念念想造的过云楼一般无二，他在当天的日记中表示此楼"可谓先得我心"，再次产生构建过云楼的强烈想法。同治十二年正月初十日，顾文彬到杭州给浙江巡抚等上级领导和同僚拜年，约顾承到杭州后一起到郑兰家中看四面楼，然后父子同回宁波，商量建造自家的过云楼。顾文彬担心顾承未必能及时赶到杭州会合，故嘱咐他可以独自拜访"郑谱香之大世兄，观其园中四面楼。我拟照此式样起造过云楼，使汝胸中先有成竹也"。

顾承自同治十二年二月十四日到宁波，直至三月二十九日抵沪回苏，在一个多月的时间里，与顾文彬详细谋划营造过云楼、后花园等事宜。顾承回到苏州着手购地买屋，扩充地盘，营造过云楼、艮庵、怡园，大约九月过云楼开始动工，至十月十三日，"花厅、过云楼俱已上梁"。上梁意味着造屋工程接近尾声。紧接着顾文彬在宁波遥控指挥过云楼庭院湖石的布置："过云楼庭中只立一高峰，固属简净，或旁边略缀玲珑小石数块，取丈人峰下罗列儿孙之意。疏疏落落，不用堆砌，亦甚大方。"自此，一座三开间的两层建筑拔地而起，与怡园、祠堂、住宅一起构成顾氏家族庞大的建筑群，过云楼因庋藏大量书画精品与古籍善本而成为江南文化地标。

顾文彬的同学、好友冯桂芬为过云楼题写匾额，并写下跋语："子山二兄大人收藏法书名画、旧榻碑版甚富，以小楼储之，取周公谨烟云过眼意为名，其癖也，亦其达也。"

## 二、过云楼档案的征集整理与价值研究

《档案法》赋予各级国家综合档案馆向社会征集档案的职责，通过征集优化馆藏结构，丰富一个城市的历史记忆。但一般档案馆以依法接收党政机关的档案为主，鲜少主动出击，向社会开展征集工作，因此馆藏结构与内容相对单一。随着档案文化属性的逐渐凸显，苏州市档案馆着力开展反映地方历史文化特色档案的征集工作，而过云楼档案机缘巧合成为征集的重点。顾文彬的后人在1949年后都成为自食其力的劳动者，从事科技、医学、教育、文化等不同领域的工作，将祖传怡园和其

他房屋无偿捐献给国家；过云楼作为著名收藏楼经过维修于2015年5月向社会开放；过云楼藏品多数被国家文博机构收藏。顾文彬后人所保存的档案，比较全面地反映顾氏家族和过云楼的发展历程，并富于时代特征、地域特色和较高的研究价值。

### 1. 过云楼档案的征集

世纪之初，笔者采访顾文彬玄孙顾笃璜先生，做口述史采集，撰写了《过云楼旧闻新韵》一文，因此初步了解了过云楼与顾氏家族，并与顾笃璜先生成为忘年交。自2011年至2017年，经与顾笃璜先生多次沟通，建立感情，赢得信任，陆续征集到顾文彬的日记、年谱、《过云楼题画词》，顾文彬、顾承父子家书，顾承的《过云楼书画录初笔》《过云楼书画录再笔》，过云楼友朋信札、《吴郡真率会图》、顾麟士读书笔记、顾公柔日记、金石笔记、过云楼碑拓、贵潘友朋信札等珍贵档案文献。这些档案涉及顾文彬家族四代人，以顾文彬与顾承的档案文献居多，内容异常丰富。因过云楼文化研究逐渐成为显学，且档案所反映内容多数与过云楼的构造、收藏有关，故我们称之为过云楼档案。

### 2. 过云楼档案的整理

过云楼档案以传统意义上的文书档案为主体，少量为照片，故整理仍以卷为概念。顾文彬的日记、家书、题画词、年谱、书画录初笔等均为稿本，为尊重档案原貌，故一册为一卷。过云楼所藏晚清民国书信主要由两部分组成，一部分是顾文彬家族四代与友朋的通信，一部分是顾氏所藏苏州贵潘亲友信札。这些书信按作者、收信者、形成时间等要素有机组合，以卷为整理单位。书信整理时，涉及作者、时间的考证和内容的辨识。有的作者身份清晰，落款姓名俱全，易于整理归类；有的落款只有名、字或号，没有姓氏，甚至只写"名正肃"之类，则需要对作者与收信者的关系详加考证，确保题名准确、组卷合理。以潘霨书信为例，他的落款写得特别潦草，就是一个无法辨认的"霨"字，结合书信谈及山东工作情形、用人情况、家人琐事和收信者称谓关系等内容，再根据潘霨曾任山东登莱青兵备道东海关监督的经历，结合其他作者提到"伟兄"在山东情况，基本判断这是潘霨的信札。有一通书信无时间，但信中提到翁家老六得中状元的事情，根据收信者与作者的经历及所处时代，由此判断书信时间是咸丰六年，因为翁老六即翁同龢，他在那年高中状元。除了作者、收信者和时间的考订，因书写者带有鲜明个人色彩的书写风格，和当时的习惯用语、民间习俗、重大事件等情况，因此必须读懂内容，方能拟定相对准确的题名。过云楼档案的整理，尤其是名人信札的整理考验档案工作者的学养。

### 3. 过云楼档案的价值

过云楼档案形成时间跨度大，最早的为咸丰十一年夏季顾文彬为其祖父母、父母、妻子和两个儿子撰写的七份行状，较晚的是中华人民共和国成立前后顾则扬写给儿子顾笃球的信，以及苏州文管会主任谢孝思致顾则奂的函，时间跨度长达百余年。这批档案反映了过云楼的历史、顾氏家族的发展和晚清民国社会交往、园林兴建、官绅生活等方面，具有多重研究价值。

（1）过云楼档案为研究中国书画艺术及其流转提供原始依据，具有较高的书画史研究价值。顾文彬日记、家书中有详细的书画买卖记录和顾文彬、顾承父子对书画作品真赝的鉴定及评价，顾文彬的《过云楼书画记》、顾承的《楚游寓目编》《过云楼书画录初笔》《过云楼书画录再笔》记录了名画法书的作者、尺寸、题咏、藏印、流转，以及书画作品形态、价值等信息。如同治九年六月五日，顾文彬在日记中评价"王觉斯临钟太傅小楷书四段小卷，笔笔矜严，绝去纵横习气，惜是绢本，后有朱竹垞、陈香泉诸跋"。这些内容，对研究中国书画的发展、流转、形态，以及后世鉴赏书画家的作品等大有裨益。

（2）过云楼档案为研究晚清文人士大夫的心灵史提供原始依据，具有较高的人文精神研究价值。光绪元年四月顾文彬辞去宁绍台道员职务后回到苏州，与吴云、李鸿裔、沈秉成、潘曾玮等朋友频频举行雅集——真率会，以园林为平台，以书画、古玩鉴赏和诗酒唱酬为主要内涵，传承优秀的传统文化，追求超然物外的精神生活。仅顾文彬日记中记录真率会活动就达 26 次。顾文彬回家乡后，朋友纷纷为他接风洗尘。光绪元年六月初一，顾文彬"偕香严（李鸿裔）至杜小舫（杜文澜）寓，并吴退楼（吴云）同赴张子青（张之万）招饮，坐有沈仲复（沈秉成）、潘季玉（潘曾玮），在远香堂设席。余亲携巨然（卷）去，子青留观，子青亦出黄子久山水、梅道人山水、山谷小像轴、徽宗《竹禽图》，皆绢本。王叔明山水轴、钱舜举山水卷，皆纸本，见出皆真迹也"。张之万是书画高手，他们的聚会除了诗酒之外就是书画鉴赏。过云楼档案中有一幅珍贵的画卷——《吴郡真率会图》，复原了当年顾文彬、潘曾玮、沈秉成、吴云、李鸿裔、彭慰高等七人举行真率会雅集的场景，而潘遵祁、沈秉成、吴云、彭慰高等纷纷题咏，体现了较高的人文价值，并从一个侧面反映了晚清官绅的生活状态和精神追求。

（3）过云楼档案为研究同光年间江南园林的兴盛和造园艺术提供原始依据，具有较高的园林史研究价值。苏州古典园林作为江南园林的代表，有 9 座入选世界文化遗产名录。其中拙政园、留园、耦园、网师园 4 座园林的买卖、修葺在顾氏日记和家书中都有提及，这些珍贵的史料丰富了苏州园林史的研究。如光绪二年五月一日，盛宣怀的父亲盛康就在顾文彬家中签订合同，以"五千六百五十金"的价格从苏州富商程卧云手上买下留园，且由顾文彬做中间人。网师园、耦园分别由顾文彬的好友李鸿裔、沈秉成买下并修葺，特别是耦园属于大整修，而怡园则由顾文彬、顾承父子共同打造并请画家任薰参与设计，是集江南园林大成的清代园林。无论友人购买园林还是自己建造园林，顾文彬的日记和家书中均有记载。这一时期苏州园林的流转、修缮、兴建反映了同光时期社会稳定、经济好转的中兴气象，显示了苏州园林迎来了另外一个高峰。

（4）过云楼档案为研究顾氏家族的发展历程和晚清望族家族教育

提供原始依据，具有较高的家族史研究价值。顾文彬年谱和祖辈、父辈及其三个儿子行状等文献基本上完整展现了顾氏家族的发展和传承脉络，而日记和家书等一手文献记载了顾文彬的教育理念和教育方法。顾氏家族到顾文彬重新发达起来，又从官宦之家成为文化世家，家庭教育在其中起到积极作用。过云楼收藏是顾文彬花尽精力和财力的文化事业，而家族的发展与过云楼的传承需要子孙后代在科举上获得功名和守住过云楼的能力，故他对孙辈学业教育以举业为主，希望他们在功名上取得成功。其次他重视书画教育，要求顾承每月为他们讲解书画，唯有掌握了一定的书画知识和鉴赏能力，才能确保过云楼收藏事业的发扬光大。顾文彬在同治九年三月十三日致顾承的家书中提道："每月六期，按箱捱次将字画每期取出十件，令四孙环侍，汝与讲说，先论其人，次论其书法、画理，再论其价值。四孙各立一册，将所讲十件详记于册，自书分执。行之一年，必皆成内行矣。此乃要事，切须依我行之。"此后家书中反复强调对子孙开展书画教育的重要性，旨在传承与守护过云楼，以优秀文化滋养子孙后代。

（5）过云楼档案为研究晚清政坛和官场生态提供原始依据，具有较高的官场习俗史研究价值。同治九年顾文彬北上求职，拜访在京城为官的老乡和旧识，离京时又挨个告别，奉送别敬。同治九年十一月十三日顾文彬辞行时赠送别敬情况："朱凤标、朱其瑄、陈汉镇、谭延彪、谭宝琛、谭宝庆、钟宝华、夏同善、官中堂，送别敬百金，晤谈。胡肇智送别敬卅两，送还燕顶书，晤谈。单懋谦送别敬卅两。单大经、官三大人、沈桂芬，送别敬百金，仍璧还。宝鋆送别敬百金，未收。锡缜、志和，送别敬百金，晤谈。谢膺禧、联凯送别敬廿两。载龄送别敬卅两。恩祥、宝恂送别敬卅两。瑞中堂、赵佑晨、张岳年、董恂送别敬百金。成林送别敬五十两。"顾文彬在浙江为官时，逢年过节拜访上司同道，送上礼物。同治十年二月初一日，顾文彬初到浙江上任，"送中丞礼物京货八色，配以尺头十二端，仅受缙绅、京靴。……门包四十四两改为茶仪，文武巡捕菲敬八两，钱□□门号禀事房赏犒九两"。送礼、请托是当时政坛的常态，反映了晚清官场陋习和人际交往。而顾文彬与胡林翼等人的书信往来反映了官场与人际复杂的另一番景象。顾文彬日记中有关光绪元年至十五年间的记录，较好地反映了江苏官绅之间的交游，可以弥补正史的不足，丰富地方史的细节，呈现历史的灵动性与多样性。

## 三、过云楼档案的开发利用

档案是历史的真实记录，档案的终极目的是开发利用，为社会各界开展研究提供一手资料，实现档案资源的共享。过云楼档案具有鲜明的地方特色、文化特色、家族特色，点校出版这些档案文献，不仅是档案部门履职尽责，增强文化自信与文化自觉，而且可以让档案发声，让史实说话，有助于促进江南文化的深入研究。

### 1. 过云楼档案文献的整理出版

顾文彬的日记、家书稿本征集进馆后，我们立即启动录入、点校工作，《过云楼日记》《过云楼家书》先后于2015年、2016年正式出版。这两套书的出版引起学界的关注，为全面深入开展过云楼文化和顾氏家族研究打下基础。为让学界更好地利用过云楼档案进行各项研究，我们决定以馆藏过云楼档案为主，借助苏州图书馆部分过云楼文献，系统整理出版"过眼烟云——过云楼历代主人手书精粹"丛书。为扩大丛书的影响力，于2016年将此丛书申报为"十三五"国家重点图书，并请复旦大学教授周振鹤先生推荐作序；为确保出版顺利，2017年申请市专项资金；为扩大提升过云楼档案在地方文化建设中的作用，2018年，丛书被列入苏州市文化繁荣兴盛三年行动计划。"过眼烟云——过云楼历代主人手书精粹"丛书由文汇出版社出版，自2017年启动，至2020年全部出版完毕，共计13种21册，共收录顾文彬、顾承、顾麟士、顾公柔、顾公硕过云楼四代人的手稿，采取点校本在前、影印件在后的方式，便于不同层面读者的利用。此套丛书获江苏省档案利用成果评选特等奖。

过云楼顾氏所藏与其有姻亲关系的苏州贵潘亲友信札，我们根据人物关系分门别类整理，经过一年半的整理、录入、点校，于2020年11月出版《贵潘友朋信札》（五卷本），采用影印与点校合一的方式，以装帧设计精美而获得好评。听枫山馆主人吴云与顾文彬为同道、姻亲，他致顾文彬、顾承父子信札数量最多、内容丰富，故2019年由中华书局出版《吴云信札》。顾文彬祖孙数代朋友圈的书信来往，则单独整理为《过云楼友朋信札》，已于2021年由上海文汇出版社出版。

从2011年起征集过云楼档案，至2021年10月，过云楼档案全部整理完毕，并点校或影印出版，共计18种30册。这些档案文献为晚清收藏史、中国书画史、古典园林史、家族发展史等研究领域提供史料支撑。因这些成果，档案馆的美誉度得到提升。

**2. 过云楼档案的研究成果**

随着过云楼档案文献的整理出版，学界和档案界纷纷开展不同层面的研究，成果丰硕。笔者利用《过云楼日记》《过云楼家书》等书籍，开始撰写相关文章，研究成果分别发表在《档案与建设》《中国档案》《中国档案报》《书城》《文史知识》《档案春秋》《掌故》等报刊上。2019年，由古吴轩出版社出版专著《过云楼档案揭秘》，复旦大学教授樊树志先生作序，他说："过云楼不仅有大量书画传世，还保留了《过云楼日记》和《过云楼家书》等相关家族文献，透过这些文字，可以看到过云楼顾氏家族与知名人士俞樾、张之万、傅增湘、杨守敬、冒广生等人的交往，也可以由此一窥晚清苏州士大夫生活的点点滴滴。"中国人民大学教授华林甫认为"过云楼是苏州的一个文化地标、建筑实证。沈慧瑛的《过云楼档案揭秘》有经有纬，经线是晚清民初易代背景下的家族史，纬线是顾氏四代楼主的交游考，经纬之中，铺展开江南城市文化风貌，呈现书画流转脉络。以档案诠释人物，言必有据，考证严谨。由此建立起立体、完整而有深度的研究"。北京语言大学人文学院教授钱婉约则如此评论："如果说，档案馆能够引人返回历史现场，那么，本书作者沈慧瑛就是那个拿着钥匙的引路人。书中通过对于日记书信、书画墨宝等珍贵档案的爬梳利用，为读者展示了'过云楼'当年的文人交往、墨韵书香……"2020 年、2021 年，笔者在《中国档案报》开设《过云楼逸闻》专栏，每月一期整版，发表文章 24 篇。上述文章主要围绕过云楼书画买卖、怡园琴会、怡园画社、友朋交往、顾氏家族人物等几个方面展开，为过云楼文化研究略尽档案人的绵薄之力。

自过云楼档案文献陆续出版后，南京大学、苏州博物馆等高校、文博部门的专家学者纷纷发表论文。南京大学范金民教授于《河北师范大学学报》2021 年第 1 期发表《晚清江南士大夫的致仕生涯——以顾文彬为中心》，此文于 2018 年在中日城市史学术研讨会上进行交流。学者艾俊川在《文汇报》"学人"版面发表《顾道台的十万雪花银》《过云楼的书画生意》。苏州市职业大学张宏生教授发表《〈过云楼日记〉和〈家书〉中的戈鲲化》。苏州博物馆研究馆员李军博士发表《岛田翰骗去过云楼藏书二种补说》《过云楼藏书曾拟售让考》《烟云过云自怡悦：过云楼顾氏四世及其收藏》《过云楼顾氏的生活与收藏》《苏州顾氏及过云楼收藏》《过云楼书画收藏中的苏州脉络》《顾氏过云楼的碑帖收藏》等学术论文。陶莉、熊晓慧、张恨无、丛振、付超、张步东等专家学者纷纷在《兰台世界》《书画世界》《图书与情报》《历史档案》等刊物上发表关于过云楼的研究文章。

与此同时，媒体纷纷报道过云楼及相关过云楼文化研究成果，中央电视台、凤凰网等拍摄过云楼专题片。过云楼文化作为江南文化的一部分，因其档案文献和研究成果的丰富多彩，越来越受到社会各界的高度关注，而档案在新时代文化建设中的作用也越来越重要。

## 四、余论

苏州是具有两千五百年历史的文化名城，地理环境优越，人杰地灵，物产富饶，素有人间天堂、状元之乡的美誉。崇文重教的传统，培育了无数文人墨客，涌现了无数藏书楼，而顾氏的过云楼在晚清独树一帜，名噪一时。过云楼档案文献的征集整理与开发利用，是地方综合档案馆加强资源建设和开放共享的成功实践，也是档案部门为学界开展历史文化研究和江南文化建设增添助力的有效探索。国家综合档案馆在新时代应该加大散存于社会上的珍贵档案的征集，注重培养编研人才，以开放合作的心态，联合相关院校、学会，共同推进档案的开发利用工作，发挥档案的历史价值和文化功能。

# 顾文彬与盛康、盛宣怀父子关系浅探

张步东

(常州市档案馆)

**摘　要**：晚清以来的苏州始终是一座宜居城市，麇集吸引着一批缙绅士人，在那里诗文唱和、传承文脉，谱写江南文化的篇章，展示情投意合的江南士绅之间日相过从，互相招请聚饮、诗文酬唱、卧游园苑、赏鉴金石书画的多彩生活。在顾文彬的日记中，一定程度上复原了顾文彬与盛康、盛宣怀父子交往的实际情形，并以此丰富了清代江南乡宦日常生活史的内容。

**关键词**：顾文彬；盛康、盛宣怀；日常交往

在漫长的中国封建社会，著姓望族曾对当地乃至全国的社会经济与文化的发展产生过重要影响，我们从一个地区望族（特别是其中的文化世族）的兴衰沉浮和他的人际交往，可以了解当时社会历史的沧桑变迁。当今世界，人文已经成为城市的名片，成为塑造城市形象、提升城市知名度的关键。因此，深挖历史文化资源、解读地方文化内涵和研究望族历史，已经成为加强城市建设、推动城市发展的一项不可或缺的举措。

历史上苏南四府（镇江、常州、苏州、松江）中，常州府与苏州府是人文荟萃的邻居，进士的数量在全国处于遥遥领先的地位。两地名门望族日常多有交往与友谊，以各自的专长和贡献名留青史，可谓得其所哉！笔者拟借助过云楼档案对顾文彬与盛康、盛宣怀父子关系情况做一些初步的探究。

## 一、结缘"粮道"

要探究顾文彬与盛康、盛宣怀父子的关系，有一人不能不提，他就是晚清中兴四大名臣之一，湘军重要首领——胡林翼（1812—1861，字贶生，号润芝，湖南益阳泉交河人）。1855年3月1日，胡林翼调任湖北布政使，4月18日，署理湖北巡抚。期间，面临的是一个"民物凋敝，官场尽如乞丐"的湖北。如何安抚流民、整顿吏治、振兴经济，成为摆在胡林翼面前最重要、最迫切的政治任务。吏治方面，他认为"一正士可抵十万金"，通过多方求取人才，在很短时间内使得"湖北面目一新，人才之盛，冠于全国"；经济方面，他有的放矢，从整顿盐政和漕运着手，大大地减轻了百姓负担，将"糜烂众弃之鄂"迅速转变为"富强可宗之鄂"，被百姓称为"胡青天"。

盛康（1814—1902），字勖存，号旭人，别号待云庵主，晚号留园主人，江苏武进人。他的老师是李文安（1801—1855），号玉川，又号玉泉，是李鸿章的父亲，李鸿章比盛康小九岁，两家关系很好。道光三十年（1850），盛康朝考成绩为一等，留在翰林院担任编修，不久，奉旨升迁为五品监察御史，咸丰元年（1851）盛康又被外放到湖北襄阳府出任四品知府，顺风顺水，好不得意。待盛康朝考定下来，李文安就安排儿子李鸿章与已是进士的学生盛康两人正式交换盟帖，择日举行了结盟典礼，结为异性兄弟，盛康之子乃为盛宣怀。盛康道光二十年（1840）中举，四年后中进士，初任铜陵令，后任庐州府、宁国府知府，和州直隶州知州。曾在那里治水赈灾。1852年太平军攻克安庆、江宁，盛康被派往帮办江南大营粮台。

时任湖北巡抚的胡林翼知人善任,保奏朝廷,于1859年(咸丰九年)3月,任命盛康为湖北粮道,然后以布政使衔掌湖北盐法武昌道,竭力为清军筹集军费,"以全省厘政委之"。"粮道"在当时是"保鄂"的一个关键职位,只有粮仓满了,民心稳定,军队打仗才有保障,湖北才能稳固。盛康保境安民,筹粮筹饷,劳绩卓著。盛康上任后,合理减轻农民负担,及时足额收缴粮食,竭力为清军筹集粮食与军费,把全部精力放在公务上,工作很快有了起色,受到胡林翼的信任。

有意思的是从该职位上卸任的即是顾文彬,之前顾、盛二人在公事上就有一些交往。

顾文彬(1811—1889),江苏苏州人,1841年(道光二十一年)进士,授刑部主事。1854年(咸丰四年),擢福建司郎中。1856年(咸丰六年),补湖北汉阳知府,又擢武昌盐法道。1870年(同治九年),授浙江宁绍台道员。顾文彬在与盛康交接过程中,向盛康详细交代了盐政上的主要注意事项,并勉励自己的后任、同乡干得更加出色。盛康则意气风发,上任不久就全力整顿盐务,督察辖内吏治,后来的一番作为也确实可圈可点。

1860年(咸丰十年),太平军二破江南大营后,清政府在整个长江下游地区已失去最后一支主力。在太平军猛烈的攻势下,江南豪绅地主纷纷逃避到已经形同孤岛的上海。2月,太平军攻破杭州城,盛宣怀的伯父盛应战死沙场,使得全家人充满了恐惧。不久,占领镇江的太平军随即又逼近常州,盛宣怀随祖父母逃往江阴长泾镇,然而,很快江阴县城也被太平军攻陷,他们又渡江逃至苏北的盐城。

上任"粮道"后的盛康仍不放心远在苏北盐城的父母及儿子,当他得知父母过着四处逃难的生活,就派人辗转东去接自己的家人到湖北来团聚。当时盛宣怀16岁,他便随祖父母从盐城到达南通,再由南通航海至宁波,经浙江、江西、安徽,辗转半年抵达湖北,"由金、衢间道出江石,寒暑六阅月,崎岖险阻转达鄂"(见盛同颐等《杏荪公行述》,《龙溪盛氏宗谱·附录五》，2011年修订）。由于旅途十分艰辛，有时可搭上车马、便船，有时不得不靠双腿徒步，祖父母都已是七十五六岁的老人，16岁的盛宣怀挑起了大梁，一路上肩扛手提、小心侍奉着祖父母，每到一处首先想方设法为祖父母安排好吃住。经过艰辛的旅途，终于到达他父亲盛康的任处。

读万卷书不如行万里路。从江苏至湖北，横跨五省，一千几百公里路途的"逃难"生活，打破了盛宣怀平静的诵读孔孟经书的生活。这种颠沛流离的生活环境，使青少年时期的盛宣怀对当时社会的动荡、官吏的腐败、底层百姓生活的艰难，有了真切的了解；也使他萌发了身体力行地为国家、为百姓多做有益的事的想法，并且他开始意识到要改变国家落后的面貌，可能靠诵读孔孟经书是行不通的。沿途的山川平原、大江大河，各地百姓的生活习俗，使他增长了知识与才干，扩大了视野；同时也锤炼了盛宣怀的意志，每当遇到困难时能冷静处置，勇于担当，养成了他在日后的人生与事业发展中百折不挠的品格。

盛宣怀与祖父母抵达湖北之后不久，盛康就被巡抚胡林翼提升为湖北盐法武昌道。

## 二、合作典当

太平天国战争结束不久，苏州、常州一带的难民纷纷返回家乡重建家园，但却缺乏资金。时任江苏巡抚的李鸿章与盛康同年，建议盛康开几家典当、钱庄，一定可以赚钱。盛康因"丁忧"本来也就闲着没事，听了李鸿章的意见，就积极筹办起此事来。

盛康开始在常州修缮房屋，在苏州置业。之后，盛康又与苏州怡园的主人顾文彬商议起开办典当、钱庄的事宜。由于两人都曾出任湖北盐法道，所以有许多共同的语言，他们决定邀请李鸿裔（1851年举人，官至江苏按察使，著名书画家、收藏家、网师园主人）、吴云（1811年生，举人，官至苏州知府，著名画家）等人合伙，在苏州、常熟等地先开办典当。

1868年7月，盛家与顾文彬等人合伙的第一家典当行"济大典"就在吴县（今苏州）开张了，没想到生意一开始就好得出奇。

随着吴县、常熟的典当业务逐渐展开，从1869年（同治八年）起，盛宣怀又先后在江阴青阳南弄开设均大典当，江阴县城西大街开设济美典当，江阴城内南锁巷开设源大典当（江阴当时属常州府），拥有资金20万两，时称江阴"盛氏三典"。

1870年（同治九年）下半年，盛宣怀已进入李鸿章幕府，他将主要精力放在李鸿章交办的事上，吴县、常熟、江阴典当的生意，通过自己委派的人来办理，实际上仍掌控着典当的局面。盛宣怀对职工要求很严，提出四字"勤、谨、廉、谦"，规定五不：不准吸烟，不准赌博，不准宿妓，不准在本典当行当衣物，不准私自借用抵押品。如有违反，"察出立辞"。由于经营管理到位，吴县、常熟、江阴的典当行发展极快。

典当行刚开办的时候，顾文彬还在宁绍台道员任上，盛康也在杭州任上，典当行的日常管理由顾文彬的儿子顾承与盛宣怀具体负责打理。但是顾文彬对盛宣怀却不大放心，由于盛宣怀有主见，办事果敢，顾文彬总觉得盛宣怀大权独揽，独断专行，生怕顾家吃了亏，一开始的几年，对典当经营情况关注较多。比如1870年（同治九年）三月初一的日记记载："函封刘松翁存典利折，交李薇翁。"初六："晤叶咏仙，往德馨钱庄注明会票付利，展期至九月十五本利俱还。"尽管如此，出于对盛宣怀的了解，顾文彬还是把典当事放手让盛宣怀负责。

同治十年（1871），李鸿章将直隶练饷制钱50万串存于盛家典当，另外50万串存于江苏其他公典。同治十二年（1873）四月，轮船招商局招募商股，盛宣怀认领了50万串商股，分两次从苏州、常熟的典当行中提款，至上海轮船招商局去参股。同治十三年（1874），直隶总督李鸿章为抗击日军，欲购买铁甲船，筹备了巨款。由于铁甲船尚未正式成交，这笔巨款搁置在那里无法增值，李鸿章就让盛宣怀将天津这笔总计80万串（合白银54万两）的巨额官款存于苏州的典当行。此外李鸿章准允轮船招商局从直隶练饷局借用官款 20 万串（合白银 13.5 万两），年息 7 厘，除预缴利息外，实领 18.8 万串，盛宣怀将这些巨款也存于典当行了。

  盛宣怀从天津领回的巨额官款，由江苏布政使行文，令分存于苏州、常熟的四家典当行。顾文彬也是典当行的股东，做事十分谨慎，唯恐另外几位股东吃了亏，又担心一旦战争爆发，盛宣怀所领的天津巨款立时要提，典当行有崩盘之虞。意欲将股份抽出，"自己立开"。由于盛宣怀把各人股份名下的账目理得很清，并且向大家承诺"有祸伊一处独当"，减少了各种顾虑和阻力。此外，盛宣怀对购买铁甲船的巨款也妥善予以安排，因为他作为李鸿章的机要秘书，对这些巨款可以存放多长时间、什么时候要动用多少、如遇突发情况如何处置，已经有了了解和准备，所以心里并不紧张。同样，也减轻了顾文彬等股东的担忧。

  1877 年（光绪三年）1 月，典当行终于拆账，顾文彬、李鸿裔、吴云的股份与盛氏分开，济大典成了盛宣怀独资开设的第一家典当。

## 三、过从甚密

  盛康于 1876 年在苏州购得刘氏寒碧庄，经修葺后改名为留园，嗣后他又增辟东、西二部，把冠云峰围入园内，又建戏台、鸳鸯厅、待云庵等建筑。他在对旧园的主景、建筑、园艺等进行精心修葺的时候，很注重在园内构造出一种参禅的环境与氛围。盛康告老还乡，功成名就后归隐留园，是希望在这方净土中参悟人生，寻求超脱。由于盛康准备在退隐之后居住在园中，因此在修葺园林的过程中，扩展了园林的一些功能，为了方便日常生活起居，他在留园东部修建了众多的建筑，形成了以主厅为中心的、适合多种需求的房舍格局；留园北部保留了菜畦瓜棚，当年家人在这里种蔬菜，养鸡鸭，营造了一种回归田园的隐逸色彩。盛康在扩建留园时，设立"龙溪盛氏义庄"（又称"留园义庄"），购族田数千亩，以接济宗亲，这也成了留园的一大特色。盛康花了三年时间修葺破园，使留园的泉石、草木、亭榭、轩厅比昔时更增雄丽，留园成吴下名园之冠。

从过云楼及顾文彬日记记载的内容看，盛康、盛宣怀与顾文彬交往甚密，称得上是好友、密友。比如：同治九年（1870年）正月二十日，"救闲招饮，与金眉生、许口口、汪秉斋同席，席散推牌九。盛杏荪亦来，余无胜负，先归……"次日（廿一日），"午后，杏荪邀手谈，救闲、还巢诸君俱到，余不欲入局，先归"。二月初五，"午后，盛杏荪来，代郑润记，书济成典票，知其即日起身往湖北"。十二日，"吴珂，请如冠九、彭芍亭、盛旭人，出所藏四王卷册，与冠九观"。十三日，"午后，救闲来，同访旭人，偕往湖南会馆，欲借其地演剧，先相度之。余与旭人同访巧云，小坐，抵暮而归。余复往观还巢新辟小园（眉批：欲竭力作撮合山，而旭人后竟娶张姬，论貌远不如巧云，舍此取彼，岂非前定之缘？）"。光绪二年（1876）正月廿二日，"申刻，李薇生招饮春酒，共两席，同席者蒋心香、顾棣园、盛旭人、费幼亭、吴语樵、程藻安、王仙根"。二月十七日，"盛杏荪从上海来，知其已将招商局事辞退，李中堂委其在湖北广济县地方，会同汉黄德道办理开煤矿事。现在不过试办，俟所购外国开煤机器到时，便可大开矣"。三月二十日，"李香严招游虎丘。坐沈荽白川。午后，至接官亭下船。同席者张子青、吴平斋、潘季玉、盛旭人，出局者孙小宝、褚秀宝，余所唤者杨双凤也"。次日（廿一），"张菊坨招饮，申刻赴之，同席者盛旭人、宋文轩，出局者周墨卿、武雅仙、琴仙、孙小宝，余所唤者杨双凤也"。廿三日，"请客两席，张子青、李香严、费幼亭、盛旭人、潘季玉、伟如、吴平斋……"廿九日，"午后，盛旭人来，同至香严处，费幼亭在坐，谈租屋事。旭人邀往褚家小饮，余往邀双凤，适双凤已为菊坨先招去"。四月初一，"午后，旭人来，偕往刘（留）园。遍游内外两园，古木参天，奇峰拔地，真吴中第一名园，惜失修已久，将来修葺约在万金以外"。光绪四年（1878年）正月初五，"午后，盛杏荪来晤，邀其游园，并谈招商局及开矿事，余劝其辞招商局而专事开矿。连日严寒"。光绪五年（1879年）正月廿五，

"盛杏荪来晤,谈及招商局事,其意欲将各码头栈房及轮船三只抵于官项,作银二百万,请李中堂入奏,如果准行,以二百万巨款买此破屋,吃亏不小矣"。五月初二,"(费)幼亭借怡园请任筱园,邀余与杏荪作陪,幼亭唤石月卿、高双林、姚小七,杏荪唤双凤,余唤素琴、何文卿侑觞,各唱大小曲四五出,筱园亦从而和之,捆战亦酣,席散已子刻"。次日(初三),"幼亭、杏荪借怡园请彭味之,邀史伟堂、汪川如与余作陪。席散后大雨不止,三客冒雨先去,余与杏荪、幼亭冒雨至高家还局洋"。再次日(初四),"午后,余访素琴还局洋。王仙根送来延寿丸,计洋廿九元零。幼亭、杏荪来,同访素琴、双凤"。如此记述,不胜枚举。

多年的交往,顾文彬对盛宣怀了解甚深,由衷地称道他卓越的才干,1874年(同治十三年)12月,顾文彬在致顾承的家书中赞叹:"济兴事仍归杏荪(指盛宣怀)办理,妥当之至。此君虽年轻,而办事居然老辣,子弟有此才干,真可爱也。此事既办妥,现在别无要事,汝正可安心静养。"光绪九年(1883年)十二月十八日,顾文彬在日记中写道:"……盛杏荪以济兴典股份票二万串顶替于余名下,加贯二千串,先立草议,俟明正再立大议。请伊兄伯生代主其事,又以济成股份票一万三千串抵押银六千余两。"

盛康、盛宣怀相继在江苏苏州、常州、南京、江阴、无锡、宜兴、常熟等地,开起了一批典当店铺。不到10年光景,盛氏旗下的典当行多达20多家,典当行的经营与钱庄是分不开的。盛氏家族于是又集资开起了钱庄。本钱和利润从钱庄流到典当,又从典当流回钱庄。

盛宣怀在苏州等地与人合办典当、钱庄,增长了才干,这充分锻炼了他在金融理财方面的能力,也使他积累了与苏州等地上层社会的关系和人脉,为他日后创办各项实业及中国通商银行奠定了坚实的基础。

**参考文献：**

1. [清]顾文彬著，苏州市档案局（馆）、苏州市过云楼文化研究会编：《过云楼日记（点校本）》，文汇出版社，2015年。

2. 沈慧瑛著：《过云楼档案揭秘》，古吴轩出版社，2017年。

3. [清]顾文彬著，苏州市档案馆、苏州市过云楼文化研究会编：《顾文彬日记》，文汇出版社，2019年。

# 顾氏藏书世家

曹培根

（常熟理工学院）

**摘　要**：过云楼收藏甲江南，顾氏藏书为江南世家典型。过云楼传藏超过六代，收藏目的为教育子孙，藏书多书画及古籍。藏书来源部分为继承先世所旧藏，同时购得他家旧藏，部分交换所得。藏书曾遭窃损失，部分捐献或转让，主要典藏传承至今。

**关键词**：过云楼；藏书；家族；江南

苏州顾氏有悠久的历史，本为汉魏南北朝时期苏州郡望。自清道光以来顾氏过云楼传藏超过六代，多书画、古籍珍品，有"江南收藏甲天下，过云楼收藏甲江南"之誉。

## 一、过云楼五代主人

顾氏过云楼的奠基者顾大澜（1789—1860），号春江公，受封荣禄大夫，于书无所不读，晚年醉心书画。顾氏藏鉴之家由顾大澜言传身教与顾文彬的鉴藏活动开始。

### 1. 过云楼第一代主人

顾文彬（1811—1889），字蔚如，号子山、紫珊，晚号艮盦、艮庵。元和（今苏州）人。喜鉴藏，工倚声，善操琴，尤爱文词。道光二十一年（1841）进士，授刑部主事。咸丰四年（1854）擢福建司郎中，六年补浙江宁绍台道员，光绪元年（1875）称疾辞官归里。之前，购得苏州铁瓶巷古春申君庙址、明尚书吴宽复园故址等明清建筑，命子顾承于同治十二年（1873）主持营造，改建为包括住宅、花园、义庄、祠堂的大宅，命名为"过云楼"，意取苏东坡言"书画于人，不过是烟云过眼而已"。怡园落成于同治十四年（1875），有花木泉石之胜，江南名士云集，名盛一时。顾文彬工倚声，善操琴，书法宗唐欧阳询，精鉴赏，富收藏。与吴云、俞樾、李鸿裔、沈秉成、潘曾玮、潘遵祁、程心伯、徐颂阁、沈楙甫、汪佑生等名人交往，藏品不断丰富。著有《过云楼书画记》《过云楼日记》《过云楼诗》《眉渌楼诗》《眉渌楼词》等。子廷薰、廷熙、廷烈，均好收藏。

### 2. 过云楼第二代主人

顾承（1833—1882），谱名廷烈，一作庭烈，字乐泉，号晋叔、骏叔。翰林院待诏，通音律，善绘画，精于书画鉴赏，协助其父主外不吝钱财收购藏品，与父共同建造怡园，手定《过云楼书画记》，因父顾文彬常年宦游在外，过云楼书画的收藏、整理多倚重顾承经营。著有《画余盦印谱》《过云楼初笔》《过云楼再笔》《吴门耆旧记》《坡仙琴馆随笔》《钱谱》等。

### 3. 过云楼第三代主人

顾麟士（1865—1930），字鹤逸，谔一，自署西津渔父、筠邻等。文彬孙。终身不仕，工书画，爱书如痴，精于鉴画。继承其父分得过云楼藏品，同时通过怡园家庭画家胡三桥代为购回其祖顾文彬传给顾氏其他各房的过云楼书画旧藏，与李笙渔、费念慈、章钰等名人交往，逐步扩充过云楼藏书画至上千幅，宋元旧刻、精写旧抄本、明清精刻本、碑帖印谱 800 余种，名震江南。著有《过云楼书画续记》《鹤庐画赘》《鹤庐题画录》《鹤庐集帖》《甄印阁印谱》《鹤庐画趣》等。

### 4. 过云楼第四代主人

为顾公柔（？—1929）、顾公可（1892—1940）、顾公雄（1897—1951）、顾公硕（1904—1966）。顾麟士长子顾则明 10 岁时早殇。顾麟士去世前五年（1925）立定分家书，将过云楼藏品分为四册名单，以抽签形式分配，并在遗嘱中说明这批书画"我一生视为性命"，又忧虑四子不谙价值，在名册上"以墨笔规出，视圈之多少即定价之多少，其有名重一时世无二本之物，更以小印钤出为记"，希望子孙后代能略知分寸，不致弃若泥沙。顾公硕继承过云楼善本 1360 种。1937 年抗战前夜，顾氏将家藏书画最精华部分存入上海租界的银行保险库，其余书画密封在白铁皮箱中匿藏朱家园家中地窖。顾公雄的书画也辗转寄放在上海铁琴铜剑楼主人瞿启甲父子的寓所，1948 年又将所藏书画全部存入中国银行保险箱。苏州沦陷后，顾公雄、顾公硕在朱家园的住所、顾公柔所居的西津别墅均惨遭日寇蹂躏，书柜中的字画遭劫掠。抗战胜利，顾氏家人重返家园，地窖虽未被日寇发现，却已进水，白铁皮箱浸淫在潮气中，箱体生锈，箱内书画霉变，损失惨重。顾公柔早逝于 1929 年，其分得一份书画《七君子图》《王石谷水竹幽居图卷》等由子女顾笃琨、顾丽苓、顾莹继承。后顾氏后人以顾笃琨名义捐赠《七君子图》《王石谷水竹幽居图卷》两幅珍贵书画，由苏州博物馆收藏。顾公可一支书画，现也大多存苏州博物馆。顾公雄 1951 年病逝前遗愿书画捐国家，夫人沈同樾及子女顾笃瑄、顾榴、顾佛、顾笃璋、顾笃球于 1951 年、1959 年两次捐赠国家书画 393 件、明刻善本和罕见稿本 10 多部。顾公硕及其子侄于 1953 年 12 月捐赠顾氏的私家花园"怡园"及其西侧的顾氏祠堂，1960 年顾公硕又将珍藏的 124 件文物捐献给苏州博物馆。"文革"中，顾公硕其余珍藏被造反派运走，顾公硕不堪凌辱，遭迫害致死。"文革"后落实政策，1978年顾公硕平反昭雪，顾家被抄家古籍大部分归还，顾家将归还书分为四份，由顾家第五代子孙继承保藏。

### 5. 过云楼第五代主人

顾笃璜（1928—2022），顾公硕子，早年求学于上海美专，曾任苏州市文化局副局长、江苏省苏昆剧团团长，毕生献身昆剧事业和昆剧学术理论研究。2013年12月，顾笃璜将过云楼书箱五个（含底座）、过云楼画橱一个、冯桂芬书"过云楼"手迹一幅、顾文彬对联一副、顾文彬绘《自锄明月种梅花》画轴一幅、过云楼"鹤庐"匾额一块捐赠给苏州市人民政府。2013年3月12日，顾笃璜将顾文彬书信底稿《宦游鸿雪》捐赠给苏州市档案馆。

## 二、顾氏藏书特点

### 1. 顾氏藏书目的

顾氏收藏的古籍是为了教育子孙。顾文彬述："今此过云楼之藏，前有以娱吾亲，后有以益吾世世子孙之学。"顾文彬将藏书楼取名"过云楼"，是因为他的偶像苏轼曾将书画"目为烟云过眼者也"。同时，在顾氏眼中，"志在必传"是过云楼收藏的准则，这就意味着收入过云楼的藏品必须是最精妙的。

### 2. 顾氏藏书内容

顾氏藏书多书画及古籍，顾文彬曾自述："性爱古董，别有神物，物之真伪，一见即决，百不失一。因余素嗜书画，自唐宋元明迄于国朝，诸名迹力所能致者，靡不搜罗，旁及金石，如钟鼎尊彝古钱古印之类，亦皆精究。"顾麟士所藏古今书画精品真迹富甲吴中，藏有宋元旧刻、精写旧抄本、明清精刻本、碑帖印谱800余种。古籍宋元本有《周礼》《韩非子》《广川书跋》《风雅遗音》《老泉集》，抄本有黄丕烈士礼居影宋抄本《骆宾王集》、毛氏汲古阁影宋抄本《李群玉诗集》，稿本有吴骞的《巾箱集》。

顾氏过云楼藏书多乡邦文献，或经过苏州藏书家递藏过的书画及古籍。顾文彬的《过云楼书画记》录有明祝枝山的《正德兴宁县志》稿本以及东林五君子的诗札手迹等。顾氏重视乡邦文献，傅增湘在《藏园群书题记续集》卷二中记民国元年（1912）年2月，傅增湘客居苏州时，以四十金于书贾杨馥堂手中购得洪武十二年（1379）原刻本《苏州府志》。从藏书印上得悉，此书原为常熟毛氏汲古阁藏本，后为苏州石韫玉家藏，且经娄水宋宾王校补，是吴中最早的志书，流传甚罕。傅增湘数日后访过云楼主人，顾麟士询及新获之书，见此乡邦文献《苏州府志》便说："此吾郡故物，访求频年不可得，且为石琢堂殿撰修府志时所用，在理宜以归我。"傅增湘认为《苏州府志》是自己吴中所购归途压箱之物，未肯易许，但许诺他日见到别本一定代为购买。顾麟士知此书难得，笑傅增湘对他"画饼以充饥"，相视一笑而罢。傅增湘返京后，偶于琉璃厂翰文斋复见此书，欣喜过望，驰书告顾麟士，竟以百金为之代购。此年秋，傅增湘重至苏州，将此书郑重相付顾麟士。顾又托傅将宋宾王的校补过录在这新得的书上，傅返京时又将此书带去。回京后，由于忙于事务，一直未能完成这一工作，可是顾麟士不久就去世了。傅为表达其司马相如返璧的深情，依顾嘱将宋宾王的校补过录上去后，趁有人返姑苏之便，将原书奉还其后人顾公硕等，等于吴季札延陵挂剑的意思。[1]

### 3. 公开交流藏品

顾麟士光绪二十一年（1895）在怡园牡丹厅创立怡园画社，主要成员有吴大澂、顾麟士、吴昌硕、陆恢、金心兰、倪田、顾沄、胡三桥、郑文焯、翁绶祺、吴穀祥等12人，社中核心成员号称"怡园七子"，

---

[1] 傅增湘撰：《藏园群书题记》，上海古籍出版社，1989年。

后有王胜之、费念慈、任预等加入，怡园画社以"研习六法、切磋艺事"为集社目的，画社成员能方便地观摩到过云楼藏画，每次雅集后，顾氏便出示过云楼所藏名迹供品鉴。当时江南文人多至过云楼交流，如浙江人蒲作英、萧山人来吴寓居的任渭长、武进人黄山寿，还有张大千、黄宾虹、费念慈、冒广生等。

### 4. 重视藏书保护

顾文彬在《过云楼书画记》中记藏书法则"十四忌"："书画乃昔贤精神所寄。"凡有十四忌：一、霾天；二、污秽；三、灯下；四、酒边；五、映摹；六、强借；七、拙工印；八、凡手题；九、徇名遗实；十、重画轻书；十一、改装因失旧观；十二、耽异误诊赝品；十三、惯习钻营之市侩；十四、妄摘瑕病之恶宾。顾氏后人遵循祖训，将这十四忌悬于过云楼门楣，照此护藏。

### 5. 顾氏校跋藏书

顾氏重视对所藏书画校跋，顾文彬的《过云楼书画记》、顾承的《过云楼书画录初笔》和《过云楼书画录再笔》、顾麟士的《过云楼续书画记》及其顾氏书信、日记等有大量的书画校跋成果。此外，还有散见的题跋。如现藏天津图书馆的清顾千里稿本《邗水杂诗》有顾麟士跋："涧薲先生诗册，去秋吾友曹君君直得诸沪上书贾，归检《思适斋集》校之，如'次韵答夏孝廉词仲''驱逐'作'驰逐'、'代释讥'作'为释讥'、'凯佩'作'觊佩'，'次韵答郭频伽''五餐'作……皆较集本为长，以集本出杨芝士写录，容有未精，此册则先生手稿也。又册中'和程湘舟见寄次韵五古'及'金近园饯秋分得落字七古'，皆集本所无。据先生自题邗水杂诗道光辛巳岁作则，此册不过游邗江时诗，集本已遗其二，知先生集外诗多矣，安得如我君直者尽获手稿为思适斋集补也。光绪二十八年（1902）壬寅二月元和顾麟士。"钤有"西津"印。[1]

## 三、顾氏藏书来源与去向

### 1. 藏书来源

（1）继承。顾氏部分藏书为继承先世所旧藏。

（2）购得。顾麟士曾购进莫友芝旧藏，多为罕见珍秘的宋元以来佳椠名抄。谢国桢曾看过顾氏部分善本，认为过云楼有相当一部分藏书来自莫友芝的家藏。[2]据顾氏现存书籍中印鉴考索，有吴云、潘志万、沈树镛、刘履芬、史蓉庄等人的藏书散出，被顾氏购得，纳入过云楼收藏。宋刻《锦绣万花谷》为季振宜（1630—1674）藏书。顾麟士收得《陈眉公梅花卷》，就经刘蓉峰、吴云、秀水王氏等诸家递藏。顾麟士还藏有刘履芬的《鸥梦词》稿本。

（3）交换。《东林五君子书札册》为顾文彬以藏画与徐颂阁交换而来。顾文彬以40方汉印交换姻家吴云（1811—1883）所藏原太仓王相国收藏本宋魏了翁的《魏文靖文向帖卷》。

### 2. 藏书去向

（1）捐献。顾麟士去世前将过云楼藏品分公柔、公可、公雄、公硕四子。1951年顾公雄临终时表示："还是献出来吧，把我的书画献给国家。"夫人沈同樾及子女顾笃瑄、顾榴、顾佛、顾笃璋、顾笃球将所藏书画捐献给上海市文物管理委员会。该年11月24日负责清点书画古物的经办人马泽溥、瞿凤起、丁淇等人前往苏州，至11月26日清点完毕。书籍及古物与普通书版共装了三个木板箱，精品书画共四大包，内计书

---

1 刘蔷：《顾氏过云楼藏书考》，见铁琴铜剑楼纪念馆编：《琴剑文丛——铁琴铜剑楼与中国藏书文化国际研讨会论文集》，铁琴铜剑楼纪念馆，2008年，第173—184页。
2 谢国桢撰：《江浙访书记》，上海书店出版社，2004年，第74页。

画立轴屏联类 64 件，手卷类 12 件，册页类 22 件，又杂页未裱计 25 张，成扇 11 把，扇面 5 页，碑帖 2 种，古器物类 3 件，古纸一包计大小 52 张，书籍 431 册，《画赘》版一部。顾氏捐献的宋元明清书画经文管会鉴定，除 7 件尚待商榷外，其余全为真迹。1959 年，沈同樾及子女再次捐献过云楼书画，计明清书画 169 件。两次捐献书画 393 件书画、明刻善本和罕见稿本 10 多部，多为稀罕之作，其中有宋魏了翁《文向帖》，此帖原为太仓王相国收藏，顾家以 40 方汉印换来。还有元赵孟頫、崔复《吴兴清远图合卷》，元倪瓒《竹石乔柯图轴》，元张渥《九歌图卷》，元华祖立《玄门十子书画卷》，明熊廷弼行书《东园十咏诗卷》等。顾公硕 1960 年将所藏元王蒙、明文徵明、唐寅、祝允明、董其昌等传世珍品、清代刺绣等文物 124 件捐苏州博物馆。

（2）出售。改革开放后，南京图书馆收藏过云楼旧藏 720 部 4999 册，其中宋元刻本 22 部。其中，1992 年，南京图书馆通过苏州古旧书店江澄波以 40 万元向顾文彬后人顾笃璜求购过云楼藏书 541 部 3707 册，成立过云楼藏书专室收藏。这批书内容涵盖经、史、子、集四大部类，版本类别完备精善，几乎囊括古代纸质书籍的所有类型，在时间上横跨宋、元、明、清，地域上除了中国历代版本外，还有少量日本刻本和朝鲜刻本，其中 7 部宋刻本、10 部元刻本以及多部明清刻本、稿抄本尤为珍贵，多有人间罕见的奇秘佳本。2012 年 6 月 4 日江苏凤凰传媒集团以 1.88 亿元（加上佣金共 2.16 亿）购得由南京图书馆收藏过云楼藏书 179 部 1292 册，包括宋版《锦绣万花谷》前后集 80 卷 40 册等。另外，版本学家江澄波证实："过云楼的藏书，在嘉德拍卖行介入前后，顾三公子已经陆续委托卖掉了不少。据我所知，就有顾千里批校明嘉靖本《仪礼》。嘉德公司的拓晓堂告诉我，顾家的书，每次拍卖都有。由此可见，匡时最近拍卖的这批书，已经是拓先生挑选之后的剩余之物，顾批黄跋，早不见踪迹。"¹2011年5月23日,北京荣宝斋春季艺术品拍卖会上,囊括明代书画家沈周、文徵明、唐寅、仇英、吴宽、王宠、祝允明珍品的《吴门雅集》24开册页,以1.48亿元成为本年度春拍场上首件成交额超亿的单件拍品。2011年6月4日北京春拍会夜场上,元代画家王蒙的《稚川移居图》以4.025亿元成交。这两件在海内外广受瞩目的拍品,均是过云楼的旧藏。王蒙的《稚川移居图》为"文革"查抄物品,1977年11月8日上海博物馆书画鉴定专家赴苏州博物馆鉴定书画时在查抄物品中发现并被抢救出来,"文革"后落实政策,《稚川移居图》发还了顾氏后裔。²

(3)被窃。日本人岛田翰常到苏州访书,曾至过云楼,看过顾氏藏书精品。张元济在给缪荃孙的信中述:"岛田翰来,至顾鹤逸家购去士礼居藏元刊《古今杂剧》、明本杂剧《十段锦》、残宋本《圣宋文选》,闻出资者皆不少,令人为之悚惧耳。"³在傅增湘所编的《顾鹤逸藏书目》上,其中士礼居藏元刊《古今杂剧》、朱彝尊和钱曾曾经收藏的杂剧《十段锦》下标明"已去",可知事在壬子岁(1912)前。但是,据过云楼第五代主人顾笃璜所述,《古今杂剧》等书并非售出,而是被岛田翰骗走的。岛田翰常来苏州访书,顾麟士对他精通版本之学颇为赞赏,以为他是学者而信任于他。当岛田翰商借《古今杂剧》等书时便慨然相借,不想他竟一去不返,此后顾麟士托其他日本朋友多次催讨,被告之:"……见托长尾雨山,虽经督促,而家无担石,莫可如何。嗣又以旧恶发觉,捉将官里去,彼自愧缢死东京狱中。不周之处尚祈曲宥。"⁴岛

---

1 南方周末记者石岩:《过云楼成了神话》,《南方周末》2012年6月28日26版。南方周末记者鞠靖、特约撰稿樊宁:《除了2.16亿,我们还知道过云楼的什么?》,《南方周末》2012年6月28日25—26版。
2 苏报记者施晓平:《过云楼藏书拍卖引发文物流传信息关注,这些瑰宝都曾与苏州有缘》,《苏州日报》2012年6月20日A13版。
3 顾廷龙编:《艺风堂友朋书札》,上海古籍出版社,1980年。
4 张锺、吴樊宁:《走进顾氏过云楼》(上),《姑苏晚报》2010年4月4日25版。

田翰回日本因两次偷拿足利学校、金泽文库称名寺的珍贵典籍，事发拘捕，因羞愧而在狱中上吊自尽，年仅37岁，时在1915年，所借过云楼《古今杂剧》等书便不了了之。[1] 抗战期间，顾氏朱家园、顾公柔所居西津别墅均惨遭日寇蹂躏，家存大量藏品被日本兵带走或者毁坏。

### 3. 藏书目录

顾氏自己编有藏书目，如顾麟士自己所编的《鹤逸所藏书目》《西津所藏书画目》稿本，并未印行。顾麟士晚年藏书则传有傅增湘的《顾鹤逸藏书目》，一名《顾鹤逸所藏旧椠书目》。民国壬子年（1912）2月，傅增湘旅居苏州，至过云楼观书，并将所见编成《顾鹤逸藏书目》一卷，最早发表在《国立北平图书馆馆刊》第五卷第六号（民国二十年11—12月）上，分"宋元旧椠""精写旧抄本""明版书籍""国朝精印本"四部分，书名下不著撰者及卷数，仅著录函册，或如"一楠木匣""全套""全本"。宋元本及部分名人批校本下著明经何人收藏及批校题跋情况。其中著录宋元本50种、精抄本165种、明刻本149种、清刻本175种，共539种、5000余册。记录在该目中的多是傅增湘视为珍稀、精善之本，而傅增湘自言"目录下漏注尚多"，普通之书未收录。传说顾氏家族示有家训：过云楼藏画可任人评阅，而家藏善本古籍不可轻易示人。顾麟士好友傅增湘造访过云楼，观赏其收藏，应傅增湘再三要求，顾麟士同意其在楼内观书，但不能带纸砚抄写，于是傅氏每天阅书后凭记忆默写书名。[2] 刘蔷认为过云楼藏书应该是有草目的，"傅增湘的书目很明显是两种字体，是在一种笔体的目录上做了一些修改，比如某书书目原本说是宋本，修改后，在下面注：疑为元本"。陈先行也认为："《顾鹤逸藏书目》目录题名之下注'抄本'，又注'傅沅叔先生藏本'，如

---

1　刘蔷：《顾氏过云楼藏书考》，见铁琴铜剑楼纪念馆编：《琴剑文丛——铁琴铜剑楼与中国藏书文化国际研讨会论文集》，铁琴铜剑楼纪念馆，2008年，第173—184页。
2　姑苏晚报记者：《揭秘过云楼藏书》，《姑苏晚报》2012年4月22日。

果是傅先生缩编，应该不会如此著录，只能理解为这个抄本是傅先生所藏……顾氏原本有一个草目，傅先生是根据草目，在自己阅览期间，就所发现的问题，随手进行了校正。"[1]顾氏藏书精良之本，傅增湘多有跋语，收入傅增湘的《藏园群书经眼录》。[2]陈海燕主编的《（凤凰出版传媒集团典藏）过云楼藏书书目图录》（凤凰出版社2014年4月版）收录凤凰集团所购过云楼藏书179部、1292册。南京图书馆编辑出版的《南京图书馆藏过云楼珍本图录》，收录南京图书馆所藏过云楼珍本藏书。

**参考文献：**

1. 曹培根著：《苏州传统藏书文化研究》，广陵书社，2017年。

2. 南京图书馆编：《南京图书馆藏过云楼珍本图录》，中华书局，2017年。

3. 沈慧瑛著：《过云楼档案揭秘》，古吴轩出版社，2019年。

---

1 南方周末记者石岩：《过云楼成了神话》，《南方周末》2012年6月28日26版。
2 傅增湘撰：《藏园群书经眼录》，中华书局，1983年。

# 清代中晚期苏州徽商的社会融入与身份重塑

——以顾文彬家族为例[1]

王 晗

(苏州大学社会学院)

**摘 要**：苏州安徽籍商贾顾文彬家族在清代中晚期先后经历了"因贾致富、贾而好儒、亦贾亦儒"的社会身份转型过程，与此同时，顾氏家族的职业经历与生存空间的地理流动紧密相关，并由此出现顾氏家族在苏州城市社会阶层地位的垂直变动以及为维持这种相对稳定的社会阶层而付出的诸多努力。从社会融入、地理流动和身份重塑的视角，来探讨江南士绅阶层在国家与地方之间通过怎样的行为举措来谋求自身阶层的上升空间，继而固化新阶层的稳定性，遂成为研究清代中晚期江南城市社会群体结构变迁的增长点。

**关键词**：社会融入；社会身份；地理流动；顾文彬家族

生存与发展是人们通过地理流动进入城市的根本动因，在城市中获取更优质的生存条件与生活方式，则是人

---

[1] 本文系苏州大学人文社会科学青年交叉研究团队"京杭大运河环境变迁与重建"（项目号NH33714022）资助成果。

们相互间关系的根基。职业身份的定位与变更、社会地位的整合与重塑以及由此而形成的利益关系遂成为城市居民彼此间社会关联、纽带与社会组织的关键所在。明代中期以降,由于江南地区"腹地人口密集",内河航运与海上交通体系相对健全,"为农户和高级市场之间的直接联系,提供了如此良好的运输和交往环境"[1],因此,以苏州为核心,所属府、州、县为架构,繁星点缀的市镇群体和市场体系逐渐形成[2],而且"市镇的广泛性成长更甚于集约性成长"[3]。与之相应的,大量外来工商业人员的持续性涌入逐步演化为这一时期江南城镇社会的重要特征。其中,安徽籍商人顾文彬家族移驻苏州,并以生存空间的地理流动和社会身份的重塑来迅速融入、适应当地社会尤为突出。

目前,学术界对于顾文彬家族的相关研究多有关注[4]。以往学者多从鉴藏史、文学史、社会生活史等视角来考察顾氏家族及其书画收藏品鉴、文集曲会艺事等家族性的文化活动,并希冀通过对地域文化重建力

---

[1] 迈克尔·马默(Michael Marme):《人间天堂:苏州的崛起,1127—1550》,引自[美]林达·约翰逊主编、成一农译:《帝国晚期的江南城市》,上海人民出版社,2005年,第45页。
[2] 王卫平:《明清时期江南城市史研究:以苏州为中心》,人民出版社,1999年,第47页。
[3] 范毅军:《明中叶以来江南市镇的成长趋势与扩张性质》,中国台湾《中央研究院历史语言研究所集刊》第73本第3分,2002年9月,第451页。
[4] 郑逸梅:《艺苑琐闻》,四川人民出版社,1992年;陶大珉:《过云楼顾氏家族书画鉴藏活动研究》,中央美术学院2004年硕士论文;凌郁之:《苏州文化世家与清代文学》,齐鲁书社,2008年;陶大珉:《过眼云烟:一座楼的鉴藏与艺文交游》,《东方艺术》2011年第9期;沈慧瑛:《从〈过云楼日记〉看晚清士绅生活图景》,《档案与建设》2015年第8期;张燕:《顾文彬及其〈眉绿楼词〉研究》,安徽大学2016年硕士论文;沈慧瑛:《解读〈过云楼家书〉》,《档案与建设》2017年第4期;沈慧瑛:《过云楼主人顾文彬家世考略》,《档案与建设》2018年第1期;李睿:《顾文彬〈春水词〉探论》,《词学》2018年第1期;沈慧瑛:《过云楼主人顾文彬与秦缃业的书画交易》,《档案与建设》2018年第6期;施林霞:《顾文彬的日常生活研究——以〈过云楼日记〉〈过云楼家书〉为中心》,苏州大学2020年硕士论文;曹化芝:《旅游胜地与公共场域——以近代苏州怡园为考察中心》,《美与时代》2020年第7期;范金民:《晚清江南士大夫的致仕生涯——以顾文彬为中心》,《河北师范大学学报》哲学社会科学版,2021年第1期。

量和群体层面的分析，来揭示相应时代背景下的苏州及其周边地区文化群体状态。这一研究理路在过去近三十年的学术探索中，虽因研究者的学术背景、研究内容（过云楼和怡园）的特殊品质、研究方法的技术处理的不同而略有区别，但研究结论多有殊途同归之感。而顾氏家族为何会进行社会身份的重塑？为了做到社会身份的重新定位付出了怎样的努力？甚至通过"以藏治学、以藏会友"等家族性文化活动来重建苏州文化力量和群体的意图又是什么？上述问题尚需突破固有的研究范式，进行相关史料的重新梳理、判读和研究。本文尝试从身份重塑、地理流动和社会融入的视角，来探讨在国家与地方之间，江南士绅阶层社会身份的演变过程，而在谋求自身阶层上升空间的过程中，他们为提高和固化新阶层的稳定性所采取的行为举措，以及这些举措对于清代中晚期苏州城市近代化进程产生的影响。

## 一、徽商入苏：顾氏先祖早期身份判读

明清时期，由于江南地区棉花、蚕桑等经济作物的大面积种植，水稻、茶叶等农产品商品化程度的大幅度提升，手工业和商业在经济功能型城市中获得长足发展。与之相应地，这些城市的经济地位与区位吸引力得以进一步凸显，其中，苏州的经济功能优势表现得尤为突出。"在这一时期，苏州无论在行政等级中还是在'自然'的手工业和贸易体系的等级中都是最重要的城市。"[1] 苏州区位优势的凸显，在很大程度上推动了外来移民的不断涌入和外来资本的逐渐加持；外来移民的定居化和外来资本的会聚，则促使苏州在承接传统经济优势的同时，自发、缓慢地发生社会转型。[2]

---

1　Gilbert Rozman, Urban Networks in Ch'ing China and Tokugawa Japan (Princeton: Princeton University Press, 1973), p.6.
2　唐力行：《明清以来苏州、徽州的区域互动与江南社会的变迁》，《史林》2004 年第 2 期。

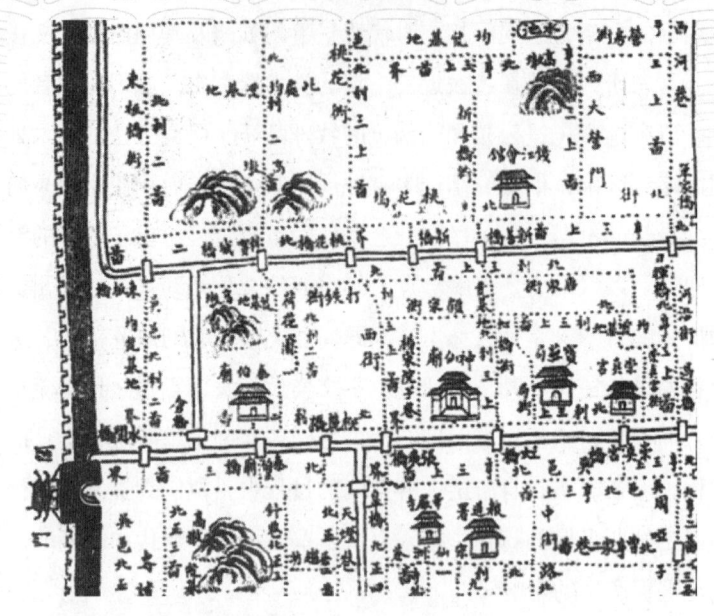

图1：乾隆年间的苏州桃花坞及其周边地区
资料来源：乾隆《姑苏图》，乾隆十年（1745），见张英霖编《苏州古城地图》，古吴轩出版社2004年版。

作为迁居苏州的安徽籍商贾顾文彬家族，据采访称，其"祖上是经商的，……是元末明初从安徽迁到苏州的，……一直经商、贸易，从太仓出去做棉布生意、丝绸生意"[1]，由此推断顾氏先祖有可能为具有一定财富资本的商贾。但至乾隆年间，顾文彬曾祖粹安公顾广居时，顾氏家族大多参与到安徽籍商贾的商业活动中，"出佐会计以修脯分供堂上甘旨"。此外，顾氏先祖"世居苏郡桃花坞"[2]，该地自元明以降多为士子隐居之地、民众踏青访古之所。至清代初年，由于"海寇作乱，苏

---

1 顾笃璜口述、陶大珉记录：《过云楼顾氏后人口述辑录》，引自陶大珉《过云楼顾氏家族书画鉴藏活动研究》，中央美术学院2004年硕士论文，第80页。
2 《皇清诰封通奉大夫先祖考镜溪公行略》，《顾文彬家乘》，苏州市档案馆藏，全宗号030，目录号001，案卷号027。

郡有驻防兵来守,将军祖大寿圈封民居以为驻防之所,号大营兵,自娄门至桃花坞宝城桥而止,独不及后板厂一隅"[1]。由此直至康熙初年,桃花坞一带仍为兵营屯集所在[2]。在乾隆《姑苏图》中,桃花坞东侧尚有"西大营门、营房巷、西教场桥"等地标标识。如图1所示。

从图1所标识的内容来看,受明清之际战乱和清初"封民居以驻防"的影响,直至乾隆中期,桃花坞及其周边地区多为苏州城区内相对荒僻所在,其中,基地、高墩、水池等无主荒地多有标识。此外,尽管乾隆《姑苏图》中桃花坞附近也有钱江会馆、北街、新善桥巷、桃花巷、宝城桥、桃花桥、新桥和新善桥等地标,但除却钱江会馆为杭州丝绸商贾新设货物屯集之地外[3],其他地面标识皆为古城旧有街巷、桥梁,仅做当地民众生活起居之用。因此,这一带虽然靠近阊门的富庶之地,但与中市街沿途街市的繁华程度不可同日而语。由此可见,顾氏先祖之所以选择桃花坞作为世居之地,一来是顾氏先祖没有足够的资本投入商贸活动中,仅靠"会计"职业身份以获取酬资来维持生计,在"遇有不给"之时,尚需"先祖妣以铖鬋之资益之"[4];二来是桃花坞和阊门之间的有效行为距离在0.6—1.5公里之间,步行可在9—20分钟之内到达目的地,这样的距离有助于顾广居父子及时获取商业信息,通过常规性的地理流动来开展必要的商业行为;第三则是顾氏先祖的社会身份当长期属于"普通的自食其力的城市平民阶层"[5],尚无力另置房产,以至顾氏家族在桃

---

1 《栖霞阁野乘》卷下之《国初之满债》。
2 《栖霞阁野乘》载:"康熙三年,抚军韩心康奏请以驻防兵移至京口。去之日,恐兵有变,预与将军谋,先备船于城外,令兵一时尽行出城,不得停留一刻,违者斩首。"
3 钱江会馆始创于乾隆二十三年,为杭州丝绸商贾于该年购于"阊门东北桃花坞京兆宋氏之旧庐",确保杭州丝绸制品"得以捆载而来,僦赁无所费,不畏寇盗,亦不患燥湿"。引自《吴阊钱江会馆碑记》,乾隆三十七年(壬辰正月望日),苏州碑刻博物馆藏。由此推断张英霖断《姑苏城图》年代为乾隆十年,不确。具体年代考证另文撰述。
4 《皇清诰封夫人先祖妣许太夫人行略》,《顾文彬家乘》,苏州市档案馆藏,全宗号030,目录号001,案卷号027。
5 沈慧瑛:《过云楼主人顾文彬家世考略》,《档案与建设》2018年第1期。

花坞的生活模式为"先祖昆季皆同居",生活空间"共老屋九椽而已"[1]。不过,顾氏"三代同堂,一门雍睦,不觉居室之湫隘也"[2]。

顾氏家族尚可维系的生活境况所产生的社会关联网络相对单一,呈现为以家族成员为核心,因同乡生意的职业关系、邻里关系而结交的城市中下阶层关系。这样的生活境况和社会关联网络,实际仍是建立在血缘和地缘的基础之上的。通常来看,血缘与地缘往往被认为是构成乡村社会的根基或核心要素,二者在城市社会的初时构建过程中也发挥一些关键性作用,但绝非成熟型的近代化城市社会之根基。故而顾氏家族在此阶段尚未融入苏州城市元居民的社会中,而是依附于徽籍商贾资本,仍属于从苏州城市的寄居民向元居民的过渡时期。

## 二、转型与抉择:顾氏家族的职业变更

明清时期,徽籍商贾融入苏州的过程中,往往会因为商业资本的多寡、经营理念的优劣、社会身份的高低以及有上述三种情况互为叠加而出现迥然有异的生存、发展轨迹。如大阜潘氏,原为徽州商贾世家,清初迁入苏州,经过百余年的努力,通过婚姻、交易、思想与情感取向等,建立起社会关联,逐步融入苏州地方社会,至乾嘉以后逐渐成为苏州颇有名望的科第世家、官宦世家、积善世家和苏州酱园业的行业领袖[3]。又如阊门外桐溪浜朱氏,和大阜潘氏家世略近,同为徽州商贾世家,自清初由朱陵始"徙居苏州之阊门",至第三代朱研(字子存)时,弃商

---

1 《皇清诰封通奉大夫先祖考镜溪公行略》,《顾文彬家乘》,苏州市档案馆藏,全宗号030,目录号001,案卷号027。
2 《皇清诰封夫人先祖妣许太夫人行略》,《顾文彬家乘》,苏州市档案馆藏,全宗号030,目录号001,案卷号027。
3 见同治八年修《大阜潘氏支谱》;光绪三十四年修《大阜潘氏支谱》;民国十六年修《大阜潘氏支谱》;潘世恩编:《潘氏科名草·自叙》,稿本;潘世恩撰、潘曾莹录:《潘文恭公遗训》;潘奕隽嘉庆九年《展墓日记》;潘钟瑞:《歙行日记》上,见《香禅精舍集》六,光绪苏城谢文翰斋刻本等。

从儒,"君性颖悟,山水篆隶不甚学而能,诗亦如之"。朱研在文学方面的造诣颇深,并影响到朱氏子孙,如"君之从子适庭以诗词称吴下,从子凌霄、芝田及适庭之子孟容、仲林,皆能操觚染翰,与当世词人名士往还,至君之子肃征,尤风仪朗儁,世目为神仙中人"[1]。由此,自朱研至朱汉倬、朱士廉等数代在乾隆年间"以经义、诗、古文、词相契好者"汇集诗友、画师、琴客、方外等二十余人,俨然引领吴下文坛。然而由于自朱研以下数代仅为县学生或监生,多不入仕途,原有的财富为之耗费,以至乾隆二十八年朱研去世时,朱氏族人竟因"贫不克葬,丐诸亲友,始得窆于灵岩山"[2]。

顾文彬家族在顾广居、顾鑑父子时期的财富积累不能和徽籍商贾潘氏、朱氏相提并论。甚至可以说,顾氏家族当时的生活境况和社会关联网络,在乾隆、嘉庆两朝国力处于鼎盛之时,仅可维持家族日常之开销,其社会身份可能会缓慢地从寄居民向元居民过渡。一旦国运不济,顾氏所倚仗的徽籍商贾资本运行不畅,抑或家族中亲属突发状况,便会导致家族生存难以为继。乾隆五十四年(1789)前后,顾文彬大伯祖星洲公(名讳不详)、曾祖顾广居先后亡故,顾文彬祖父顾鑑开始执掌家业。在此之时,顾鑑借助父兄数十年积累的社会关系和财货,从家族常年执业的"会计"行当转而在徽商聚居的阊门外南濠开设油行,以图改变现状,谋求家族生活境况的好转。

为了确保油行生意更为有序地开展,顾鑑先后徙顾氏家族于南濠街盛家巷、由斯弄。由此,顾氏家族的生活空间由苏州城内的偏僻之所转移到了"自胥及阊,迤逦而西,庐舍栉比,殆等城中,此侨客居多"的南濠街一线[3]。该地区地处胥江和南濠的交汇处,是沟通苏州和外界商贸往来的重要枢纽,时人对此有着清晰的认知,"运河即古之邗沟,自

---

1 [清]王昶:《春融堂集》卷六十之《朱子存墓表》,上海文化出版社,2013年,第1011页。
2 同上。
3 曹自守:《吴县城图说》,见崇祯《吴县志》之《图》,总第107页。

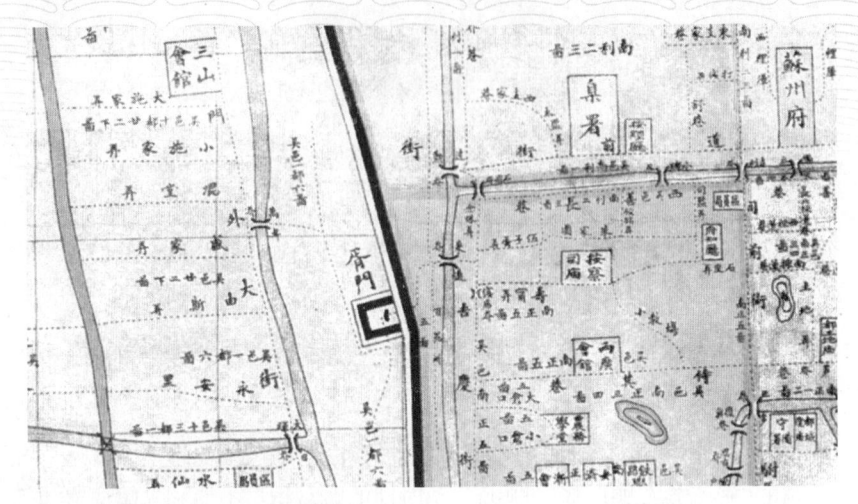

图 2：苏州胥门及其城墙内外街巷分布
资料来源：《苏州巡警分区全图》，上海蔚文公司印行，光绪三十四年（1908），见张英霖编《苏州古城地图》，古吴轩出版社 2004 年版。

嘉兴石塘由平望而北绕府城，为胥江，为南濠，至阊门"[1]。水运的繁忙，使得南濠一带自明中叶时即为繁华之地，时人曾言，"自阊门至枫桥将十里，南北二岸，居民栉比，而南岸尤盛。凡四方难得之货，靡所不有。过者灿烂夺目，枫桥尤为商舶渊薮。上江江北，菽粟、棉花大贸易咸聚焉。南北往来，停桡解维，俱在于此"[2]。至晚明之时，顾炎武曾对苏州，尤其是对南濠一线有着更为形象的评论，"西较东为喧闹，居民大半工技。金阊一带，比户贸易，负郭则牙侩辏集"[3]。这一盛况虽经明清鼎革之际战乱的影响，但至康雍乾之时又得以恢复如初，至乾隆年间，"阊胥

---

1　乾隆《苏州府志》卷五《水》，总第 334 页。
2　郑若曾：《枫桥险要记》，见康熙《吴县志》卷二十六《兵防·险要》，总第 1417 页。
3　[明] 顾炎武《肇域志》第五册《江南八·苏州府》，《续修四库全书》第 587 册，上海古籍出版社，1995 年，第 652 页。此外，关于明清苏州城的发展，可参考王家范《明清苏州城市经济功能研讨——纪念苏州建城两千五百周年》，《华东师范大学学报》，1986 年第 5 期。

地多阛阓，四方百货之所集，仕宦冠盖之所经，其人之所见者广，所习者奢，拘鄙谨曲之风少，而侈靡宕佚之俗多矣"[1]。而"四方百货之所集"的南北货行市多在南濠，该地"川广海外之货萃焉，参苓、药物亦聚于是"[2]。顾鑑兴业、置家于此，为顾氏家族财富积累、迅速融入苏州地方社会提供了必要条件。如图2所示。

从图2中，我们不难看出，盛家巷[3]、由斯巷[4]地处南濠与胥江的交汇处，和胥门码头隔河相望。我们以光绪三十四年《苏州巡警分区全图》

---

[1] 乾隆《元和县志》卷十《风俗》，总第358—359页。
[2] 乾隆《吴县志》卷十四《风俗》，总第1082页。
[3] 盛家巷，胥门外旧街巷，东起万年桥大街，西至阊胥路。原属清末官僚盛宣怀之房产。素来商业兴旺，1940年代尚有店铺34家。现为民居（江洪、朱子南等编《苏州词典》，1999年版，第324页）。明崇祯《吴县志》卷十五《坊巷·城外》记该桥"在康履桥南"（总第1212页）。入清后，康熙《吴县志》卷十三《坊巷·城外巷十八》亦有相关记载，并注有"非著名者不书"。此后乾隆《苏州府志》、乾隆《吴县志》、道光《苏州府志》、同治《苏州府志》关于该街巷的记录与上同。至民国《吴县志》时，该志卷二十四下《坊巷下》先后记有"卢家巷、王家巷、檀家巷、盛家巷、新巷，《同治志》以上五巷并在南濠康履桥南"（总第1336页）、"盛家衖，由斯衖北"（总第1338页）、"混堂衖，盛家弄北"（总第1339页）。又，同治《苏州府志》卷八《水》载，"胥江，深阔，不必开浚，支河二。夏驾桥河东接胥江入口，西行至香山庙，长二百三十丈，阔一丈八尺；康履桥河俗名新开河，东接南濠入口，西行至归泾桥，长八百二十丈有奇，阔二丈五尺有奇"（第242页）。在光绪三十四年的《苏州巡警分区全图》中，自南濠入口至归泾桥沿途有桥梁九座，自西南至东北向，分别为归泾桥、通渭桥、虎啸桥、□□桥、□□桥、□□桥、小石晖桥、新开河桥和吊桥。康履桥当为虎啸桥与小石晖桥之间的三桥之一，盛家巷在该桥以南。另，巷、弄、街本意皆为"里中的道路，胡同"（王力《王力古汉语字典》，中华书局2001年版，第261、283、1200页）。故而，盛家巷即为光绪三十四年的《苏州巡警分区全图》及其以后诸苏州图中的盛家弄。
[4] 由斯巷，现名泰让桥弄，位于万年桥大街南段，东起万年桥大街，西至泰让桥……1980年改今名（苏州市公安局编：《江苏省苏州市地名册》，苏州人民印刷厂，1988年，第45页）。旧时为商业区，现为居民区。曾用名牛屎弄、牛市弄，为耕牛买卖的市场（叶祥苓：《苏州方言志》，江苏教育出版社，1988年，第354页；潘君明：《苏州街巷文化》，古吴轩出版社，2012年，第373页）。同治《苏州府志》、民国《吴县志》对该街巷标示为"由斯衖"，并以该街巷为地标来标识盛家衖和长春巷（民国《吴县志》卷二十四下《坊巷下》，总第1338页）。民国诗人范广宪曾在《吴门坊巷待辂吟》卷五中对由斯巷的名称来源进行解读，"由斯衖，由衍斯须莫浪夸，青鞋白恰乐无涯。名讹牛矢应堪笑，归路由斯见故家。在盛家衖南"。

为基础，结合乾隆《姑苏图》、同治《苏城地理图》，对胥门及其周边地区的重要场所进行标示。在胥门以内，标有按察使司署、巡抚部院署、守备署、苏州府署、长洲署等官府衙门，正谊书院、紫阳书院等官办学校，两广会馆、江西会馆、浙绍会馆等商贾集散之地，另有都城隍庙、关帝庙、观音庵等宗教祭祀场所。可谓"胥、盘之内，密迩府县治，多衙役厮养。诗书之族，聚庐错处，近闻尤多"[1]。在胥门以外，虽有万寿亭、接官厅、姑苏驿站等少量官署机构，但主要为三山会馆、浙宁会馆、金华会馆、嘉应会馆等商贾汇聚之场所。此外，胥门是阊门以南直接通向太湖的城门，这一带通常被认为是阊门以外地区的延伸部分，盛家巷、由斯巷等街巷可以被视为阊门之外二十三条街巷向南延伸的部分[2]。因此，胥门外的商贸市场不仅是联系苏州与无锡、嘉兴、杭州等重要城市的枢纽，而且带动了与诸多府城之间各级市镇的商贸往来。顾鉴正是依托有利的地理位置，借助苏州阊门外得天独厚的市场资源，"行运渐丰"。而渐入佳境的油行生意利润所得，顾鉴、顾大澜父子致力于四个方面的资金投入，其一是顾大澜于嘉庆十年（1805）前后弃儒学贾，扩大家族生意，"府君精于会计，先祖依赖甚力"[3]；其二是抚养长兄星洲公的两名幼子，"先祖悯其失怙，絜之同居"[4]；其三是改善家族生活环境，继嘉庆初年买屋于南濠盛家弄之后[5]，又于嘉庆二十二年（1817）于盛家弄南侧的由斯弄置办"六十余椽"的房产[6]；其四是"改置田产，为先祖觅茔地"[7]，实现资金分流，降低行业投资风险。经过嘉庆年间顾鉴、顾大澜父子的

---

1　崇祯《吴县志》卷十《风俗》，总第887页。
2　迈克尔·马默（Michael Marme）：《人间天堂：苏州的崛起，1127—1550》，引自［美］林达·约翰逊主编、成一农译：《帝国晚期的江南城市》，上海人民出版社，2005年，第50—51页。
3　《皇清诰封通奉大夫显考春江府君行略》，《顾文彬家乘》，苏州市档案馆藏，全宗号030，目录号001，案卷号027。
4　同上。
5　同上。
6　《顾文彬年谱》，苏州市档案馆藏，全宗号030，目录号001，案卷号026。
7　同3。

努力，顾氏家族初步实现了由被雇佣的城市平民身份向中等商贾身份的转型。

水运条件的便利、商贸市场资源的得天独厚，一方面使得"南壕为南北都会，市廛皆比栉次鳞，左右无隙地"；但同时也会带来一定隐患，"每火作则汲道不通，炎炎莫可救"[1]。虽有"廛于吴市之南壕"的徽籍商贾捐资数千缗"辟廛居左右各一丈"以防备不时之虞，但火灾问题仍时有发生[2]。顾氏家族便因举火不当而出现"家道中落"。道光二年（1822）壬午五月，顾鉴因病去世，顾大澜"衰毁尽礼，嗣因会计事烦，无人佐理，遂辍业改置田产，为先祖觅茔地搜山访水，足至重茧。久之得吉壤于下沙塘北石桥，方是办茔土"[3]。在此期间，顾大澜厌倦并放弃经营多年的油行生意，通过大量购置田产，试图转型为依靠田地收取地租的城市地主。然而道光三年（1823），因家中柴房失火，顾氏族人情急之下争相扶顾鉴灵柩而出，家中仅存"厅事数楹暂为栖止"[4]。嘉庆年间顾鉴、顾大澜父子积累的财富尽毁于火，迫使顾大澜于道光五年举家迁居闻德桥浜，"与江畹兰合开布号"，以前店后家的形式，"以内屋住家，以大厅及东落住号中各友"，以图通过转换经营方向来谋求家族生活境况的再次改善。但是由于道光年间，"岁不比登，万金之田息微税重，势不能支，因减价售去。而布号复连年亏折，府君乐善好施，宗族戚友待以举火者，周恒贫乏有求必应，告贷者踵接于门，或值匮乏，则典质以应之。由是家计大落，即布号亦不能支矣。十六年丙申迁居桐溪浜，十七年丁酉复迁居于申衙前"[5]。至此，顾氏家族由阊门外商贾汇

---

1　[清]汪梧凤：《松溪文集》。
2　乾隆十三年（1748），阊门外渡僧桥因遭火灾而倾坏，致使交通孔道受阻（苏州博物馆、江苏师范学院历史系、南京大学明清史研究室编：《明清苏州工商业碑刻集》，江苏人民出版社，1981年，第301—302页）。
3　《皇清诰封通奉大夫显考春江府君行略》，《顾文彬家乘》，苏州市档案馆藏，全宗号030，目录号001，案卷号027。
4　《顾文彬年谱》，苏州市档案馆藏，全宗号030，目录号001，案卷号026。
5　《顾文彬年谱》，苏州市档案馆藏，全宗号030，目录号001，案卷号026。

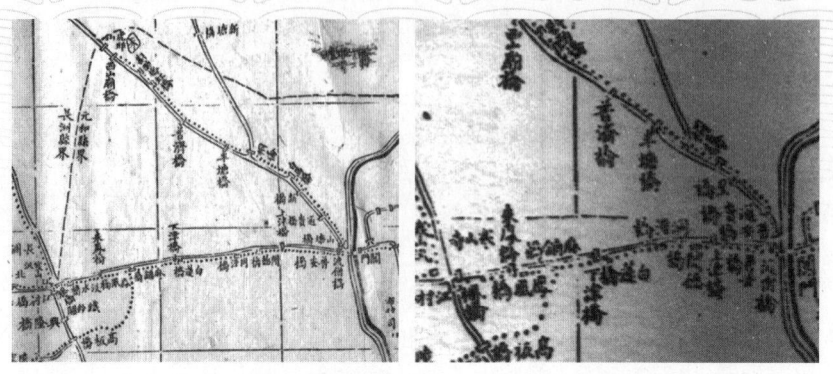

图 3：《五里图》之闻德桥、同泾桥位置图
图 4：《二里半图》之闻德桥、洞泾桥位置图
资料来源：苏省舆图局：《苏松常镇太五里方舆图》，复旦大学图书馆藏，同治刻本；苏省舆图局：《苏松常镇太二里半方舆图》，复旦大学图书馆藏，同治刻本。

聚之地又迁入城中居住。

  顾氏家族在道光年间的生活空间先后为由斯弄、闻德桥浜、桐溪浜和申衙前。其中，闻德桥浜在闻德桥下，该桥系苏州旧有桥梁，正德《姑苏志》载，闻德桥属"城外桥二百七十二"之一，与渡僧桥、普安桥、通济桥、洞泾桥、白莲桥俱为上塘街诸桥[1]。同治年间，由苏省舆图局绘制的《苏松常镇太五里方舆图》和《苏松常镇太二里半方舆图》皆有该桥的准确位置标识。至抗日战争时，闻德桥及附近朱家庄毛家桥下塘青孝桥，均被毁填埋。其具体位置如图 3 所示。

  据同治《苏州府志》载，"府城外长洲县治桥"中，"闻德桥，在石牌巷西，国朝乾隆二十三年重建"[2]。自该桥至杨家桥（北堍属无锡），"俱阊门外官塘至无锡县交界"，也是沟通苏州与无锡方向市镇的重要

---

1 正德《姑苏志》卷十九《桥梁上》，总 1158 页。
2 同治《苏州府志》卷二十三《津梁一》，总第 3878 页。

中转站和集散地[1]。此外，在阊门外闻德桥内的朱家庄附近，由于地面较阔，每至新年，"百戏竞陈，观者麕集，货郎蚁聚，星铺杂张，酒炉茶幔，装点一新，其热闹与元都相埒"[2]，"且四时无寥落之日"[3]。因此，顾大澜以闻德桥浜为重新置业的复起之地，也是看中其地理位置优势。

桐溪浜，苏州阊门外旧时地名。查明清苏州方志，阊门外无桐溪浜的地名名称，相近地名有桐桥浜和桐泾浜。其中，关于桐桥浜，道光《苏州府志》载有张光绪妻吴氏的殉夫事，其中，张光绪家住山塘桐桥浜[4]；又，同治《苏州府志》载，"桐桥，即古胜安桥，原名洞桥，在白公塘"[5]。查相关历史地图，民国《苏州城厢明细全图》（1921年，比例尺不详），桐桥东侧为桐桥湾[6]；在《最新苏州地图》（1938年，1∶10000）中，桐桥西侧为桐桥西圩，该桥东侧为桐桥东圩[7]。因此，桐桥浜当在桐桥东侧或西侧，且在东侧的可能性最大。关于桐泾浜，民国《吴县志》中记"诚善堂，在阊门外桐泾浜"[8]。在同治年间苏省舆图局绘制的《苏松常镇太五里方舆图》和《苏松常镇太二里半方舆图》中，

---

1　民国《吴县志》卷二十五《桥梁》，总第1413页。
2　[清]袁景澜：《吴郡岁华纪丽》之《正月》，江苏古籍出版社，1998年，总第81页。袁氏为嘉庆道光咸丰年间人物，"袁学澜字文绮，……世居尹山乡袁村，……兵燹后奉母迁居城中"（民国《吴县志》卷六十八下《列传七》，总第4897页）。
3　[清]顾禄：《清嘉录》卷一，上海古籍出版社，1986年，总第44页。顾禄（1793—1843），字总之，一字铁卿，自署茶蘑山人，嘉庆、道光年间苏州吴县人。
4　道光《苏州府志》卷二百一十七《烈女九》，第54页，总第7944页。
5　同治《苏州府志》卷三十三《津梁一·府城外元和县治桥》，第49页，总第3886页。
6　《苏州城厢明细全图》（1921年，比例尺不详），张英霖编《苏州古城地图》，古吴轩出版社，2004年。
7　《最新苏州地图》（1938年，1∶10000），地图资料编纂会，《近代中国都市地图集成》，日本柏书房1985年版。同样的标识见《最新苏州地图》（1949年，1∶22000），张英霖编《苏州古城地图》，古吴轩出版社，2004年。
8　民国《吴县志》卷三十《公署三》，第20页，总第1769页。

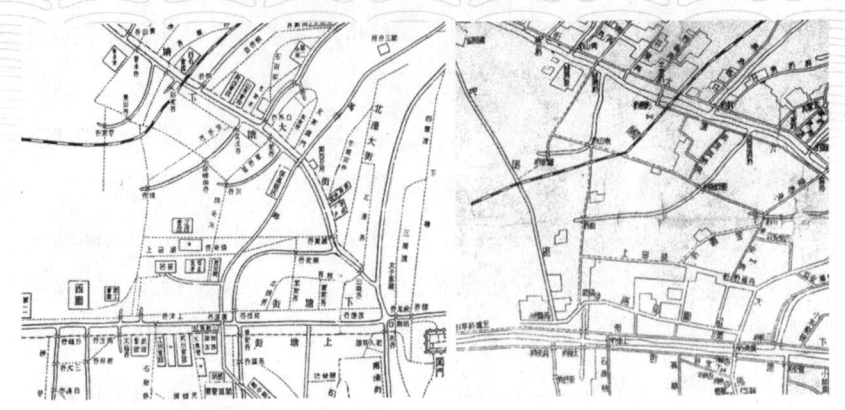

图 5：《苏州城厢明细全图》（1921 年）局部
图 6：《最新苏州地图》（1938 年）局部
资料来源：《苏州城厢明细全图》（1921 年，比例尺不详），张英霖编《苏州古城地图》，古吴轩出版社 2004 年版；《最新苏州地图》（1938 年，1∶10000），地图资料编纂会，《近代中国都市地图集成》，柏书房 1985 年版。

则有一处桥梁的两个名称"同泾桥和桐泾桥"[1]。在《苏州城厢明细全图》（1921 年，比例尺不详）与《最新苏州地图》（1938 年，1∶10000）中，上塘街的西园寺南侧皆标识为"洞泾桥"，该桥现名为桐泾桥，吴语方音中，洞同桐声韵相同[2]，制图者或因避讳改"同"为"桐"，或因避俗趋雅之好，改"洞"为"桐"。桐桥浜当在桐泾桥东侧。如图 5—图 6 所示。

桐溪浜的具体地点通过历史地图比对和方志材料查询尚不得要领，桐桥浜和桐泾浜最为接近，但尚需商榷。在嘉庆《吴门补乘》中偶得"朱莅恭《雅材堂初稿》，字肃征，休宁人，寓居阊门桐溪浜，弱冠能诗"[3]。

---

1 苏省舆图局：《苏松常镇太五里方舆图》，复旦大学图书馆藏，同治刻本；苏省舆图局：《苏松常镇太二里半方舆图》，复旦大学图书馆藏，同治刻本。
2 石汝杰：《吴语字和词的研究》，上海教育出版社，2018 年，第 162 页。
3 嘉庆《吴门补乘》卷七《艺文补》，总第 777 页。另，《词苑萃编》载："朱紫岑宅，在阊门外桐溪浜。前疎雨楼，任秋潭居之。后有萍花水阁，则为其子桂泉、任时霖读书地。"（冯金伯：《词苑萃编》卷八，嘉庆刻本）

由于朱芘恭乃乾隆时名冠吴下的诗文家，应该可以和苏州本地风雅之士多有诗文会友的雅事，因此从朱氏日常交从甚密的友人吴企晋、沙斗初、张昆南来看，他们"皆居西郭"，和朱芘恭所居桐溪浜"相去数百步"[1]。如此一来，只要能够查到吴企晋、沙斗初、张昆南三人的住址所在，就可以得出桐溪浜的具体位置。查王昶编纂的《湖海诗传》可得，"沙维杓，字斗初，长洲人"，"斗初与张昆南皆居下津桥，自号'两布衣'"[2]。下津桥，又名通津桥，位于阊门外枫桥路，跨上塘河[3]，目前尚存遗迹。从图3—图5标识内容来看，下津桥在白莲桥北，靠近上塘街。从下津桥向东700余米，即为闻德桥、桐泾桥（洞泾桥），而桐泾桥下则为桐泾浜，亦可判读为桐溪浜。该地位于桐泾桥（洞泾桥）和闻德桥之间，为顾大澜经营布号生意亏折歇闭后临时赁居之地[4]。

申衙前，原属苏州府北贞五图[5]，因明代万历年间首辅申时行宅第在此而得名。该街巷与郡庙前、朱明寺前在民国十七年（1928）全面拓宽，统称景德路，取名于景德寺。其中，中街路至黄鹂坊桥段为申衙前[6]。申宅，"在黄鹂坊桥东，今犹名申衙前，中有宝纶堂。后裔孙继揆筑蘧园，中有来青阁，魏禧为之记。其地先为景德寺，后改学道书院，再改为兵备道署，又废而为文定公宅。清乾隆间，刑部郎蒋楫（字济川，号方槎）居之，掘地得泉，号曰飞雪，蒋恭棐记之。后归太仓毕尚书沅，继为孙建威伯士毅宅。道光末，归汪氏，更名环秀山庄，即耕荫义庄"[7]。文中所提及的"孙建威伯士毅"为乾隆年间文渊阁大学士兼礼部尚书孙

---

1　［清］王昶：《蒲褐山房诗话》，清稿本。
2　［清］王昶：《湖海诗传》卷十二《沙维杓》，第437页。
3　江洪、朱子南等：《苏州词典》，苏州大学出版社，1999年，第364页。
4　《皇清诰封通奉大夫显考春江府君行略》，《顾文彬家乘》，苏州市档案馆藏，全宗号030，目录号001，案卷号027。
5　同治《苏州府志》卷二十九《乡都图圩村镇一·北贞五图》。
6　江洪、朱子南等：《苏州词典》，苏州大学出版社，1999年，第303页。
7　民国《吴县志》卷三十九《第宅园林一》。

士毅（1720—1796）[1]。至道光年间，孙氏子孙将故宅先后以典金的形式典出，其中，"大厅、厢房、翻轩、东西书房及楼"以典价五百千文的价格典给顾氏家族居住[2]。

通过对盛家弄、由斯弄、闻德桥、桐溪浜和申衙前等五个地图标识的考释，我们可以清晰地勾勒出顾氏家族为改变家族生存状态所做出的努力。顾鑑、顾大澜父子在主持家业之时，为降低异乡生存的风险，积极利用社会身份和生活空间的改变而出现地理流动来应对苏州城市的社会融入。他们从地理位置相对偏僻、生活成本相对较低的桃花坞搬移至水陆环境便利、"四方百货之所集"的南濠盛家弄、由斯弄一带。在这里，他们完成了社会身份的第一次转型，即从传统城市基层平民向略有资本的商贾转变。这种转变不仅带来顾氏家族生活境况的改善，而且推动了顾鑑、顾大澜父子在城市社会中向更高等级的社会地位流动。这实际上可以视为徽籍商贾整体在苏州城市的社会融入过程中，在不影响现存社会结构层次的前提下，通过社会身份的重塑和社会地位的抬升，客观上对清代中期江南特定的社会经济结构施加作用。

然而，顾鑑的骤然离世导致顾氏家族出现较为严重的危机，并有可能影响到顾氏家族的社会融入进程。具体表现有三：第一，顾鑑自患膈噎症直至亡故不及半年，顾大澜"衰毁尽礼"，短期内无法摆脱丧父之痛，这对于朝夕万变的商贸市场活动而言，颇为不利；第二，油行生意通常为顾鑑、顾大澜父子共同决策，顾鑑的去世，使得家族生意的管理层运转不畅，加之顾大澜"因会计事烦，无人佐理，遂辍业改置田产"；第三，因举火不当导致顾氏家族产业损失惨重，"家之中落始于此矣"。危机之下，顾大澜曾迁居闻德桥、桐溪浜，并耗费十余年精力和财货投入布号生意，但终以亏损歇闭、典居城中申衙前而暂告一段落。上述情形所

---

1 范君博：《吴门园墅文献》卷一《谈丛》，总第61页。又，"环秀山庄，在申衙前。清道光末年购于孙氏，建立宗祠。颜曰耕荫义庄，并筑别业曰环秀山庄"。
2 《顾文彬年谱》，苏州市档案馆藏，全宗号030，目录号001，案卷号026。

体现出的家族危机，的确影响到顾氏在城市社会中不同社会地位之间的社会流动，同时也促使顾文彬在治学、为官、收藏、理家等方面多有建树，并在困境中勇于任事、善于治政，重新推动家族在苏州城市的社会融入。

## 三、亦贾亦儒：顾文彬社会身份的重塑

　　顾锒、顾大澜父子在积极融入苏州城市社会的过程中，曾经试图通过三种社会身份的重塑来予以实现。第一种社会身份是经营油行、布号的商贾身份，第二种社会身份是改置田产、收取租银的地主身份，第三种则是从事儒学、备战科举的士子身份。其中，商贾身份虽经顾锒、顾大澜父子的努力，一度获得成功并改善了家族生活境况，但最终归于没落。而顾大澜投资田产改做地主的尝试，由于"岁不比登，万金之田息微税重，势不能支"，以至于出卖田产，"减价售去"。[1] 三种社会身份的尝试之中，尚可实现的，仅有从事儒学、备战科举的道路。不过，好在顾氏家族自顾大澜始，便对儒学经典颇有相通领会之才[2]，加之徽籍商贾素有"贾而好儒"的传统[3]，"他们相信儒家的道理可以帮助他们经商"[4]，从儒家经典中汲取各种智慧和养分。当然一旦经商致富获得生活境况的改善后，徽籍商贾家族会资助和发展儒学教育，即所谓"有功名教"是也[5]。

---

1　《皇清诰封通奉大夫显考春江府君行略》，《顾文彬家乘》，苏州市档案馆藏，全宗号030，目录号001，案卷号027。
2　"府君幼时受业于蒋实庵先生之门，先生爱其慧，期以远。"（《皇清诰封通奉大夫显考春江府君行略》，《顾文彬家乘》，苏州市档案馆藏，全宗号030，目录号001，案卷号027）
3　张海鹏、唐力行：《论徽商"贾而好儒"的特色》，《中国史研究》1984年第4期。
4　余英时：《中国近世宗教伦理与商人精神》，《儒教伦理与商人精神》，广西师范大学出版社，2004年，第126页。
5　梁仁志：《也论徽商"贾而好儒"的特点——明清贾商关系问题研究之反思》，《安徽史学》2017年第3期。

在这样的家族期许之下，顾文彬在九岁时即开蒙受教。道光十一年，顾文彬中举；道光二十一年，顾文彬中进士[1]。此后，顾文彬历任刑部主事、刑部员外郎、郎中、湖北汉阳府知府、武昌盐法道员、浙江宁绍台道员，后封荣禄大夫。其实，在顾文彬任刑部主事期间（咸丰初年），顾大澜已将家族从申衙前迁至铁瓶巷，转租王姓屋宇[2]。至同治三年，顾文彬在太平天国战争后，从上海迁回苏州铁瓶巷旧居。在此期间，顾文彬虽曾短暂出任浙江宁绍台道员，但多数时间皆在铁瓶巷家中从事"家务宗事"，"清口故业，抚助族姻，不复作出山计"[3]。此外，从《顾文彬日记》来看，顾氏多与地方官员保持良好正常的交往，不即不离，既不疏远，又不过于近密，基本上循规蹈矩，在官府的允准和掌握下，展开社会活动，从事社会公益事业，兼以身心愉悦，从事诗文唱和、金石赏鉴收藏雅事[4]。

在家族事务中，光绪初年，尚在浙江宁绍台道员任上的顾文彬返回故里，先购得苏州城阊门外刘蓉峰"寒碧庄"外园，后旋转给盛康建园，顾文彬另"于铁瓶巷宅后购地二十余亩，建武陵宗祠、春荫义庄"[5]，置办宗族义田，下设庄田，并建顾氏祠堂"湛露堂"数十楹。顾文彬对于家族事务上的投入，为恢复顾氏家族的生机提供了强有力的保障。其三子顾承所主持的年度祭祀仪式的"合法性"，从另一个侧面反映出顾文彬家族很好地融入了苏州城市社会。而过云楼和怡园的兴建，在某种意义上也是为了达到确保顾氏家族延续、发展的目的。

在社会活动中，顾文彬着力于兴建过云楼、怡园以结交地方士绅名

---

1 《顾文彬年谱》，苏州市档案馆藏，全宗号030，目录号001，案卷号026。另，嘉庆二十四年，顾文彬时年九岁。
2 《顾文彬年谱》，苏州市档案馆藏，全宗号030，目录号001，案卷号026。
3 "清故布政使衔浙江宁绍台道顾公墓志铭并序"，王颂蔚《写礼庼遗著四种》，民国四年（1915）刻本。
4 范金民：《晚清江南士大夫的致仕生涯——以顾文彬为中心》，《河北师范大学学报》哲学社会科学版，2021年第1期。
5 "顾子山观察词又一则"，清杜文澜《憩园词话》。

流和参与地方公共事务以结交地方官员两个方面。在"兴建过云楼、怡园以结交地方士绅名流"方面，由于太平天国战争期间，江南人口巨量损耗，乡村经济蒙受损失，地方驻防逐步恢复和重建，基层社会管理格局深度变革[1]。"苏省民稠地狭，大都半里一村，三里一镇，炊烟相望，鸡犬相闻。今则一望平芜，荆棘塞路，有数里无居民者，有二三十里无居民者。"[2] 冯桂芬估计战后苏南地区"孑遗余黎"，多者不及旧额的十分之三四，少者不及旧额十分之一[3]。其中，苏州府在道光十年（1830）的人口数额为3412694人，同治四年（1865）仅存1288145人[4]，三十五年间人口减少62.3%。作为太平天国战争前传统的阊门外商业区，在战争期间所受毁坏更为严重，这从客观上促使观前街由经济、文化的边缘走向中心，从而使中心的区位与经济文化和社会中心的地位重合，成为苏州的中心街区。同时，地方士绅在战后力图恢复昔日景象，以至于各私家园林景观开始重新建设。如时任江苏按察使李鸿裔着手修缮的"网师园"、湖北布政使盛康扩建的"寒碧庄"、时任江苏巡抚张树声整修的"沧浪亭"、沈秉成复建的"耦园"，另外还有俞樾"曲园"、洪鹭汀"鹤园"、吴云"听枫园"等。诸多私家园林中，过云楼和怡园地近观前街，遂为顾文彬与俞樾、吴云和李鸿裔等地方名流的聚会交往提供便利条件[5]。此外，顾文彬"在退隐后游观怡园的聚会中罗织和加强了与地方精英阶层的网络建设，顾氏的私人文化活动'以藏会友'，不断

---

1　刘耀：《太平天国失败后江南农村经济变化的再探讨》，《历史研究》1982年第3期；行龙：《论太平天国革命前后江南地区的人口变动及其影响》，《中国经济史研究》1991年第2期；徐茂明：《江南士绅与江南社会》，商务印书馆，2004年；黄鸿山：《晚清田赋加派与基层社会管理格局变动——以江苏"积谷捐"为中心》，《史学月刊》2015年第1期；顾建娣：《太平天国运动后江南驻防的恢复与重建》，《近代史研究》2020年第3期。

2　李鸿章：《李文忠公奏稿》卷三，上海古籍出版社，1996年。

3　冯桂芬：《校邠庐抗议》，上海书店出版社，2002年，第58页。

4　同治《苏州府志》卷十三《田赋、户口》。

5　顾文彬著，苏州市档案馆、苏州市过云楼文化研究会编：《顾文彬日记》，文汇出版社，2019年，第490—491、541、542、545页。

地促成与吴中士绅阶层的普遍联系，而苏州名流们的频繁造访使得怡园在诗文赞颂之中'营建'为地方士绅群体雅聚集会的中心之一"[1]。可见，顾文彬通过诗文交往，不仅有助于顾氏家族整体社会地位和社会声望的提升，更在无形中构建了相对稳固的地方士绅群体。

在"以藏治学、以藏会友"之外，顾文彬在致仕之后，多配合地方官员处理各类地方公共事务，并在参与过程中，与各级官员均维持着良好的关系。如处置丁戊奇荒捐赈事务、苏州当地赈济救难时为政府当局出谋划策，甚至亲力亲为，揣度前后情节，主持捐赈事宜[2]。更有顾氏长期主持育婴堂事宜，尤其是在顾文彬致仕居家时，苏州育婴堂已由程藻安董理，顾文彬对于董事的推举、经费的筹措、捐款的提供，以至堂董与摊捐者的纠纷等仍具话事权[3]。可以说，在处理地方公共事务的过程中，顾文彬并未因为年龄的增长而退隐家中不问世事，反而以其干练的处事能力，将其苏州地方士林领袖和地方缙绅的社会身份进一步固化。因此，上述这些家族活动、社会活动的表象之下，实际上更能体现出顾文彬围绕顾氏家族在苏州城市的社会融入、社会身份重塑，以求社会地位的长期维持和延续。

## 四、结论：理性抉择与社会流动

苏州安徽籍商贾顾文彬家族在清代中晚期为融入苏州地方社会，先后经历了"因贾致富、贾而好儒、亦贾亦儒"的社会身份转型之路，这条道路在当时不失为一条更加符合顾氏家族的地缘性惯性思维的发展道

---

[1] 陶大珉：《过云楼顾氏家族书画鉴藏活动研究》，中央美术学院2004年硕士论文，第48页。
[2] 顾文彬著，苏州市档案馆、苏州市过云楼文化研究会编：《顾文彬日记》，文汇出版社，2019年，第441、452、463、472页。
[3] 顾文彬，苏州市档案馆、苏州市过云楼文化研究会编：《顾文彬日记》，文汇出版社，2019年，第488、546页。

路。虽然同样地缘的其他徽籍商贾在相似的进程中，或有大起大落的跌宕起伏，或有看似平稳却有暗潮涌动的不归之路，抑或有一帆风顺的康庄之行。但地缘关系之下，谋求生存与发展成为顾氏家族提升血缘凝聚力，在社会身份的重塑中进行理性抉择。与此同时，顾氏家族的职业经历与生存空间的地理流动紧密相关，顾文彬祖父顾鑑主持家业时，从世居桃花坞前往阊门外南濠盛家弄、由斯弄，这不仅仅是一种因职业变更而出现的地理流动，更应该视为徽籍商贾在转型期中必要的生存风险承担。这种生存风险承担在某种意义上推动了顾氏家族在苏州城市社会阶层地位的垂直变动。尽管由于举火不当而致产业受损，但顾文彬父亲顾大澜举家再次从由斯弄前往闻德桥、桐溪浜一带，通过与人合作经营布号来维持这种相对稳定的社会阶层以及相应的生活境况。

在此过程中，徽籍商贾"贾而好儒"的传统理念在顾大澜、顾文彬身上得以继承和发展，顾大澜虽因协助顾鑑经营油行生意而半途放弃儒学深造，然而"好儒"的思想促成顾大澜寄希望于顾文彬，期冀顾文彬可以通过"亦贾亦儒"来实现家族社会地位的稳定和进一步提高。顾文彬中科举，入京为官，充任各级地方官吏，并最终在同光之际，通过"以藏治学"来教养子孙治学之道，通过"以藏会友"来交往苏州地方社会精英，通过"以藏固本"来参与地方事务，俨然成为苏州地方士林领袖。由此，顾氏家族作为地方缙绅的社会身份得到进一步固化和延续，顾文彬之后，顾承、顾麟士、顾公柔等皆成为苏州地方社会事务的主持人和重要参与人。

综上所述，通过对顾文彬家族从身份重塑、地理流动和社会融入的视角展开相应研究，来探讨江南士绅阶层在国家与地方之间通过怎样的行为举措来谋求自身阶层的上升空间，继而固化新阶层的稳定性，可以成为研究清代中晚期江南城市社会群体结构变迁的增长点。

**参考文献：**

1.《顾文彬年谱》，苏州市档案馆藏，全宗号030，目录号001，案卷号026。

2.《顾文彬家乘》，苏州市档案馆藏，全宗号030，目录号001，案卷号027。

3.［清］顾禄撰：《清嘉录》，上海古籍出版社，1986年。

4.王卫平著：《明清时期江南城市史研究：以苏州为中心》，人民出版社，1999年。

5.冯桂芬著：《校邠庐抗议》，上海书店出版社，2002年。

6.余英时著：《儒教伦理与商人精神》，广西师范大学出版社，2004年。

7.张英霖编：《苏州古城地图》，古吴轩出版社，2004年。

8.［美］林达·约翰逊主编，成一农译：《帝国晚期的江南城市》，上海人民出版社，2005年。

9.［清］王昶著：《春融堂集》，上海文化出版社，2013年。

10.石汝杰著：《吴语字和词的研究》，上海教育出版社，2018年。

11.［清］顾文彬著，苏州市档案馆、苏州市过云楼文化研究会编：《顾文彬日记》，文汇出版社，2019年。

12.沈慧瑛著：《过云楼档案揭秘》，古吴轩出版社，2019年。

# 从吴昌硕与顾麟士交往看对他的艺术创作影响

祝兆平

（过云楼研究会）

**【摘　要】**本文通过19世纪晚期，中年时期的吴昌硕在寓居苏州几十年间与世家名士过云楼传人顾麟士（鹤逸）的结识交往和深度书画艺术创作交流过程，再现和证明了顾麟士对于吴昌硕从生活上到艺术创作上的帮助和影响。虽然，后来吴昌硕主要到沪上发展并成为海派书画的领军和代表人物，但不可抹杀和否认其在苏州的一段生活和艺术创作在其书画创作风格形成和巨大创作成就上的积极和正面的影响。

**【关键词】**吴昌硕；顾麟士；怡园画社

吴昌硕（1844—1927），名俊，又名俊卿，初字补香，中年以后更字昌硕，别署仓石，号缶庐，又号苦铁，晚号大聋、老缶等，浙江湖州安吉人。作为"清末海派四大家"之一的吴昌硕，集"诗、书、画、印"诸艺于一身，在近现代艺术发展史上是一个承前启后的关键人物。纵观他一生的生活艺术经历，主要在湖州安吉、苏州和上海三地。

从时间段看，吴昌硕在三十七岁之前一直生活在湖州安吉，尽管成年以后就经常活动于嘉、杭、苏、沪一带求艺访友。光绪六年（1880），吴昌硕开始定居苏州。1882年，吴昌硕将家眷接到苏州，宅居于邻近寒山寺的西母巷之四间楼，名之缶庐，直至宣统三年（1911）六十八岁时移居上海。1913年，携家眷搬入北山西路吉庆里九百二十六号一所三楼的石库门宅院中的"去驻随缘室"，从此结束了长期奔波于苏沪两地的生活。吴昌硕在苏州生活的三十来年，可以说是他生命中一段很长很重要的生活经历。

但是，几十年来，吴昌硕身后的诸多传记、回忆或纪念文章，很少有专门写到吴昌硕在苏州的生活和艺术创作的经历，比如吴昌硕的文孙吴长邺（志源）撰写的《我的祖父吴昌硕》（上海书店出版社1997年出版）一书中不止一次提到"得到苏州三大收藏家（吴大澂、吴平斋、潘郑盦）的赏识，遍观三家珍藏的古代金石文物和名人书画真迹，大开眼界"。但对曾经长期与之来往密切并留下了吴昌硕写给其七十多封信札的过云楼及传人顾麟士却提及不多，除了提到数次给顾麟士题画及作序跋之外，顾麟士及怡园画社雅集与这位外来的新苏州人艺术家从生活到艺术交流的深度交往几乎没有提及，因此顾麟士和吴昌硕有着非常深度交往的事迹更加不为人知，但这段在苏州的漫长生活经历应该是吴昌硕人生中非常重要的生存、发展和变化的阶段。本文就试图以历史留存的一些关于吴昌硕在苏州生活和艺术交往的材料，来说明他在苏州的这段生活和求艺的经历对于他后来成为近现代"海派书画"卓然大家和代表人物所产生的作用。

一

吴昌硕在三十岁左右就开始游学于嘉兴、杭州和苏州、沪上一带，而苏州是他游学书画篆艺的重点。《吴昌硕年谱长篇》记1873年"邕之老友别十二年。甲申九月遇于吴下，论心谈艺，依然有古狂者风"。

此条还记了在十二年前,因金杰介绍,在沪上得识画家高邕之。1874年(甲戌)又记:"是年秋,赴嘉兴,因旋旭臣之介,得识金铁老,同客奎屯筱舫(文澜)曼陀罗斋,又同游苏州,铁老授昌硕先生识古器之法。"同年八月,"为周作镕篆书缉棠碧梧八言联","古桃吴俊书于吴门苍寿庐"。时年三十一岁。同年十月,又有"客苏州,结交顾潞、周作镕、李嘉福、吴谷祥、蒋玉棱,为之治印"。1875年,昌硕返湖州,"馆陆心源家,间协助心源整理文物"。数年后的1879年,吴昌硕于九月间又游苏州,"时客吴大澂家,为古钟拓片补梅花,潘祖荫题署"。同年,又去上海与任伯年、蒲华游。直到1880年,"二月,馆于吴云两罍轩",开始定居苏州。"三月,又赴吴下,寓两罍轩,为周作镕、方濬益、林福昌、顾潞、朱子榛、吴云刻印。"1882年,昌硕三十九岁。"四月九日(5月25日),金杰赠以古缶,遂以缶命其庐,缶庐为别号。作《缶庐诗》志之。"

  吴昌硕是什么时候与顾麟士相识并交往的呢?精准时间已很难考。在《年谱》中最早提到顾麟士是在1882年的夏季,"夏日,为顾麟士题棱伽山民《钟馗图》"。按常理来看,至少在这之前,他们应该已经认识。在当年的农历十二月底,还记载了吴昌硕将家眷接来苏州之事。此记颇为重要。"因故里不宁,春携眷宅居苏州西亩巷之四间楼,地近寒山寺。当时鬻艺生涯清淡,不足以赡一家生计,友人荐作佐贰小吏以维家计。佐贰指县丞。"1883年,昌硕四十岁。"三月初八,访叶昌炽于常熟客舍",查叶昌炽《缘督庐日记》,"初八日,吴俊卿来,持到醉丈书,聘金二十两,述郑庵尚书意延课其介弟"。七月初二,"访潘祖荫于苏州寓所,为之刻'井西书屋'印"。此条对于研究吴昌硕亦颇重要。查《潘祖荫日记》七月初二日,"吴苍石(俊)刻'井西书屋'印"。四日后初六记:"行草、诗文俱好,湖州人。"据《潘文勤公年谱》"九年癸未五十四岁"条下记:"(治父丧)四月二十日扶榇南旋,二十九日抵里,赁屋金太史场,恭奉灵柩于画禅寺。……在里杜门不出。"吴昌硕之谒潘祖荫,就在金太史场寓所。据《简编》称:"是年在苏州因潘廋羊（钟瑞，祖荫族兄）之介，与著名收藏家潘郑庵（祖荫，字伯寅）纳交，得遍观潘所珍藏历代鼎彝以及古今名家手迹。""七月，潘祖荫赠金文拓片，有题周吴方彝盖（册页）志之。""郑庵尚书持赠，昌石吴俊记。"1884年二月，为潘祖荫题古埙（十二）拓片。同题人先后有：方濬益、张之洞、赵烈文、李文田、李鸿裔、李慈铭、沈秉成、吴大澂、俞樾、王懿荣、潘钟瑞、潘韡园、叶昌炽。十月，与潘钟瑞游寒山寺，归舟泊齐门外，又夜游北寺。隔几天，又"偕金心兰、汪苣、顾潞、潘钟瑞同赴天平山看红叶"，秋游苏州郊区各景区。

查《年谱长编》，直到1886年，吴昌硕四十三岁时，才有游怡园与顾麟士见面的记载："六月八日，游顾麟士怡园得诗《游顾氏园林》，行书扇面赠沈汝瑾。"而根据数年前发现刊行的《过云楼藏吴昌硕信札》（谢公麟编，中国美术出版社2017出版）中吴昌硕写给顾麟士的七十几封信札，研究发现其中大部分信札写于吴昌硕四十多岁至六十岁这个年龄段，个别信札写于晚年。而从这些信札的内容可以充分看出吴昌硕在苏州生活期间，与顾麟士的生活人情交往和艺术交流。

从这些书札的具体内容看，一类是关于生活及人情交往的。吴昌硕虽然在年龄上要长顾麟士二十一岁，但二人在金石书画方面的志趣很是相投，而因生计而客居苏州的清平小吏吴昌硕与世家子弟顾麟士的家境有很大的不同，在书画创作方面，当时的吴昌硕虽然才气已有所显现，但总体尚处于初期发展阶段，而顾麟士出身于书画创作和文物收藏世家，很早就已成名，作为顾文彬的孙子、收藏甲富天下的过云楼和怡园的传承者，是享誉江南的收藏界和书画界的大伽，两人的经济社会地位和对书画界的影响还是存在一定的差异的。可是，顾麟士无论在生活人情交往上，还是在书画艺术的交流中，都真情实意地视吴为老兄，为吴昌硕提供了许多无私的帮助和支持。

同为吴昌硕和顾麟士好友的清末名士冒广生曾在《鹤庐记》中写道："余来吴门游顾氏之园屡矣，因得识吾鹤逸（顾麟士），而余友吴子昌硕又时时为余称道鹤逸不云口。"此文作于光绪二十六年（1900）五月，正是吴顾二人在苏州交往最密切的时期。尽管在后世出版的多种吴昌硕传记中对于吴与顾的笔墨皆无多，但这段文字足以证实吴昌硕和顾麟士的交往之深和友情之厚了。

再来看看吴昌硕写给顾麟士的一些信札，如《枉顾札》："鹤逸六兄亲家鉴，今春承枉顾后，弟卧病甚剧，未得握手一谈，抱歉无已。兹有临桂夔笙况先生作姑苏之游，欲就鸿达谈艺为乐，属为介绍，祈相见接谈为幸。敬颂道安。缶弟顿首。五月廿日。"此札为介绍朋友札。所介绍者况夔笙，名周颐，广西桂林人，近代著名词人，为"晚清四大家"之一。出身官宦之家，二十岁中举人，任内阁中书、会典馆纂修。光绪二十一年（1895），任知府于浙江。1907年，以缪荃孙之荐，入两江总督端方幕，并执教于武进龙城书院和南京师范学堂。辛亥革命后，定居上海。从此信札不难看出，一是吴昌硕与顾麟士的关系绝非一般，二是作为世家子弟的顾麟士的豪爽重情和喜欢广交朋友的名士派头。

再如《情深札》："西津先生惠鉴，今春得以周旋，乃蒙情深，东道饫我盘餐，余味在口，江湖之兴一舒。回忆寻秋鼓棹，泼墨图松，忽忽已十余稔矣。光阴过隙，为之黯然。"此信中透露出来的信息，更是丰富多情。作为朋友，顾麟士对于身处困境的吴昌硕给予了很多的帮助，吴昌硕是心存感激的，故在信札中不仅专门提到当年春季得到顾麟士为其交际做东设宴之助，而且还深情回忆了十多年前和顾麟士一起买舟秋游、以画会友、合作泼墨画松的快乐时光。

《失候札》："失候，抱歉。淇泉太史在此，恐无几日耽阁，拟与兄合请吃局，即假名园（菜蔬贵精不贵多），可否？即求定期示悉。唯弟甚忙，请事欲求偏劳（即由尊处去请），应请陪客，亦由兄拟，大约藻卿必须在坐也，以外或心兰、屺翁、茶邨，总求我鹤逸六哥费神。"此信中所提到的人物，都是江浙地区的著名文人，也都是顾麟士与吴昌硕的好朋友。淇泉，即沈卫（1862—1945），字友霍，号淇泉，浙江嘉兴人。清光绪二十年（1894）甲午恩科进士出身，官翰林院编修、甘肃主考、陕西学政，是于右任的老师，善诗文、书法，晚年居沪鬻书，推为翰苑巨擘。吴昌硕墓门前柱上的对联，即沈卫所撰。藻卿，即沈翰，字厚安，号藻卿，沈卫之兄，沈钧儒之父。心兰，即金瞎牛（1841—1915），长洲（今属苏州）人，金氏工山水、花卉，墨梅尤具特长。长期往来上海，以鬻艺为生。晚年病目，失视后又复明，画益近古，著有《金瞎牛诗集》。屺翁，即费念慈（1855—1905），字屺怀，号西蠡，晚号艺风老人，江苏武进人，光绪十五年（1889）进士，改庶吉士，授编修，工书、精鉴赏，兼长山水画。茶邨，即顾潞，又名顾思潞，字茶村，长洲人，性木讷，善绘画。其中除沈氏兄弟，其余几位和顾麟士、吴昌硕都是"怡园画集"的主要成员，都是画中好友。

从信札看，此次吴昌硕主要是想在顾氏怡园宴请在苏州"恐无几日耽阁"、即将赴任陕西学政的沈氏兄弟，建议由顾麟士出面请客，顺便组织一次怡园雅集。一方面是给顾面子，以他的名义出面接待即将远赴上任的贵客；一方面是敲仗义豪爽的顾老弟一次竹杠，让他掏口袋做一次东，也是多一次怡园画社雅聚欢谈和交流切磋艺术的机会。另外，信中直言相待，毫无虚伪客套之言，也充分说明了吴昌硕与顾麟士的交情之厚，用现在的话说叫搭得够。

纵观那段时期顾麟士对吴昌硕的帮助，绝不仅仅在于物质生活交往中，而且还体现在精神方面和书画鉴赏技艺的切磋和合作之中。作为甲富江南的艺术与古董收藏大家的过云楼主和创办怡园画社（雅集）的盟主（第二任）、召集人，顾麟士既没有将过云楼收藏的稀世珍宝深藏不露，秘不示人，也从无炫耀之心，显富露阔，而是毫不小气地与一些和自己意气相投的书画收藏界朋友共同鉴赏，相互交流和分享。

## 二

根据谢公麟研究，吴昌硕自述"五十学画"，画史论及吴昌硕学画，都会提到任伯年对其影响。他1883年结识任伯年，1887年移居上海后，与任伯年的交往更加密切，并正式拜任为师入门学画，当时吴昌硕已经四十多岁,所以一般认为吴昌硕初学画的启蒙老师是任伯年。据郑逸梅回忆,任伯年以梅竹稿给吴昌硕临摹,并对他说:"你是能书的,不妨以篆隶写花,草书作干,变化贯通,不难得其奥诀。"可以说,任伯年对吴昌硕走上绘画道路和形成个人笔墨风格是起了关键作用的。但实际上,吴昌硕虽然受任伯年的影响巨大,可他并不专师一家,更不墨守成规,凭借其极高的艺术天赋和金石、书法、诗词的功底,博览多采,转益多师,古今各派大师名家,均能取其所长。比如在吴昌硕众多画作的题款中,经常可以看见"拟某某人法",这里面既有明、清以来的写意画大家,如青藤(徐渭)、雪个(八大山人)、复堂(李鱓)、晴江(李方膺)等;又有与吴昌硕时代接近或同时代的画家,如孟皋(张学广)、桂岩(张赐宁)、范湖(周闲)、立凡(任预)等。根据《年谱》记载,吴昌硕在认识任伯年之前的三四十岁时,在精研篆刻和书法的同时,已开始绘画创作并有记录。而且吴昌硕在认识任伯年之前就早已在游苏州时认识了顾麟士并与之交好。

吴昌硕学画是从临摹前人作品开始的,而他所临学的这些人的画作,特别是不少名家真迹,很多就是借助于顾麟士的收藏,在其给顾氏的信札中,有大量篇幅是关于借摹或归还过云楼所藏各家画作的信息,如《游目札》:"立凡画二帧,挂之壁间,游目数日,未能窥其涯略,渭长可谓有子矣。兹奉缴,乞鉴入。专谢。"《新罗札》:"新罗、忘庵二册,乞假一观,或检二三种临之即缴也。"《倪册札》:"倪册、冬心册(小册在内)、广东花册,一并奉缴,助我画兴不穷,深感深感。……存伯四幅尚在弟处,数日后再缴。"《范湖札》:"范湖画四幅奉缴,乞鉴收。临之再四,不能形似,可笑可笑。然笔下稍得门径,皆兄之赐也。"《桂岩札》:"请鹤翁检入。弟俊叩谢,承示桂岩画,气魄横出,不可捉摸,真神龙也。再读,少觉胸内勃勃有云起,徒仰慕而已。遵命午前奉缴。"《春水札》:"日昨感扰,至今饱。往奉缴册页二本(僧弥、南田),纨扇一柄(秋农),春水词,石鼎扇,共五件,乞检入。"《正奉札》:"正奉条,尊使持孟皋画来,得观,谢谢,十一日必缴也。"

上述信札中记载了吴昌硕借摹顾家的过云楼所藏的周闲（范湖）、任预（立凡）、华岩（新罗）、王武（忘庵）、邵弥（僧弥）、恽寿平（南田）、吴谷祥（秋农）、金农（冬心）、张赐宁（桂岩）、张孟皋等名家的作品，这里仅摘录了几通信札，实际上吴昌硕所经眼经手的名家作品要多得多。如今所见吴昌硕题有"拟某家法"的画作，其创作年代基本上与他写这些信札的时间相吻合，而这段时间正是他绘画技法迅速成长的重要阶段，也正是他定居苏州的时间段，而顾麟士在这段时间中对他生活和绘画创作的帮助和影响是非常重要的。

吴昌硕不仅在临摹古画及一些名家作品时求助于顾麟士的收藏，在绘画创作和鉴定方面也虚心向顾麟士请教。在他眼中，顾麟士家富收藏，又是家学渊源，得历代名家真迹时而习之，乃画学之正统，而自己学画既无师承，且有粗犷之气，只能欺蒙不懂中国画的日本人而已，因此希望顾麟士对他的创作时有以教之。如《枇杷札》："弟画得手卷，其粗已甚，本拟持以就正，今借来使呈之，望赐一看，祈指摘为荷。复我数行，俾有进益，尤感。"就如一个文人写了篇文章或诗词，发表之前先请自己所敬仰信赖的师友提提意见，把把关。还有如《大松札》《惠纸札》，顾麟士不仅对他的作品进行品评，而且还惠赠宣纸给他，使他心存感激，而信中讲到请顾麟士指正的画作，主要是山水、松树等吴氏所不擅长的绘画题材，而这正是顾麟士绘画的强项。因为吴昌硕的绘画创作主要成就并不在山水，故后人就不太在意顾麟士在绘画创作上对他的影响了。

在20世纪30年代初，吴湖帆曾经给叶恭绰写了一封信，对准备赴德国柏林参加中国美术展览会的作品选择提出了自己的看法。当时，叶恭绰是这个展览筹备委员会的副主席（主席是蔡元培），吴湖帆是负责遴选作品的专家。就在遴选历代画作的过程中，吴湖帆针对另一位负责拟定《历代画家系统标准画表目录》的美术理论家滕固在选择画家的观点提出了自己不同的看法。他在信中写道："在滕君目中似以吴仓石（吴昌硕，字仓石）中心人物，然在吾辈专门画家方面观之，吴仓石虽有偏禅的地位，究不能当砥柱。总以直接董、王（董其昌、"四王"）一脉下来为正觉。故汤、戴（汤贻芬、戴熙）自为关键。同光以还则先尚书公（吴大澂）与顾若波、陆廉夫、顾鹤逸诸人皆正式山水专门家……故以顾鹤逸为断。"而此时，吴昌硕、顾麟士已都不在世了，论辈分，都是他交好的前辈，他提出自己的看法完全是出于对中国书画艺术的敬重和严肃负责的态度，因此也比较说明问题。

另外，在鉴定方面，吴昌硕也从顾麟士那里获益良多。顾麟士是当时首屈一指的鉴定家，吴昌硕的信中常有鉴定方面的问题向顾请教并与之进行探讨，其中并不局限于书画，常涉及碑帖、器物等。如《再奉札》："再奉去二拓本（散盘、召鼎），祈法眼一定真赝。"《昨晤札》："奉去《曹全》一本，拓甚精，祈法眼一鉴，是何时拓手。'因'字未有，'乾'字固未穿也。示知为稀，碑望即掷回。"还有如《天池札》《走访札》《索题札》等也都涉及鉴定方面的内容。

虽然顾麟士小吴昌硕二十岁出头，但两人是亦师亦友的关系。在山水画的创作、书画文物的鉴定和画史研究上，顾麟士是吴昌硕的老师；在书画生意上，两人又是亲密的合作朋友，他们的合作包括互求字画、代收润银、顾为吴代笔等，信札中对这些内容也有涉及。如《十二羊札》："册叶与杨某（梅）同奉，画劣，十二羊（洋）牵入，惭愧惭愧。"《来扇札》："来扇五页，包皮上欲求书，而各扇匣又写'求绘'，老哥处来，弟无不可，不知究竟欲书欲画耳。鹤翁六兄示明为荷。"《不晤札》："数日不晤，念甚。奉上一卷。旭庄观察属画松于引首，弟已约略貌其意，求大笔添补代成之。因裱就不善画耳。叩期如捣蒜，如何？"还有《足疾札》："兹有恳者，前松江府陈太尊命作《峰泖宦隐图》，弟告以不能画山水，而太尊必强之，不得已，求兄起一草稿，弟当依样图之，然只须粗疏笔法，若细腻者，弟又不能学步矣。"吴昌硕在信中，不仅承认自己"不能画山水"，还要求顾为自己起草画稿，且"只须粗疏笔法"，如果是细腻笔法的山水画自己又学不来。

从以上所引信札内容不难看出，顾麟士对吴昌硕的帮助从生活到切磋合作绘事，是多方面的，可谓无微不至。而吴昌硕对顾麟士给予的帮助，一方面心存感激，同时，这种感激又是建立在相互敬重、平等的基础之上的，没有丝毫卑微低下之气，这说明两人当时虽然有贫富之差，却无贵贱之别。在双方心目中，都把对方看作是自己意趣相投的朋友，在书画创作和合作方面更是相互信任，以诚相待，相互帮衬。

## 三

1913年，六十九岁的吴昌硕由王一亭介绍，举家迁往上海山西北路吉庆里定居。当年，被推举为西泠印社第一任社长。在此之前，他已经将艺术交往和市场重点转移至杭州和沪上，并在上海与高邕之、钱吉生、张善孖、王一亭、杨东山等发起成立上海豫园书画善会。1914年，在王一亭这个拥有雄厚经济实力和社会影响的画家好友的赞助和推动下，七十岁的吴昌硕在沪上举办了首次个人书画展，轰动了全国。这时的吴昌硕已经成为名扬海内外的海派画家代表人物。

吴昌硕作为近代海派画家的代表人物，一生与名人的交往之广恐怕是很少有人能与其匹敌的。吴昌硕一生结交的朋友数以百计，因此，在某种意义上说，吴昌硕的艺术发展史，也是一部独特的个人交往史。

除他在书画篆刻收藏界的交往，与任颐（伯年）、任预、蒲华、陈曼生、顾若波、赵之谦、邓石如、陆廉夫、徐之庚、钱松、吴熙载、张瑞清、杨岘（见山）、沈石友（汝瑾）、费念慈、吴大澂（愙斋）、吴云（平斋）、瞿启甲、陆心源、叶昌炽、陈三立、沈曾植及他弟子一辈的吴徵（待秋）等，还大量结交文人名士及政商名家，如与俞樾（曲园）、李慈铭（越缦堂）、李鸿裔、张之洞、赵烈文、翁同龢、盛宣怀、张謇、潘祖荫、李超琼、张鸣珂、康有为、梁启超、郑孝胥、汪大燮、冒广生（鹤亭）、王国维、罗振玉、缪荃孙、徐珂、孙毓修、张元济、章太炎、苏曼殊、赵凤昌、曹元忠（君直）、张一麐、李根源等都有书信诗文或书画往来及交往。但他中年时期客居苏州时与怡园书画会的交往在他一生中仍然占有重要地位，特别是他和顾麟士的友谊显得比较深厚和突出，可谓持续终生。

　　吴昌硕一直称自己五十岁后才学画，那是他谦虚，表示以前的画不足观。其实吴昌硕近四十岁时到苏州在府衙做一名小吏养家之前，二十九岁时就在安吉正式拜师潘芝畦学画，并在四十岁时结识了任伯年。吴昌硕到苏州定居阶段，正是对篆刻书画兴趣浓厚的时候。有人认为吴昌硕从三十多岁到五十岁的一段时间，是他绘画艺术的第一个时期——启蒙期，而这一段时间正是他在苏州和顾麟士及苏州历史上第一个画社——怡园画集的一批画友，如画社首任盟主吴大澂（顾麟士为第二任盟主），以及吴秋农、顾若波、陆廉夫、翁绶琪、倪墨耕、任立凡、金心兰、费念慈相识、相交、相知的友谊交往的最密切的阶段。而吴昌硕客居苏州时，苏州怡园画社诸师友也都不把从浙江安吉过来的他当作外人，把他吸收为怡园画社的一员。他们经常在怡园雅聚，切磋书画技艺和心得，交流书画及收藏界各种信息，很快吴昌硕就以自己的学问、才艺和人品得到大家认可，并成为怡园雅集最活跃的成员之一，而顾麟士和过云楼的名画收藏对吴昌硕的帮助，怡园画社诸多画家的切磋交流对吴昌硕的艺术成长和影响都是有益和持久的。吴昌硕天资聪颖、勤奋努力，加上人际交往和活动能力超强，交往广博，几十年间，他在近代书画史上脱颖而出，终成一代大家。

**参考文献：**

1. 朱关田编：《吴昌硕年谱长编》，浙江古籍出版社，2014 年。

2. 谢公麟编：《过云楼藏吴昌硕信札》，中国美术学院出版社，2017 年。

3. 湖州市博物馆编：《水流云在见文章——吴昌硕致丁啸云手札》，中华书局，2016 年。

4. 吴长邺著：《我的祖父吴昌硕》，上海书店出版社，1997 年。

5. 郑以墨编著：《吴昌硕》，山西教育出版社，2012 年。

6. 陈定山著：《春申旧闻》，海豚出版社，2015 年。

# 盛康购留园年代"疑案"再考
## ——兼论顾文彬书信札文

周苏宁　程斯嘉

（苏州市风景园林学会）

**摘　要**：由于历史文献上的记载多有矛盾，晚清时盛康购买留园的年代，一直存在两个不同的记载，即同治十二年（1873）和光绪二年（1876），这已成留园近代史上的一个"疑案"。顾文彬书信札文献公开出版后，为人们解开这一"疑案"提供了有力的佐证。此文，即是在认真研读顾文彬书信札《宦游鸿雪》的基础上，对盛康购买留园的年代再作全面考证，以力求还原历史的本真，并从中得到某些启发。

**关键词**：盛康；留园；顾文彬书信札；疑案

盛康购买留园的年代是苏州地方史中的一个"疑案"，多年来，有关专家学者多有考证，近来有专家以顾文彬《过云楼日记：点校本》（文汇出版社 2015 年 3 月版）为引证，重提此题，也引起我们关注。为此，我们在认真研读顾文彬《宦游鸿雪》1—4 册（文汇出版社 2020 年 10 月版）的基础上，对相关文史再作爬梳，考证如下。

## 一、《留园志》所记时间的考证

以盛康本人撰写的《留园义庄记》所记"同治十二年"为准，是众多专家学者经过对各种历史文献进行深入研究和反复论证后得出的结论。这些文献资料有公开的，也有未公开的（包括顾文彬的有关史料文献），有古籍、个人文献、近现代各种有关留园的文章等，也有其他文物如碑石、拓片、匾额等。采用"同治十二年"的理由主要有：

### 1. 以留园主人撰文为准，是修史通常的方法

盛康撰写的《留园义庄记》，写于光绪十八年，所记内容多与历史记载相符，比如文中说："同治六年丁卯，余自武昌奉讳回籍，遵遗命于常州河南厢磨盘桥左建设义庄，以拙园名之。拙园者，先大夫光禄公晚年自号也。迨十有二年癸酉，复于苏州阊门外花步街购得刘氏寒碧山庄，易名曰留园，因自号留园主人。"这样的大事记录，应该不会记错。其中"同治六年丁卯，余自武昌奉讳回籍""迨十有二年癸酉，复于苏州阊门外花步街购得刘氏寒碧山庄，易名曰留园"，均有旁证可考。如，同年由俞樾所作的《盛氏留园义庄记》就持相同说法，并请当时著名篆刻家"勾吴钱邦铭"镌石，古代镌石，是一件非常严谨、权威的事，"是中国文化中纪念和标准化的主要方式"（美术史家巫鸿），可称为精英之作，应该更为可信，所以称为"树碑立传"。

### 2. 留园义庄之经营

从留园义庄的成立、宗旨、原则、目的、经营以及家善堂开设时间等一系列事件上，亦可对盛康同治十二年购得留园作时间线索的研究，可以佐证"同治十二年说"（由于篇幅所限，有关"留园义庄经营研究"将另以专文论之——作者注）。

### 3. 同时代的志书记载

清同治时由著名思想家冯桂芬（1809—1874）主编的《苏州府志》卷四十六第宅园林记载："寒碧山庄在城西花步里，刘观察恕所居。……同治十三年改建二程夫子祠。其外园归盛方伯康，改名留园。"同治《苏州府志》是清代最后一部官修府志，一直被史家赞誉，被列入善志之林。秉承实事求是之精神，当时人记当时事，更为可信，是一个有力的史证。[《苏州府志》这部开局于同治八年、纂修至同治十三年、汇总脱稿至光绪二年的志书，出版工作得到顾文彬大力支持（见顾文彬书信札文献），志书中所载留园的产权变化是"同治十三年"，与盛康所言"十二年"略有一年之异，是笔误还是另有内情？有待进一步考证——作者注。]

### 4. 俞樾撰稿

虽然俞樾于光绪二年撰《留园记》说盛康于光绪二年购得留园，但其又于光绪十八年撰《盛氏留园义庄记》（勾吴钱邦铭镌石），说盛康于同治十二年购得留园，与园主盛康自己的说法一致，他们都是当时人，应该可信。至于为何前一《记》（光绪二年）未镌石，后一《记》（光绪十八年）镌石，也实在耐人寻味。修志时遇到一人之文前后矛盾时，通常以后一个文献为准。还有一点也相当重要，其时，俞樾一定读过光绪八年出版的同治《苏州府志》，作为同样严谨的学者，不会不受影响。

### 5. 历史文献记载

据多种史料记载，刘园在同治年间已荒芜，同治十二年，住宅部分售予程卧云，花园部分售予盛康。其时的花园败落不堪，"失修已久，将来修葺约在万金之外"（顾文彬日记），如此巨大工程，怎么可能在购得园子的几个月内完工？

当代修志时，专家学者研读了各种史料，经过反复讨论，对照俞樾光绪二年《留园记》中所称："至光绪二年，为毗陵盛旭人方伯所得，乃始修之，平之，攘之，剔之，嘉树荣而佳卉茁，奇石显而清流通，凉台燠馆，风亭月榭，高高下下，迤逦相属。春秋佳日，方伯与宾客觞咏其中，而都人士女，亦或挤裳连袂而往游焉，于是出阊门者，又无不曰刘园刘园云。"首先须注意第一句"至光绪二年"的"至"，是"来""到……时候"的意思，翻译成白话文就是"从××年到光绪二年的时候"，为盛康所得，"乃始修之，平之，攘之，剔之……"。显然不是光绪二年才买的。推论是：盛康同治十二年购得园子，经过三年修葺，至光绪二年初步竣工。这个推论比较符合园林修葺的规律。因此《留园志》把购园时间写为"同治十二年"应该是比较符合客观实际的结论。

而所谓"光绪二年购得"，会不会是指盛康在修葺园子后又购得程卧云的住宅部分？尚无史料发现，需要进一步考证。

## 二、光绪二年说

长期以来，确实有关于盛康于光绪二年购得留园之说，但主要是近代以后，"光绪二年说"比较多，不仅有涉及这一说法的著作问世，而且持此说的多有大家，如童寯、刘敦桢等著名学者。究其原因，大体有以下情况：

### 1. 新志的影响

民国时编撰的《吴县志》卷三十九下第宅园林记载："同治十三年改建二程夫子祠。其外园于光绪二年归武进盛方伯康，改名留园。"此志书为什么与前述的同治《苏州府志》所记载的时间有二？初查发现，一是民国志书采纳了俞樾《留园记》之"光绪二年说"，俞樾影响巨大。二是民国志书在当时发行广泛，而同治志书已成"古籍"，影响渐微。

### 2. 白话文的影响

民国时的记述文《留园》（朱揖文撰），此文先刊于《游苏备览》一书，于民国十年（1921）出版，民国十二年（1923）改名为《苏州指南》，有唐忍庵先生题字并序及王斡生又序，书中留园为第一篇。这本书与《吴县志》在当时影响甚大。

### 3. 著名学者的影响

再后，一些著名学者多采用"光绪二年说"，如童寯教授于1931年开始调查江南园林。当时正值战乱，动荡年月，童寯仅凭一人之力，遍查江南园林。在那种情形下，童寯的目的主要不在"历史考证"，而是"虑传统艺术行有渐灭之虞，而发奋"，为保护我国优秀园林艺术作最详细的记录，历经艰辛，出版了具有里程碑意义的《江南园林志》。童寯之后，另一位著名学者刘敦桢教授，也开始系统研究江南园林，在留园盛康购园的史料考证上，他主要参考的是民国《吴县志》以及留园遗存匾额上的吴云所记，也是几经周折，出版了具有教科书意义的《苏州古典园林》。刘敦桢作为中国著名建筑、园林学者，所研究的重点显然也不在历史考辨上。可惜的是，现代学界后辈中多有一种"习气"，即"无条件"引用著名学者的"学风"，故拈手而用"光绪二年说"。这种缺乏独立思辨的"照抄"，显然不可取。

## 三、现代研究成果

### 1. 二说并存观

上世纪80年代起，在苏州市政府统一部署下，苏州园林修志工作开始起步，其间停歇了若干年，又于2005年再起步，其中的《留园志》于2012年完成，并付梓出版。有关盛氏购买留园的时间疑问，经过多次专家会议专门讨论，最后确定在正稿中采用盛康《留园义庄记》"同治十二年"之说。至于"光绪二年说"，也不回避，将各种历史文献汇总，按照年代排序，编排在《留园志·诗文章·文集》中。同时将当代有代表性且有争议的论文一并汇编入册，以供研究者参考，主要有：陈凤全的《盛康购园时间》（原载《苏州园林》2006年春季刊）、魏嘉瓒的《盛康何时得园》（原载《传统文化研究》第16辑），他们比较准确客观地论述了"二说"，并为今后修志考证提供了清晰的线索。我们认为这种"创新"的修志编排，也是一种"成果"。

### 2. 主要的著作

一是《留园志》，是历史名园"留园"首部专志，作为《苏州园林风景绿化志丛书（21卷）》的一卷，于2019年获"中国风景园林科技进步一等奖"。二是由唐力行主编的《明清以来苏州城市社会研究》（上下册）（上海书店出版社2013年7月版），研究严谨，其中有专门一章论述留园义庄（盛氏义庄），对研究和了解留园义庄的历史和发展有重要参考价值，可与盛康留园史、顾文彬日记、书信等文献互为印证。其中关于"留园义庄的历史和发展"如是说，不妨抄录如下：

> 同治十二年（1873），时任湖北布政使的常州人盛康购得苏州阊门外花步街（旧日属长洲县，今苏州市留园马路338号）刘氏寒碧山庄，易名留园。次年盛康又陆续购置田产，在园内设置义庄并附设家善堂，园额为"龙溪盛氏义庄"，而仍以留园名之，故一般通称为留园义庄。
>
> 光绪二十八年（1902）盛康去世，长子盛宣怀继承并扩建义庄，他敬遵父亲遗命于光绪三十三年为留园义庄上书立案。时留园义庄所有"旧置及新置义田一千九百六亩八分七厘，又祠墓祭田一百十八亩七分四厘三毫，统共长洲县、元和县署官则田二千二十五亩六分八毫，计得价银二万五百余两，又祠堂、家善堂、义庄、园林，统共基地二十八亩六分；房屋八十余楹，池榭树石，悉隶义庄，计得银价一万九千余两"。可谓规模盛大。光绪三十四年五月皇帝赏赐"承先收族"匾额，义庄援例建坊立碑，以存永久。

记载如此清楚，其出处是《明清以来苏州社会史碑刻集·留园义庄记》第 263 页。依然是碑刻，可见碑刻在文史考证中的重要性。

## 四、顾文彬书信札的启示

有专家学者根据顾文彬《过云楼日记：点校本》（文汇出版社 2015 年 3 月版）中记载的顾文彬光绪二年（1876）五月初一日记："余为介绍，以（程）卧云所购刘园售与旭人，议价五千六百五十金。是日在余家成交。余不取中费，程藻安亦在中保之列。"认为：盛康购买留园时间应在光绪二年，是"硬证"。

如果单从一篇日记看，确实比较硬气，但与前面所列各文献比较研究后，我们发现，这篇日记仍然不能回答以下几个问题：

（1）同治《苏州府志》是前人所记，"同治说"的历史记录，明明白白是"其外园归盛方伯康，改名留园"，难道是前人臆想后人事？显然，今须慎对古人语。

（2）盛康、俞樾于光绪十八年所记中均为"同治十二年"，所记时间是在"日记"之后，如何解释？

（3）如果确实是光绪二年五月才买下一个"废园"，怎么当年就有"名园又复旧观"盛况（见《留园记》，俞樾撰于光绪二年十月），如何解释？这不符合修葺园林的基本常识。

解铃还须系铃人，我们从顾文彬著作中寻找答案，是一条治史之路，为此，我们认真研读后初有收获，得到启发。

### 1. 基本理清了盛康购园的时间脉络

（1）明代留园，刘恕时为寒碧庄，有吴下名园之誉，俗称刘园。寒碧庄分内园、外园，内园为住宅部分，外园为花园部分。（2）清同治十二年，程卧云买下内园（住宅），盛康买下外园（花园），并着手修葺，有同治《苏州府志》为证。（3）光绪二年春，盛康欲购程卧云刘（留）园住宅，此时顾文彬从浙江退休回苏，便坐中促成这笔房产交易。

有《顾文彬日记》《宦游鸿雪》为证。同年秋，盛康经过三年修园竣工，有盛康《留园义庄记》、俞樾《盛氏留园义庄记》及留园石碑为证。

### 2. 读历史文献，不能不感叹历史的复杂性、人物的多面性

比如，顾文彬与盛康，现在很多文章都说他们是"世交"云云，在《宦游鸿雪》中，我们看到的却是两个家族多彩多变的关系，有合作，也有竞争，是朋友，也是对手。又如，有一段轶事未被后人注意，即在光绪元年前后，程卧云（近代史上著名商家）虽然已是刘园主人，却始终没有重修刘园，一直"空关"着。顾文彬一直有意购买程卧云刘园住宅，并先后多次将这处住宅中的大量陈设物件购入，但后来又"成人之美"，把住宅"让"给了盛康（见顾文彬书信札《宦游鸿雪》），其中隐情也值得研究。因此在种种历史迷雾中，欲求信史，必须慎之又慎。

### 3. 过云楼文献可称为苏州近代史的百科全书

与园林有关的内容就非常丰富，有怡园营造过程，包括建筑、山水、植物、陈设；有其他园林鲜为人知的掌故；有书画鉴赏、收藏，如何鉴别假画、如何重新装裱；有收购旧园、峰石、古董的经历；有如何学习古诗文之教，以及对风水的认知和辨识，等等，给我们研究晚清园林提供了非常有价值的第一手资料。

### 4. 文化发展需要经济基础，经济发展须反哺文化

过云楼是一个很值得研究的"文化—经济—文化"良性循环的历史案例，对当代有恒久的借鉴价值。当年，顾文彬、盛康都是苏州经商成功的家族，但他们的经营理念、方法、目的不同，最终走上不同道路。顾氏以文化盛，成了"江南第一家"；盛氏以经济盛，成了"中国首富"。但是一百多年后，盛氏家族只留下了"留园"，顾氏家族却留下了一座"文化宝库"，不可同日而语。

顾文彬以"与古为新"为座右铭，具有深意。顾文彬过云楼文献资

料是苏州近代史的一个缩影，凡是研究近代史就避不开顾文彬，而不深知近代，就不能真正知道当代。因此，我们须要跳出"疑案"这个小"圈子"，去探知留园盛氏家族与怡园顾氏家族的百年兴衰史——苏州近代史中最具代表性的经济文化现象，与古为新，更好地为当代服务。

**参考文献：**

1. 苏州市园林和绿化管理局编：《留园志》，文汇出版社，2012年。
2. [清]顾文彬著，苏州市档案馆、苏州市过云楼文化研究会编：《宦游鸿雪》，文汇出版社，2020年。
3. 苏州市风景园林学会：《苏州园林》2021年第1期、第3期。

# 元僧雪庵手卷《书韩昌黎山石诗卷》入藏过云楼始末及其相关考证

姚凯琳

（南京图书馆古籍部）

**摘　要**：本文以过云楼藏元僧雪庵手卷《书韩昌黎山石诗卷》入手，从此卷笔墨本身出发，剖析此卷的艺术价值。同时，根据顾文彬著《过云楼日记》《过云楼家书》及《过云楼书画记》等记载的相关内容，剖析此卷的历史和文献价值。此外，通过结合此卷前后相关引首、题跋的剖析，本文为元僧雪庵手卷《书韩昌黎山石诗卷》入藏过云楼展现了完整的时间历史脉络，以美术史、历史、文献考证结合的方式洞见过云楼家族收藏特色，以及清朝中后期文人士大夫之间的文化交游和生活日常。

**关键词**：过云楼；书画收藏；元僧雪庵（释溥光）；何绍基

过云楼，清代姑苏著名私家藏书楼，是集字画、古籍、碑帖收藏为一体的藏书楼，素有"江南收藏甲天下，过云楼收藏甲江南"之称，不仅因为其藏品量大，品类丰富，更因其藏品独绝，许多博物馆的馆藏都来自过云楼的家族捐赠，因此，过云楼所藏字画、古籍及碑帖历来备受社会各界的关注。

过云楼建成于同治十二年，位于苏州城内铁瓶巷。它的首位主人是清代怡园主人顾文彬。顾文彬，生于苏州府元和县，字蔚如，号子山，晚号艮盦、艮庵、过云楼主，词人、书法家、收藏家。道光二十一年（1841）进士，历任刑部主事、湖北汉阳知府、武昌盐法道、浙江宁绍台道。著有《眉绿楼词》八卷、《过云楼书画记》十卷、《过云楼帖》等。顾文彬与其子顾承共同鉴赏字画，推陈出新，寻找书画佳品收入过云楼，并编纂成《过云楼书画记》以供家族藏品的记载和延续。本文将透过过云楼所藏元代僧人雪庵《书韩昌黎山石诗卷》纸本墨迹卷入藏过云楼始末，从笔墨本身出发，发现此卷的艺术价值和历史价值，同时根据此卷的题跋和相关著录记载，剖析顾文彬作为第一代过云楼主人，其人其事，以及他确立的中国书画的鉴藏标准，并由此洞见清代文人间的文化艺术交游以及生活日常。

元僧雪庵手卷《书韩昌黎山石诗卷》（长1052cm×宽26cm），书于"至元丙戌秋八月"（1286），著录于顾文彬《过云楼书画记》卷三；[1]《历代著录法书目》，第293页，朱家溍主编，紫禁城出版社，1997年10月。[2] 此卷不仅是现存为数不多的，有历史记载且有书法史论留存的元代僧人手迹，更是僧人雪庵本人留存的少数有记载可考的手迹卷之一，而如此擘窠正书，且长纸本手卷，纵观博物馆乃至民间都非常稀有，可称为孤本。雪庵，俗姓李氏，释溥光（生卒年不详），元至元年间高僧，大同（今属山西省）人。中峰普应国师七世之法孙。雪庵工诗画，善真、行、草书，尤工大字，凡宫禁中之匾额皆为其所书。赵孟頫尝荐之于朝，蒙封昭文馆大学士，赐号"玄悟大师"。

雪庵和尚的书法在元代至元和大德年间（1264—1307）以楷书大字名世。此卷写于1286年，至元二十三年，正是雪庵书法鼎盛时期。明

---

1　顾文彬著：《过云楼书画记》，江苏古籍出版社，1999年，第34页。
2　朱家溍著：《历代著录法书目》，紫禁城出版社，1997年，第293页。

李东阳记：尝闻赵松雪过酒肆，见其帘字，驻视久之，谓当世书无我逮者，而此书乃过我。因俟僧来，肩舆往会，与语而合，荐之朝，累官昭文馆大学士。[1] 连赵孟𫖯都对李溥光书法称赞备至，可见李溥光书法功力之深，且大字更不易写。明末沈德符《万历野获编》载："元朝宫殿匾额，初出李雪庵笔，元世祖大加赏爱，赵松雪（即赵孟𫖯）因让之，不复书。"[2] 考诸元末陶宗仪《辍耕录》，曰："延祐间，兴圣宫成，中官李丞相（邦宁）传奉太后懿旨，命赵集贤（孟𫖯）书额。对曰：'凡禁匾皆李雪庵所书。公宜奏闻。'既而命李、赵偕至雪庵处，雪庵曰：'子昂何不书？而以属吾邪。'李因具言之，雪庵遂不固辞。前辈推让之风，岂后人所可企哉！"陶氏另作《书史会要》亦言雪庵："善真、行、草书，尤工大字。国朝禁匾，皆其所书。"从李东阳、沈德符、陶宗仪等人的记载可知，雪庵确有其人其事，且雪庵书法在当时之风靡。雪庵书法大字现如今多以碑刻流传，书法手迹大字并未见，现有北京故宫博物院藏王希孟《千里江山图》后雪庵小字楷书题跋见于世，但此题跋不仅目前学术争议较大，且不能展示其擘窠大字之雄姿。

简述雪庵其人其书之历史记载，雪庵手卷见录于顾文彬著《过云楼日记》和《过云楼家书》。顾文彬首次见雪庵和尚手卷记载于《过云楼日记》卷一同治九年五月初七日：

  午后，至润鉴斋，翻阅书画，取归数种，内有翁覃溪写《金刚经》，可与石庵写经成对。又有雪庵和尚写韩诗卷，颇佳，惜首数行残缺。又有明人书册，内有柳如是、阮大铖两人书，亦罕见之品。[3]

---

1  李东阳著：《怀麓堂集》，四库全书，集部，别集类，明洪武至崇祯，卷七十四，第1531页。
2  沈德符撰：《万历野获编》，四库禁毁书，史部，卷二十七，第1011页。
3  顾文彬著，苏州市档案局（馆）、苏州市过云楼文化研究会编：《过云楼日记（点校本）》，文汇出版社，2015年，第25页。

从日记记载可知，润鉴斋是当时类似于寄售字画古董的古玩店。但因顾文彬并未在前文及之后着重提到此古董店，可知并不是一个非常大型的寄售店。并且当时顾文彬并未记载其出价情况，从日记暂时无法判断是否买入此卷。另有一点值得关注，就是顾文彬在日记中特别提到，"惜首数行残缺"，也就是此雪庵书手卷由于某些原因，前面几行书迹已经残损了。关于这一点，此后我们会做详细说明。

再来看《过云楼日记》卷一同治九年六月二十三日的记载：

发十四号家信，附退楼一信，并袋本轴七幅、古锦十三块、磁轴头三付、牙轴头一付、压胜钱十品、元僧雪庵字卷一个，托徐堂带回苏。[1]

由此记载可知，虽然日记并未详细记载其购买雪庵卷的过程，但是五月初七日，顾文彬已经成功购藏雪庵卷，但价格暂时未知。

农历十一月二十六日，有记载顾文彬题诗吟咏元僧雪庵卷。《过云楼日记》卷一同治九年十一月二十六日录：

石头确荦（luò）路嵚崎，惆怅黄昏到店迟。翰墨有灵先告我，雪庵书卷退之诗（近得元僧雪庵书退之《山石》诗，与山行情景恰肖）。[2]

此时正是同治九年，顾文彬补宁绍台道员，此时他已经结束京中上任谢恩之旅，离开京中，赶赴宁波上任。十一月二十五日，顾文彬到达晏城，也就是现在的山东德州境内。二十六日，日出时分渡过黄河，行

---

[1] 顾文彬著，苏州市档案局（馆）、苏州市过云楼文化研究会编：《过云楼日记（点校本）》，文汇出版社，2015年，第35页。
[2] 顾文彬著，苏州市档案局（馆）、苏州市过云楼文化研究会编：《过云楼日记（点校本）》，文汇出版社，2015年，第67页。

于山石路中，触景生情，联想到雪庵卷中所书山石诗篇之情景，有感而发，配以诗文特别题诗雪庵卷。顾文彬还提到此手卷与他有缘分，"翰墨有灵先告我"，已经提前告知他会遇到这么一段山石路。其实如果不是他本人对手卷的念念不忘，反复琢磨，并不会产生这样一种特别的情愫，而这正是因为顾文彬对雪庵手卷的推崇和珍视所反射出的心理状态。

不仅如此，顾文彬在购藏时已强烈地感知到此雪庵卷的稀有性，又有前文日记中提到"惜首数行残缺"，因此，顾文彬特别延请何绍基将雪庵书手卷残缺的部分补齐。《过云楼日记》卷一同治九年十二月二十三日所录：

> 午后，拜客，往晤何子贞，托其补书雪庵和尚所写韩诗卷。[1]

何子贞就是何绍基，清代著名书法家。何绍基是当时炙手可热的文人大书家之一，书法受到当时文人的追捧，而顾文彬与何绍基交情非常好，两人相识于京城，且志趣相投，同属于当时的京城文人精英圈层。《过云楼日记》有记载顾文彬对何绍基书法的评价，其中不吝溢美之词，甚至顾文彬在见到古董店有寄售何绍基书法，都会想办法收入囊中。而其中也有记载，当时何绍基书法价格之昂贵，顾文彬曾在京中见何绍基书屏四幅，要价十六金，只因"价格太昂，不能得矣"。因此，在其书法功力上来说，顾文彬认为当世人中何绍基书名甚高，可媲美雪庵书法，是为雪庵手卷补齐残缺书法部分的最合适人选；从手卷传世的价值上来说，何绍基补书为雪庵书法手卷本身平添了很大的价值，并且也为后世流传增加了完整性和可观性。因此，顾文彬是亲自出面，拜晤何绍基，并当面提请何绍基补齐雪庵手卷残缺的部分，以至于到如今，根据资料和题跋，雪庵手卷更多了一份脍炙人口的流传事迹。

---

1 顾文彬著，苏州市档案局（馆）、苏州市过云楼文化研究会编：《过云楼日记（点校本）》，文汇出版社，2015年，第83页。

根据以上《过云楼日记》记载，较为完整地展现了顾文彬收藏雪庵卷的过程以及他对书画鉴藏的态度。首先，顾文彬高度肯定了雪庵手卷稀有且难得的特性，纵观过云楼之收藏，集中了唐宋乃至元明清许多历史与艺术声望颇高的文人字画精品，但顾文彬并不拘泥于市场上常见的艺术家名头，元僧雪庵可以说是相对冷门的书家名头，即使历史有对其书法的记载，但都不详尽。而顾文彬慧眼识珠，虽手卷有残破，但并未介意，因其独特性，欣然收入囊中，并因为珍惜其独特性，还当面延请何绍基将手卷缺失部分补全，从而将藏品最基本的完整性延展为对书画鉴藏的高度保护性的综合路径。

与《过云楼日记》记载相对应的，就是顾文彬与其子顾承之间的家书往来，现《过云楼家书》给我们提供了更多的信息。《过云楼家书》十六号后不列号所录：

元僧雪庵楷书韩诗卷（赶紧请蝯叟补书），得价四两。[1]

由此记载我们可知，《过云楼家书》首先补足了《过云楼日记》关于雪庵手卷价格的缺失，此处记载为四两买入。此外，其书中所录大量家书是顾文彬写给其子顾承的，其中内容丰富，且阅读和整理具有半对话式效果，因此，家书中披露了很多史实以及当时顾文彬的心理和情绪状态。又有同治九年第十九号家书录：

前寄回之雪庵卷，务必请蝯叟补书缺字并跋于后。此僧大有名，其书可珍也。[2]

---

1 顾文彬著，苏州市档案局（馆）、苏州市过云楼文化研究会编：《过云楼家书》，文汇出版社，2016年，第26页。
2 顾文彬著，苏州市档案局（馆）、苏州市过云楼文化研究会编：《过云楼家书》，文汇出版社，2016年，第30页。

顾文彬在家书中特意交代请"蝯叟补书","蝯叟"是何绍基的字号,因此是告诉顾承,雪庵卷需要请何绍基补齐前面残缺的八行书法部分。这里不得不重视两个词,就是"赶紧""务必",可见顾文彬对此手卷非常珍爱,不仅特别提示顾承要求其让何绍基补书,并且希望手卷一寄到苏州,就立即补题,其心情之急切不言而喻,也从侧面反映了顾文彬对此手卷的重视。此外,这里也不得不提,同治九年也就是1870年,此时何绍基已经72岁高龄(1799年生人),有感于何绍基年岁已高,且求字之人络绎不绝,还是擘窠大字,对于高龄书家来说是"大工程",无论从体力消耗还是今人补古字来说,都不是一件容易事,因此,顾文彬认为必须尽早尽好地完成。而他的"第六感"是没错的,何绍基于同治十二年(1873)逝世,如果当时再拖两三年,可能我们如今就没有机会见到何绍基补书后如此完整的雪庵手卷了。

另有对雪庵《山石》手卷的记载可见于何绍基给顾文彬的信札。这封信札是何绍基为顾文彬补足雪庵手卷的残缺部分后,连同手卷一起奉还给顾文彬的。信札中何绍基说自己的补书"颇有蔬笋味","蔬笋味"也就是我们现代人说的书法有"文人气"。此处,何绍基用"蔬笋味"形容,虽然用了一种谦逊的方式,实则是一种"得意"之态。他形象地把自己的补书和雪庵书法比肩,认为自己的书法并不逊色,"颇有蔬笋味",与元代文人雪庵这类文人书法是相通的。九年后,光绪五年(1879),顾文彬在雪庵手卷的题跋中也记述道:

  此卷沉着古劲,兼玉局双井之长。首八行原缺,倩同年何子贞太史补之,子贞书毕,谓余曰:"颇得蔬笋气否?"

顾文彬也借用何绍基补书后信札中所说"颇得蔬笋气"。由此可见,顾文彬在买入手卷后还是时常会拿出来审视和把玩,做题跋,并缅怀何绍基书法有文人气,请其补书是正确的选择。此外,顾文彬在题跋中同时提到"首八行原缺",这里补全了我们一直遗漏的信息,就是雪庵此手卷到底残损了多少，而顾文彬题跋很清晰地告诉了我们是卷首八行十六个字，"山石荦确行径微，黄昏到寺蝙蝠飞。升堂"，而从手卷前面后书迹的对比也可以看出，何绍基补书与雪庵书法风格近似，结体遒劲，有清臣、诚悬之风（清叶封《嵩阳石刻集记》评价雪庵书法）。

就此手卷独立而言，我们理所当然会认为手卷购入时的价格为四两，似乎并不昂贵，一般人看到这个价格并没有什么概念，不认为是值得重视的字画。那让我们来对比一下，顾文彬在同一单中不列号的其他字画。例如：唐六如墨石菖蒲图，得价四两。元僧师言自书诗卷，得价三两。仇十洲金扇面一页，得价三两。恽南田临米南宫行草卷，得价二两。

（1）从艺术家的名位高低看，唐六如（唐寅）、仇十洲（仇英）是自古以来被追捧的高热度艺术家，但是一个得价四两，一个得价三两，可见雪庵书法手卷得价四两并不逊色于这两个高热度艺术家。然而，还有更重要的一点是，不同艺术家的价位在现代与在当时的历史环境中是不同的。其实在当时，明四家（文徵明、唐寅、沈周、仇英）距离顾文彬所处的年代并不久远，其价值远没有现代那么高。而雪庵所处的元代，距离顾文彬已有一定年限，在明清两代战乱中得以保存下来实属不易。

（2）同样是手卷，元僧师言自书诗卷和恽南田临米南宫行草卷分别得价三两和二两，都没有雪庵卷价格高，可见此卷非常特别，而顾文彬并没有因为其艺术家名位不及明四家而放低收入的价格，可见他在收藏上的魄力，不仅能容纳炙手可热的艺术家，也能慧眼识珠发现雪庵卷的稀有性和独特性。

（3）在前后列出的其他字画中，顾文彬唯独提到了此雪庵卷需要何绍基赶紧补书，其他并未做出特别指派，有些甚至是购得以后与家中已有藏品做比较，比较其优劣。而雪庵卷的突出在于，顾文彬是一位腹有诗书气的精英文人，他深知雪庵的书名在元代就声名远扬，连赵孟頫都敬佩不如，而收入雪庵卷，更是扩充了过云楼的收藏名类。这种扩充，横向上来说是数量上的扩充，艺术家名类上的扩充，纵向上是收藏字画年代的扩充，也是过云楼整个收藏体系完整度上的扩充。

此雪庵《书韩昌黎山石诗卷》并未因写入《过云楼书画记》后而"束之高阁"，此后在"文革"及近三十年，雪庵手卷的身影依然活跃。

根据过云楼后人顾荣木回忆，手卷在"文革"期间遗失，下落不明。"文革"结束后，手卷得以重新回到过云楼。

徐邦达先生也在卷后题跋中提到：

> 雪庵大字世不多见，此卷书昌黎山石诗，数十年前尝获观于过云楼后主荣木兄处，时同客申江也。犹忆其笔法精劲，气势磅礴，差堪与耶律楚材抗行。惜早缺其前八行，艮庵老人乞何子贞补完之。此卷于"文革"中失去，越二十稔，余忽见之申市，因告之当事者，即举以归赵，爰为记之，俾它日艺林传为一段故事云。

徐邦达以擅鉴古书画闻名于世，素有"徐半尺"之雅号。题跋中徐邦达称雪庵书法笔法精劲，气势磅礴，可见其对此手卷之认可。但也提到，手卷在"文革"时颠沛流离，直到他无意间发现手卷，并告知过云楼后人，手卷才得以回到原主人家，才有如今我们看到的如此完整的手卷，徐邦达甚至认为手卷入藏过云楼并有何绍基补书可作为一段精彩的艺林故事流传于后世。不得不说，徐邦达先生的这一番题跋是书画鉴藏的真知灼见。一件精美的艺术品，不仅体现在它精湛的艺术技巧及其艺术风格，其背后的那一段为人津津乐道的流传历史更是艺术品最深沉的魅力。

顾荣木先生，名笃瑾，为苏州过云楼后人。因此卷特殊的经历，也留有手迹记载此卷流转的详细过程，题跋内容与徐邦达卷后题跋同为印证。

其后，现代著名古籍版本目录学家顾廷龙在九十一岁高龄时见到此卷并为之题写引首。可见手卷不仅受到顾文彬赏识，随着时代变迁，雪庵手卷愈加珍贵，并同时受到现代两位鉴赏家的赏识。

过云楼收藏延绵至今，与其家族确立的文化教育底蕴密不可分。第一代主人顾文彬在过云楼建成之时，同时在门楣之上刻有他写的收藏书画十四忌：

> 霾天、秽地、灯下、酒边、映摹、强借、拙工印、凡手题、徇名遗实、重画轻书、改装因失旧观、耽异误珍赝品、习惯钻营之市侩、妄摘瑕病之恶宾。

正是因为严格遵照这基本的十四条收藏守则，过云楼才能够在清代成为富甲江南的收藏家族，且数量之大、范围之广、品质之精良、流传之长远都是其他民间收藏派系和板块难以比肩的。因此，这也是"过云楼"如今作为一个精品板块，不仅有容于个人收藏，并且有容于博物馆等专业收藏机构的原因，可见当今书画、古籍、碑帖之收藏盖不能有悖于这十四条，而这十四条也应该是当今收藏家——遵循的守则。近几年，"石渠宝笈"板块是热门的收藏板块之一，藏家追捧的主要原因在于其字画品相整齐，著录流传有序，背后内容广泛。其实"过云楼"板块同样如此，从顾文彬开始，就注重字画的品相及装裱，并一一罗列编纂成《过云楼书画记》《过云楼书画续集》等一系列著录，并且在其日记和家书中记载了其大量字画收藏的过程。清宫收藏板块毋庸置疑是一大值得关注的收藏板块，但并不是唯一值得关注的板块，很多藏家忽视了其他字画板块价格依然有空间，它们的历史价值、文物价值、文献价值并不低，"过云楼"板块就是可与之并肩的板块之一。同时值得一提的是，在清宫收藏如此庞大的基础下，顾文彬依然在民间慧眼识珠，与其子顾承广博收集，收藏了一大批自唐宋至明清的字画、古籍、碑帖。我们所熟知的《锦绣万花谷》、上海博物馆所藏"海内孤本"宋拓《曹全碑》拓本、北京故宫博物院所藏唐伯虎《风木图》等等都是过云楼之精品藏品，甚至有上海博物馆半壁江山来源于过云楼捐赠之说。如今许多公藏博物馆常年展及重大展览，凡有标签注明"顾公雄、沈同樾先生捐赠"，其实皆来自过云楼。因此，从古至今，文人收藏派系和板块层出不穷，而收藏的品类齐全、途径正确、眼光独到、气魄在胸，才能成为优秀的藏家，更需要配合家族文化的积淀和传承，才能将其收藏，于公藏或私藏，都得以精良地延续。

**参考文献：**

1. [清]顾文彬著：《过云楼书画记》，江苏古籍出版社，1999年。
2. 朱家溍著：《历代著录法书目》，紫禁城出版社，1997年。
3. [明]李东阳著：《怀麓堂集》，四库全书，集部，别集类，明洪武至崇祯，卷七十四。
4. [明]沈德符撰：《万历野获编》，四库禁毁书，史部，卷二十七。
5. [清]顾文彬著，苏州市档案局(馆)、苏州市过云楼文化研究会编：《过云楼日记(点校本)》，文汇出版社，2015年。
6. [清]顾文彬著，苏州市档案局(馆)、苏州市过云楼文化研究会编：《过云楼家书》，文汇出版社，2016年。

# 苏州过云楼顾氏琴事考源

顾 颖

（无锡市公安局）

**【摘 要】** 怡园是最晚建成的苏州古典园林，集苏州各名园之大成，由于怡园顾氏几代人风雅卓异，怡园成为当时书画鉴藏、昆曲、绘画、诗词和古琴等雅事的交流平台，是一个精英汇聚的文化中心。而其中开展的古琴活动影响十分深远，近现代的三次著名全国性琴会中有两次举行于苏州怡园，极大地推动了古琴的跨地域交流和传播传承，拯古琴艺术于衰微之境。本文试图从主人家世源流、家族文化心理等方面着手分析，罗列家族成员的琴人琴事，从而揭示过云楼顾氏成就怡园这座古琴之园的内在原因。

**【关键词】** 顾氏家世；怡园琴会；顾承；坡仙琴馆；玉涧流泉

苏州过云楼顾氏的私家园林名为怡园，由顾文彬父子于1874年始建，是最晚建成的苏州古典园林，集苏州各名园之大成，由于怡园顾氏几代人风雅卓异，加上苏州人文荟萃，怡园成为当时书画鉴藏、昆曲、绘画、诗词和古琴等雅事的交流平台，是一个精英汇聚的文化中心。几代过云楼主人组织的书画鉴藏、曲事、绘事均著称于一时，汇聚造就了一批名家高手；而于1919年举办的怡园琴会，对传统琴学的传承发扬，影响深远而巨大，然溯其渊源，可发现这一切都不是偶然的。

## 一、家世溯源中的古琴基因和情结

顾氏历为吴中大姓，顾文彬家族的宗谱毁于火灾，故顾文彬只能按照顾氏统谱的一般说法，称"系出于梁黄门侍郎（顾）野王公后"，又据统谱载，顾野王为东吴顾雍十二世孙，而顾雍的祖先为越王勾践，自西汉得姓顾氏并迁居吴地后，整个家族一直避居在苏州西部的光福山里，光福背山面湖，环境安定，物产丰富，所以一个家族得以在此繁衍壮大、孕育文脉，到东汉时，顾姓已成为江南土著"顾陆张朱"四大姓之一，家族性格以宽仁、敦厚著称，誉为"顾厚"。当时的顾姓族人稳重讷言，但沉默少语并不意味感情世界的贫乏，他们有将情感诉诸瑶琴的传统，其发端就是顾雍，在江南地区，琴艺虽不足与中原抗衡，但亦有长足发展，尤其是顾氏琴的崛起。这一家琴学始于吴人顾雍，他是正史所载吴地第一个琴人，其嫡系或同族后裔，延续此传统，擅琴者不少，其中嫡孙顾荣、族裔顾欢等都是著名琴人。因顾氏之琴传自大学者蔡邕，故蔡的"避怨于吴"，遂成就了中原琴学的南传。后世顾氏历有琴人，如唐代的顾况等。到元代，著名文人活动——玉山雅集的主人昆山顾阿瑛也是位琴人。据过云楼后人顾笃璜先生回忆，家中长辈口传，本支先人由苏州迁安徽，明初随朱元璋军队再由安徽迁回苏州，故在苏州有"徽顾"之称，家族曾有大船，从事过与南洋的贸易活动。虽情节顺序略有不同，但比照顾阿瑛家族的遭遇，似有颇多相同之处。顾阿瑛，名德辉，字仲瑛，自称金粟道人，昆山人，元末家族因曾参与海外贸易而成巨富，明初，与子元臣等被朱元璋流放濠梁（今安徽凤阳），死后家族一部分人员又迁回原籍，而且，过云楼顾氏家族中也有"先祖由昆山迁居省垣"

一说，故虽无家谱等文献确证，昆山顾瑛很有可能为过云楼顾氏的先祖，基于这种联想，顾文彬在《过云楼书画记》中称顾瑛为"吾家阿瑛"，并将怡园中一亭名为"金粟亭"。顾文彬虽知道家族有一段安徽的迁徙史，但非常明确自己是吴中大族的族裔，家书中就有清明节遣三子顾承赴石湖祭扫江南顾氏始祖顾野王墓的记载，可见，顾文彬对先祖的文化传统有着深深的自豪和浓浓的情结。

虽然宗谱灭失，但从《顾大澜行略》等文献的记载，家族往上只能追溯到顾文彬的高祖顾圣昭，曾祖名顾广居，号粹安。顾文彬的祖父名顾鑑，父亲即顾大澜，字春江。顾家祖居桃花坞，经迁南濠盛家巷、闻德桥、桐溪浜、申衙前等处后定居铁瓶巷。顾文彬可稽的直系先人均为布衣，以商贾会计为业，奔波劳心于生计，无暇他顾，直到顾文彬考中进士踏入仕途后，在其父顾大澜打下的基础上，祖先的艺文种子（包括琴学）才在顾文彬心中逐渐萌发。

## 二、家族琴人琴事举要

### 1. 顾文彬

顾文彬（1811—1889），字子山，号艮庵，道光二十一年进士，历任刑部主事、郎中、湖北汉阳知府、盐法道等职，同治九年，授浙江宁绍台道员，光绪二年归苏，工书画，通音律，长于诗词，精于鉴藏，是怡园和过云楼的第一代主人。因顾文彬爱好古琴，在他的主持下，怡园曾藏琴数十张，其中有著名东坡琴的"玉涧流泉"和"松石间意"，也收藏有不少琴谱、古琴构件和琴画。在他外出为官时给家中书信结集取名为《宦游鸿雪》（原书封面题为《宧游鸿雪》，经笔者校勘判断为误写）和《日记》，内就有一些琴事。此外，古琴出现在过云楼珍藏的一幅《吴郡真率会图》中，此图是顾文彬与吴云、沈秉成、勒方锜、李鸿裔等苏州文坛耆老们共同倡议建立吴郡真率会时的人物肖像画，还原了晚清士绅林泉交游聚会的场景，这说明在真率会中就有抚琴的内容。

《宦游鸿雪》：

撰一联：磅礴百金马；摩挲双玉琴。（同治九年第十四号）

琴与钟如真，皆罕物，未审有缘得之否？……解饷委员从京中来，带砚生信并智永卷、琴轸各件。（同治十年第二号）

沪上之琴与钟曾否访着？何以不提？（同治十年第三号）

汝琴兴虽退，然唐琴亦人间罕物，又在宋琴之上，似不应失之交臂，何不约其携至苏中，与石香等审定后再商去取，如何？（同治十年第三十六号）

白汉琴轸难得完善，如果非提油伪品，即百四十元亦不为贵，何不得之？（同治十年第三十七号）

上海所见白汉琴轸，如的是汉玉，而且全付完善，此亦人间稀有，一百四十元并不为贵，且有东坡琴可装，两美必合，宜亟图之。（同治十年不列号）

洪崖山房卷与响泉琴，当托鲁沂带回。（同治十年第五十五号）

嘱四孙于唐赋中择其题画相宜者，抄几篇来，如携扇仕女，即书团扇赋携琴仕女，即书琴赋之类是也。（同治十一年第九十七号）

《顾文彬日记》：

二分眉月照兰桡，行近扬州廿四桥。

携得囊琴谱新曲，不须重忆玉人箫。

（同治九年十二月初八日）

扫榻静调琴，尘迹不侵金锁闼；
卷帘闲挂笏，山光遥抱玉几山。

（同治十年二月二十九日）

解京饷委员王绍庭自京中回，带研生信、李诚甫信并所购智永《真草千文》墨迹卷及骏叔托买琴足两副、琴轸一副。（同治十年四月二十三日）

集玉田句题过云楼

出岫本无心，旧隐琴书，应妒过云明灭。弄泉试照影，再盟鸥鹭，知他甚日重来。

（同治十年五月初八日）

赠金邻卿一联

抱三尺琴，游三山岛，水仙操，移我情矣；
载万卷书，破万里浪，郁林石，渺乎小哉。

赠若雪女史一联

一曲素琴心怊怅，清音弹别鹄；
十笺香草谱芊绵，芳思托瑜麋。

邻卿先生学问湛深，襟怀豪放，前年遂游日本，东诸侯拥彗郊迎，待以上宾之礼。经年小住，酒醴笙簧，殆无虚日。迨其行也，赏赠如雪，却之不受，挟书万卷而归。先生精于琴学，亦为东人国所钦慕云。（同治十一年六月二十一日）

作《石听琴室铭》

生公说法，顽石点头。少文抚琴，众山响应。琴固灵物，石亦非顽。见子承于坡仙琴馆操缦学弄，庭中湖石有如伛偻丈人作俯听状者，石殆不能言而能听者耶？覃溪学士此额情景宛合。急付手民，以榜我庐。（光绪二年十二月初九日）

题东坡像　集苏诗
人间何处吐长虹，春在先生杖履中。
此去若容陪坐啸，海山无事化琴工。

抱琴无语立斜晖，草长江南莺乱飞。
要伴前人作诗瘦，为问鹤骨何缘肥。

万劫清游结此因，雪中履迹镜中春。
古琴弹罢风吹坐，长与东坡作主人。

芒鞋竹杖自轻唤，鹤骨龙筋尚宛然。
至今遗像兀不语，神妙独到秋毫颠。

恍然一梦瑶台客，乘舆真为玉局游。
素琴浊酒容一榻，不妨仍带醉乡侯。

（光绪三年三月二十日）

## 2. 顾承

顾承（1833—1882），原名廷烈，字承之，号骏叔、乐全、乐泉、武陵渔隐等。顾文彬三子，顾麟士父。附贡生，候选翰林院待诏。光绪三年主持设计建成怡园与过云楼，精致优雅为江南冠。性爱山水，善抚琴，通音律。

顾承在长兄廷薰、仲兄廷熙去世后，父亲在外任官期间，实际主持苏州家中事务，因年轻时即罹患肠热之症（肠结核），体格羸弱，需静心调养，顾承选择操琴作为怡情养性的一种手段，他跟苏州王云学琴。王云，字石香、石芗，号西麓草衣。布衣。秉性孤介，终身未娶，侍母有孝名。曾寄居道观，后馆于何垓华南小隐。善琴，书工隶、行。嗜金石，擅竹刻、石刻，尤工篆印，风格近文彭，称吴中一时名手。咸丰十年（1860）太平军攻克苏州后，寓居上海。从《顾承行略》看，怡园收藏琴数十张（包括其中有著名东坡琴的"玉涧流泉"和"松石间意"）和建坡仙琴馆、石听琴室等涉琴事务，都由顾承具体操办完成。

### 3. 顾麟士

顾麟士（1865—1930），字鹤逸，号西津渔父、鹤庐、筠邻等。顾文彬孙，顾笃璜祖父。早年弃科举，传承家学。富藏金石书画名迹，鉴别精审。又好藏书，精版本之学，擅画山水。为怡园、过云楼第三代主人。晚年居朱家园。

顾麟士擅琴，曾在怡园设立过西津琴社。过云楼顾氏有制售官盐的执照，延伸开设了"顾得其"酱园，酱园需要用盐，与设在吴衙场的盐公堂有事务往来，1919年杭州人叶希明（字璋伯），任职苏州盐公堂，当年农历七八月间，由盐务事宜与怡园主人顾麟士结识。两人对古琴都情有独钟，切磋琴艺之际，相见恨晚，都想见识一下全国琴人的古琴技艺，故叶希明向北京、长沙、扬州、上海、杭州、嵊县、苏州、四川灌县、河南彰德等地50位琴友发出了怡园琴会的约请。1919年农历八月二十五，由叶璋伯、顾麟士、吴浸阳、吴兰荪等人发起的怡园琴会顺利举行。关于第一次怡园琴会的过程和细节已有许多文章作过介绍，笔者也有专文叙之，故不再赘述。

### 4. 顾公柔

顾公柔（1900—1929），名则坚，以字行，过云楼第三代主人顾麟士之子，书画家、藏书家。娶妻张惠娟，生一子四女。因早年病逝，留存于世的作品今不多见，曾为父亲编撰《鹤庐画赘》，其弟顾公硕为其作品编选《柔哥遗墨》。

他与兄长顾公可一起参加了第一次怡园琴会。从《顾公柔日记》中可以看到他学琴的经历和对琴的感悟，

《顾公柔日记》：

予好音乐，虽俗乐亦闻之不倦，惜不了音律，未能临风琅奏，前数年，妻舅从黄某学琴，予按期往听，家严恐吾因此以风雅自命，而志有所迁，禁予弗往。予虽心有所不愿，抗命则未敢也。去年冬月，梁任朱先生来约予就沈氏学琴，往就凡三次，相见仅二次，每次均未满一时，只学得《关山月》一阕，指法亦未深熟。冬假已满，沈先生往常州执教鞭，予之学琴又中止。迨今年暑假，欲继去年之志，乃朱先生又因事诖误，蓼身讼庭，予之弹琴，有无良缘，当视今冬之如何也。（庚申年十月二十三日，即1920年）

操琴而不知冥搜万象，此为貌托风雅，何足算也，然琴者禁也，手挥五弦，足以遏人欲于将萌，而不使其潜滋暗长。禁者禁性也，故不识琴可，不禁性则不可。（庚申年十月二十四日）

子美、楚善偕予复往耦园，见旧琴六张，索价甚昂，予报以每张六元，未见允许，彼此相差甚远，恐未必成议也。（庚申年十二月二十四日）

## 5. 顾公硕

顾公硕（1904—1966），字则奂，笔名依仁、老奂、七阳、浅草、秀厘等。顾麟士幼子，顾笃璜父，吴湖帆内侄。1918年毕业于吴县第四高小。曾供职于上海华东银行、天香味宝厂。承继过云楼家藏，精鉴

赏，尤留意研究古今题跋。擅画马，精于白描人物。亦研究陶器、泥塑，钟情戏剧、摄影。1924年摄影作品曾获光社艺术奖。1933年与吴寅伯等发起组织苏州影社，并举办摄影艺术展览。1937年创办春荫小学。解放战争时期，支持其子顾笃璜从事中共地下党工作。中华人民共和国成立后，将怡园及家藏珍贵字画、善本古籍等捐献于国家。主持筹建苏州市文联刺绣小组，曾任市博物馆副馆长、市工艺美术研究所所长。致力于研究民间工艺，组织抢救传统桃花坞年画并创作新年画，贡献卓著。

顾公硕所遗留的学术残稿中可以看出他对琴学、斫琴以及髹漆工艺方面有着比较深入的研究。著名琴家汪孟舒系其表兄。

### 6. 顾佛

顾佛，顾麟士孙女，顾公雄三女。听顾笃璜先生回忆，他们小时候家里都教琴，如没兴趣则罢，如有兴趣就学下去，顾佛学琴坚持了下来，在子弟中琴弹得较为出色，所以家里就将那张著名的东坡琴"玉涧流泉"传给了她。顾佛后居北京，从事数学研究工作，业余弹琴自娱，2014年去世。

## 三、怡园藏琴

顾氏不仅在怡园经常举行琴事活动，相应也大量收藏名琴，除东坡款"玉涧流泉""松石间意"外，著名的还有"风雷""岭上白云""游龙"等。

正因为先祖顾雍是有正史记载的江南第一位琴人，形成了过云楼顾氏浓浓的古琴历史情结，从顾文彬起，五代皆有琴人，而由第三代主人顾麟士促成的第一次怡园琴会是近现代第一次全国性古琴盛会，它极大地推动了古琴的跨地域交流和传播传承，拯古琴艺术于衰微之境，影响十分深远。1935年的第二次怡园琴会则孕育了第一个全国性古琴社团"今虞琴社"，次年（1936）3月今虞琴社正式成立于苏州。今虞琴社的理念与活动方式至今还在当今的古琴社团里延续着。近现代的三次著名全国性古琴活动中有两次举行于苏州怡园，琴会中也以江南一带的琴人为多，其中吴门古琴世家几代人贯穿了怡园琴事历史与现实的全过程。因此，苏州是近代古琴活动的中心之一，也是全国性古琴活动的发源地之一。而这一切，皆源于过云楼顾氏的深深琴缘。

**参考文献：**

1.［清］顾公柔著，苏州市档案局（馆）、苏州市过云楼文化研究会编：《顾公柔日记》，文汇出版社，2018年。

2.高福民主编：《顾公硕残稿拾影》，文汇出版社，2017年。

3.［清］顾文彬著，苏州市档案局（馆）、苏州市过云楼文化研究会编：《过云楼家书》，文汇出版社，2016年。

# 馆藏吴门真率会尺牍册研究

潘文协

（苏州博物馆）

**摘　要**：清末吴门同光之际，以顾文彬、吴云、李鸿裔为首举行的真率会，无疑乃是传统文人士大夫圈子的最后风雅。苏博馆藏书画中，有一套吴门真率会友朋往来尺牍，涉及真率会友朋之间当年交往的具体细节，乃了解真率会难得一见的原始文献，故本文结合相关史料，特对其涉及的内容做出分类及研究，借此遥想当年胜风之一斑。

**关键词**：尺牍；真率会；鉴赏

清末吴门同光之际，以顾文彬、吴云、李鸿裔为首而举行的真率会，无疑乃是传统文人士大夫圈子的最后风雅，吴云《两罍轩尺牍》、顾文彬《过云楼日记》中皆曾记其事。2016年底在苏州博物馆"烟云四合——清代苏州顾氏的收藏"展时，笔者曾于馆藏书画中检出一套吴门真率会友朋往来尺牍册展出，配于《真率会雅集图》之侧。由于该套册页系粘连在一起的经折式简装，当时展出时只翻开其中一页，所以观者不能见到全貌。

鉴于此套尺牍涉及真率会友朋之间当年交往的具体细节，乃了解真率会难得一见的原始文献，故本文结合相关史料，特对其涉及的内容做出分类之研究，借此遥想当年胜风之一斑；并将其全文录出并略做笺注而附于文后，以公诸同好焉。

## 一、受信与断代

  买邻不惜钱千万，同巷相依屋二分。
  君早乞闲舍薄宦，在山云笑出山云。

  雪月花时邀我饮，画书诗品待君评。
  因缘文字金石交，三十余年老弟兄。

  这两首诗的出处，乃是同治九年（1870）十二月，顾文彬自京师南下赴任宁绍台道员途中，夜宿山东沂州李庄微雨微雪之际，分别怀念老友李鸿裔与吴云所作，字里行间洋溢着深厚的情谊。真率会中，李鸿裔、吴云二人与顾文彬关系相对亲密，且吴云与顾文彬为儿女亲家，现苏州市档案馆藏《过云楼日记》中，所记友人中吴云与顾文彬通信也最为频繁。此套尺牍主要是李、吴二人写给顾文彬的，就整个通信量而言，虽属雪泥鸿爪，但其存世的情况与日记出现之频率大致相符，且由于日记一般只是简单记下通信的来往记录，故其正好也可与日记参观。

  具体而言，此套尺牍册页共19通，为过云楼顾家保存下来的友朋书札，现藏苏州博物馆。由于往来诸人皆系真率会的主要人物，故本文简称"吴门真率会尺牍"。现系经折式简装，所用笺纸多出写信人自制，或为梧桐夜月，或为双鱼铜符，或为折纸秋海棠，颇为雅致。按装裱之次序，其受信情况与时间的断代分别是：第1至7通为李鸿裔写给顾文彬的，时间为顾文彬退隐后；第8通为潘曾玮写给吴云而转呈顾文彬的，时间为顾文彬在浙江任宁绍台道员期间；第9至19通为吴云写给顾文彬的，时间既有顾文彬在浙江任宁绍台道员期间的，也有顾文彬退隐后的。

现存大多明清尺牍，其装裱成册时的顺序不是特别清楚和严格，颠倒错乱在所难免。其原因在于尺牍往来的随意性，而且往往作者有不落时间的习惯。这套尺牍的情况也存在类似的情况，据此处梳理可见，其装裱时是按写信人排序，而非收信时间排序的，且同一写信人排序也不一定按照时间前后。本文为了论述方便起见，按照装裱的次序对每通进行依次编号，并特别在每通之前标明写收关系，时间如有必要则根据内容断定。

## 二、内容之研究

此套吴门真率会尺牍19通，所涉及的内容有地方时政、雅集活动、书画鉴赏、书籍刊刻以及生活杂事等诸多方面，多为一札一事，间或一札数事，可谓比较丰富和真切地反映了当时吴门诸老日常生活的情况。本文即分别论列如下：

第一关于地方时政者。汉武帝时独尊儒术以来，儒家文人是中国传统社会上、中、下三个层次实现整合的社会组织者，其入仕即为国家官员，在宦海沉浮中迁转升降；赋闲或耕读即为地方乡绅，主动与政府合作，参与地方公益事业，实行乡村自治；同时又是族长和家长，自觉按照儒家伦理来指导自己的行动。在这套尺牍中，第11通、第9通两处涉及的流民安置与科举设施问题，即生动地反映儒家文人在官期间和退隐之后所扮演的社会角色：

  11 吴云致顾文彬——艮庵主人足下：荫甫太史与浙省当道有宾主之分，且多熟悉，当道亦重其品学。其书中所附《乡闱条议》，内有请设"棲疗所"一条，大有见解。鄙意或由主人将此条另行录出，先行函商省中当道，府县亦可更为次第。倘计算晋省日事，如来得及，则竟候主人到省办理，亦无不可。统祈裁夺。即请台安，不具。

姻弟云顿首。廿又一日。

9 吴云致顾文彬——艮庵主人足下：昨日下午，杏荪与伟如上院为难民事，杏荪亦知上海有五万元捐款可用。拟将未过江之饥民，截留七濠口；已过江之饥民，尽送至江阴搭篷留养，中丞以为然，而今日府县未知其事。回明方伯，请即下札，将到饥民分送松太，此真至下之策。而该饥民之受藏事，地方之更扰，交相为害，此间府县，但知以邻国为壑，远不如杏荪之识重也。刻知杏荪往见两司。恐吾主人往见中丞，获未悉昨日杏、伟见中丞之事，故特奉告，此刻恐空分道与他处，大非恤穷之道，尊意以为如何。即请台安，不一。愉庭顿首，初三。

第11通为吴云写给顾文彬的，时间是顾文彬在浙江任宁绍台道员期间。顾文彬作为宁绍台道员，其地位处在巡按与州县之间，于上有建言献策之责，对下有督察黜陟之权。吴云此信中言及的"荫甫太史"，即同为退官而寄寓在吴门的德清俞樾，为吴云好友，同治十年（1871）吴云刊《两罍轩彝器图释》由其署检。吴云在此极力向顾文彬推荐其著作《乡闱条议》中请设"楼疗所"的建议。俞樾系科举正途出身，且曾为河南学政，对科举问题当有着深刻的认识，吴云的推荐当言之有理。吴云阅历颇深，对顾文彬在宁为政之措施多有参谋，除此举外，例如《过云楼日记》同治十二年（1873）闰六月，即记吴云写信建议顾文彬不要首倡平粜之议。

第9通也为吴云写给顾文彬的，时间当为顾文彬退隐后。清代中叶以后，国运日蹙，内外交侵，历经鸦片战争和太平天国运动，民不聊生、流民四散乃是常态。此信中，吴云即和顾文彬通气江苏巡按当局江南地区难民安置的问题，并特别提到了盛宣怀（字杏荪）在难民处置问题上颇有见地。从中我们可以看到，退老乡绅对于地方事务的高度关注与积极参与。传称李慈铭骂吴云等人以博雅之名行市侩之实，盖有激而发，非为实情。

第二关于雅集活动。雅集是退老林下的官员最为典型的社会活动，而吴中一地，山水清嘉，尤多名园，除了本地人之外，明清以来也是退老官员归隐的首选之地。吴门真率会成员，既有本地世家大族顾文彬、潘曾玮、彭慰高等人，也有吴下寓公吴云、李鸿裔、沈秉成等人，无疑乃是全国文人最高水准的雅集圈子。同光之际，真率会圈子虽多是历经太平天国之乱的一辈，但家园很快又得以重建。如今尚在的顾文彬之怡园、吴云之听枫园、李鸿裔之网师园、沈秉成之耦园，即是当时真率会圈子轮流做东而举行雅集的场所。此套尺牍中有6通涉及雅集之事：

    4　李鸿裔致顾文彬——艮荅主人至谊：廿一日名园雅集，适值醉翁生日，弟亦久思奉商同钱豫甫尚衣，而贱躯自中伏偶感暑湿，服药无效。今虽小愈，犹尚畏风如虎。闻尚衣廿六日启行，为日无多。只好一面静摄、一面约季玉联名订请——粗意欲约尊处同请。届期有两主周旋，弟亦得随意取便耳。执事一夏安健。廿五日务望早临，藉摅契阔。专泐鸣谢。敬候起居安稳。苏邻顿首。十九日。

    17　吴云致顾文彬——艮庵主人足下：仲复、敦闲处，兄着人往邀（望付一名片来）；悟九、香严，请尊处遣人前往（用两人名片），约两点钟去可耳。香严云若无风雨必到。此送顾亲家大人，愉庭顿首。廿九日午刻便携字画数种来，同赏如何？（已看之佳品大多重读）。

    12　吴云致顾文彬——艮庵主人足下：午前香严来晤，谈及悟者护院，真率会停顿，然如此风和景淑、草木皆馨，不可无以寻乐。尊园为第一名胜，往后一月之内为饱游一二次，却亦不可过频、过数也。明日拟访耦园，定两点钟准到，已由弟知照仲复。刻得覆书，已端整绝精、点心相藏矣。特此奉约，务于明日未刻迳访耦园畅叙为订。即颂台安，不具，愉庭顿首，廿七。

13 吴云致顾文彬——艮庵主人足下：前日许星翁书来，约作蝴蝶会，弟本欲奉请，特以未登诸老之堂，不敢遽申此说。今以漆叟为主人，则形迹可以略去，甚妙、甚妙。兹订初八九日奉邀，肴馔悉由弟备，不过存棚栩之名，以如星翁之指而已，预此奉布。闻新得恽画及方兰士册，乞借一观为荷。闻尚有佳品多件，可妬、可妬。此请著安。愉庭顿首，初七。

18 吴云致顾文彬——艮兄亲家大人足下：前日公函约悟九小叙，刻间来信云，连日酬应冗甚，惟廿九日可以偷闲应招。是日忌辰最宜茗话，我辈不衫不履，非宴会可比。惟救闲处应否再约仲复、香严，明后日再定可耳，缘香严三四点钟，正在局中办事也。特此知照，即请台安，愉庭顿首。新正廿六日。

19 吴云致顾文彬——艮庵主人足下：明日本拟官样文章，名帖已备，因得季玉书云，已与静翁面订廿三巳刻集于听枫山馆，存栩栩之名，而嘱敝庖代办，盖恐如十九日之参错重叠也，故不下请帖，以五人名片相邀。静翁与夫人言定明日三点钟到，巳刻尚有一局，夜饭又有一局，廿四即行，故甚匆遽也，特此知照。前论欲求仕女稿、有新刻《红楼梦》四册，系潘□史托售，每部四洋，合意买之，否则三日内付缴去耳。愉庭顿首。廿二日。

第4通为李鸿裔写给顾文彬的，言及想借怡园与潘曾玮等一起在欧阳修生日即农历六月二十一日这天，为苏州织造立豫甫饯行之事——考立豫甫光绪五年（1879）始任苏州织造，为官4年，故这一札的时间当在1882年。第17通为吴云邀约同人，并叮嘱顾文彬莫忘带字画的事情——根据顾文彬《真率会图记》，真率会雅集除了饮酌之外，书画鉴赏为其中主要的节目，故吴云有此提醒。第12通吴云致顾文彬信中明确提到真率会暂时停顿之事。有意思的是，真率会圈子同时还以蝴蝶会、九九销寒会等名目而举行雅集，此引第 13 通与第 19 通中即谈及举行蝴蝶会之事。

第三关于书画鉴赏。传统文人的书画鉴赏一般有几种场合：一是书斋秘玩；二是雅集同赏；三是闲暇阅肆，即逛古玩店，偶尔也会去装裱店——尤其是对于那些无力购藏而有癖好的寒素之士。此套尺牍中涉及书画鉴赏方面的内容为最多，主要是书斋秘玩性质，具体包括互相借观藏品、题跋藏品以及书画交易等，除了前引第 13 通外，尚有：

1 李鸿裔致顾文彬——艮庵主人侍史：假观四卷，谨题三卷。奉缴，祈赐教督。黄、石二家本可不题，多报效数字，冀得多看数种耳。孟津《临十七帖》及赵书《酒德颂》，敬借一观，希付去手。宋徽卷，乞赐题集词，集苏皆妙也。即颂文福。苏邻顿首。廿七日。

2 李鸿裔致顾文彬——赵魏公临黄庭，妙不胜赞，即跋数语，亦当放光，柯蕴真一段，岂在松雪下哉？敬缴，乞赐检察。华亭尚书所临《外景经》，亦思皆一观，以廓眼界也。手泐即请艮庵主人箸安。弟香严顿首。廿九日。

6 李鸿裔致顾文彬——右军千文，褚摹兰亭、三希残帖，俱有之，特检出奉上，乞赐览。余晤罄，不具。即颂艮菴主人道履安隐。苏邻顿首。初九日。

7 李鸿裔致顾文彬——怡园主人侍史：契阔数旬，想起居佳胜，弟今岁一味抄书，委录各种遂至留滞。顷将坡像题正节去三首，拣其至妙者登之，诗多而纸隘也。即颂颐福。弟香严顿首。十日。

10 吴云致顾文彬——艮庵主人足下：《绝妙好词》静逸处，全家回禾，无从向取。此书市肆中亦有找处，似不难购也。烟客卷、渭长册，青帅已送还，今先将烟客画卷、衡山画册两精品缴上，乞检收，渭长册留玩数日再缴。属书楹帖写就奉正，草草即请台安，不一一。弟愉庭顿首，乐泉均此。烟客卷起首角上为伧夫挖去名印，可憎之至，遂用一印盖之。

14 吴云致顾文彬——艮庵主人足下：香严立嗣实一大喜事，论理至亲之外，若我辈至好数人亦应道喜，未知兄如何进止？或约日同往，或即今日去？示遵当先诣府也。史阁部字轴，此君难与讲价钱，因嘱玉斧、岚坡辈与说，中间有互易之件，竟作为三十五洋可也，特送去，此开门见山真迹也。顺请台安，愉庭顿首。元宵。拐仙若开花肆，短缺本钱，弟亦可相助为理。

15 吴云致顾文彬——吴渔山小立轴、米海岳莼图，均先缴上，海岳莼图已就，尚未脱稿，他日再写可耳。彦冲册正在临写，迟一日再缴上无误。顾亲家大人，愉庭顿首。

5 李鸿裔致顾文彬——艮荞居士至谊：诗十二篇，祗领细读，皆山记、佛影蔬二联，改本极佳，此二典弟皆不知，便中仍望见示。此十二诗乞照样写一份见赐，弟留黏册，亦《箧中集》之意耳。日内即写信汇寄，余不一一。即候颐福。苏邻顿首。

以上诸札中所提及书画藏品，现在有的尚有迹可循，例如赵书《酒德颂》现藏北京故宫博物院，《赵魏公临黄庭》现藏苏州博物馆。真率会中顾文彬为集词高手，除了有专著之外，过云楼所藏书画中所见顾文彬集词题画也相当之多，第 1 通中李鸿裔即提及想请顾文彬集苏东坡句来题自己的藏画；而清代乾嘉以来，以翁方纲为首的文人，喜欢在苏东坡生日即农历十二月十九号举行寿苏会，吴门为文人渊薮，自然为流风深染之地，相关内容在《过云楼日记》中屡见不鲜——光绪七年（1881）

十二月十九日于听枫园举办者即是其例，此引第 7 通中李鸿裔提及为东坡像题跋的事情，该即当为寿苏会时悬挂东坡像以祭拜而准备的。

顾文彬素负文名，咸丰间当他准备从湖北宦游而归时，恰逢太平天国之乱起，途中曾暂时避地宜都杨守敬家，杨守敬曾以"吴中文豪"称之。同治九年（1870）起复，其自京师赴任宁绍台道员归途中，乘兴口占之作就有百首之多；而其到宁波上任伊始，即嫌衙署旧有的楹联句子不佳，统统换作自撰之作；其正式上任以后，一有闲余即以集词为消遣……如此种种，俱可见其雅兴不浅。此引第 5 通为李鸿裔拜读顾文彬诗稿后的回信，其中特意询问"皆山记、佛影疏"二典的出处，此正所谓"奇文共欣赏，疑义相与析"，大有北宋苏、黄之风。《过云楼日记》另有顾文彬请友人潘遵祁删定《怡园词》的记载，于此也一并可见古时文人慎于著述的情形。此札本与书画鉴赏无关，但因为真率会特别是顾文彬在书画鉴赏题跋时，特别讲究"写作俱佳"的问题，即诗文的修养是传统文人鉴赏的基本功，故附论于此。

第四关于书籍刊刻。真率会圈子以书画鉴赏出名，然亦旁及古籍之鉴赏与收藏。例如光绪五年（1879）十月十三日雅集，顾文彬等即曾在黄丕烈旧藏《编年通载》《吴郡图经续记》《新定续志》《中兴馆阁录》《参寥子诗集》上题记。此套尺牍中涉及古籍者，兼代提及的如前引中第 10 通吴云言及顾文彬想借杜文澜藏《绝妙好词》、第 19 通吴云告诉顾文彬有新刻版画《红楼梦》四册可买；专门论及者为第 3 通：

  3 李鸿裔致顾文彬——艮庵居士丈室：久不晤，想禅诵翛然，日臻胜境。《蒙抄》赖居士赞助之力，幸得成书。每字较常价加增二角，居然清朗，无诸经局潦草习气。此皆从居士福慧光中庄严而出者也。试印样本十部，兹先奉上一部，乞检入。是书较原本有三善：原本以长水为宗是也，然经疏不分，易于眯目。兹刻字分三等，佛语最大居中，长水次之，亦居中。诸家论注，杀而小之，居以夹行，既不背蒙叟宗旨，使学人亦易于持诵，一也。原本校勘稍疏，弟与钦韵珊各校一遍，始终不遗一字，脱文伪字，辩论不遗余力，别成校勘记二册，他日亦可别刻，二也。原本十二册，不便老眼，兹申为廿册，豁然神明开朗。三也。弟以独力，成此一经，共费千七百元，以后流通，亦是一大事因缘，不能无望于同气之助。每刷印一部，不过两元，兄与耦园若能各助百金，开岁即可刷印百部，以为前旌之导，但须仁者发心，不强劝耳。耦园百金，昨已许诺矣。觍缕奉布。即颂法喜。香严顶礼，初七日。

此通之大意，即是李鸿裔准备刷印其重新勘校的《蒙抄》，遇到经费问题而向顾文彬谋求赞助之事。所谓《蒙抄》，即明末钱谦益晚年学佛之作《大佛顶首楞严经疏解蒙抄》十卷，梁启超先生颇为推崇，现有手稿本和顺治年间初刻本同时存世。其中稿本现分藏于美国柏克莱加州大学东亚图书馆（卷四）、上海图书馆（卷五、卷八之四、卷九）、杨氏枫江书屋（卷十），枫江书屋藏本因多年前展出过，笔者曾得寓目。李鸿裔此札中特别提及其校勘本胜出原本的三个方面，此"原本"可能系顺治以后的刊本。刊刻书籍，在古代是费事费力之事，顾文彬在日记中曾经说到俞樾勤于著述却无力梓行而全赖友人赞助的事，可为佐证。此处李鸿裔想刻之佛经，也是大部头的东西，同好的赞助不但是必要的，玉成其事也算是学佛的功德之一。佛教在许多传统文人晚年的精神生活中具有重要作用——顾文彬即信奉念佛去病积德。

第五关于日常生活杂事。尺牍本为亲友之间日常生活之通信，故自然免不了许多生活杂事。传世草书经典王羲之的《十七帖》写给四川友人周抚者，除了礼节性问候外，所谈大多即是馈赠、服食甚至请托等生活琐事；而如《两罍轩尺牍》潘祖荫序称与吴云通问"金石外无一语他及"者，像这样只谈风雅不谈其他者毕竟是少数。此套真率会尺牍中，涉及生活杂事亦有不少，如前引第14通吴云致顾文彬信中，谈及李鸿裔立嗣而约同前往道喜、顾家匠人号"拐仙"者开花店资助等事宜即是。另外，有两通内容全是关于这一方面的，时间皆在顾文彬为官宁绍台道

员期间,一为潘曾玮写给吴云转呈顾文彬者,一为吴云写给顾文彬者:

8 潘曾玮致吴云——顷谈未尽衷曲,吕庭芷(耀斗)太史欲就甬东孝廉堂一席,如致艮葊主人书乞推荐,同深感泐。心香兄明年总未必连任,已有正谊之席也。此颂大安,敔闲顿首,十八日。致书艮庵时望为道怀,又拜。

16 吴云致顾文彬——艮庵老兄亲家大人足下:昨奉寄一信,附有与柳门书,计必即达,刻还□书示手□,此事曾经骏叔面述,当日同在九峰亭听琴,即为转托敔闲以照渠,极为关切。目前只有尽人调处。调处不下,惟有递呈申理。此外再无别法,一切自当随时招呼,不必记挂。此□后,即请台安,不具,退楼状。十二。托柳门买玫瑰饼,此惟开花时始有,刻下正当令,嘱即办就寄下,已许信中。

顾文彬官任宁绍台道员之初,其钱谷、书记之类的幕僚皆由自己物色,对于州县之官员任命则拥有推荐的资格。此引第 8 通即是潘曾玮想请吴云转托顾文彬为友人吕庭芷谋求宁波一孝廉堂学官之职。其中提到的"心香兄",即是因冯桂芬去世而继任正谊书院山长的蒋心香。考冯桂芬卒于同治十三年(1874),故可推知此札即写于此年。

顾文彬官任宁绍台道员期间,虽江浙毗邻、苏宁不远,但因公务在身不能回家,家中事务全靠儿子顾承打理。而顾承体弱多病,力不能及处,则需要老友相助;再则根据日记和家信《宦游鸿雪》记录,顾文彬与吴云等一起参与育婴堂的事情,一起开典当,经常会遇到各种问题,所以往来函商通气无疑是必须的。《过云楼日记》中光绪元年(1875)二月二十七即谈及顾家修造怡园,当时颇招物议,顾文彬即特意写信给吴云嘱托照应。此引第 16 通吴云写给顾文彬者,书法虽多处潦草难辨,但可知除了末尾言及托汪鸣銮买玫瑰饼外,其主要意思亦是回复当时顾家事务有赖其出面帮助者。

## 三、余论

　　吴门真率会雅集,始于光绪初顾文彬告老还乡之际,延续至光绪十年左右。虽然李鸿章早在同治十一年(1872)即指出中国社会面临着"三千年未有之大变局",但传统社会波澜不惊、退老官员优游林下的情形,我们似乎还是可以从这套真率会尺牍中想象一斑。随着吴云、顾承相继去世,勒方锜、沈秉成之离吴外任,晚年的顾文彬对于书画的兴趣渐渐意兴阑珊,而真率会之雅集也随之成了往事。

## 笺注：

1 李鸿裔致顾文彬——艮庵[1]主人侍史：假观四卷，谨题三卷。奉缴，祈赐教督。黄、石二家本可不题，多报效数字，冀得多看数种耳。孟津[2]临十七帖及赵书酒德颂[3]，敬借一观，希付去手。宋徽卷[4]，乞赐题集词，集苏[5]皆妙也。即颂文福。苏邻[6]顿首。廿七日。

2 李鸿裔致顾文彬——赵魏公临黄庭[7]，妙不胜赞，即跋数语，亦当放光，柯蕴真一段，岂在松雪下哉？敬缴，乞赐检察。华亭尚书[8]所临外景经，亦思皆一观，以廓眼界也。手泐即请艮庵主人箸安。弟香严顿首。廿九日。

3 李鸿裔致顾文彬——艮庵居士丈室：久不晤，想禅诵翛然，日臻胜境。《蒙抄》[9]赖居士赞助之力，幸得成书。每字较常价加增二角，居然清朗，无诸经局潦草习气。此皆从居士福慧光中庄严而出者也。试印样本十部，兹先奉上一部，乞检入。是书较原本有三善：原本以长水[10]为宗是也，然经疏不分，易于眯目。兹刻字分三等，佛语最大居中，

---

1 顾文彬（1811—1889），字蔚如，号子山，晚号艮庵，苏州人，过云楼第一代主人，道光二十一年（1841）进士，官至浙江宁绍台道员。
2 王铎（1592—1652），字觉斯，号烟潭渔叟，河南孟津人，故称。
3 即赵孟頫书《酒德颂》，现藏北京故宫博物院，卷后有真率会诸人怡园观款题记，过云楼集帖刻入。
4 《过云楼日记》光绪五年三月曾提到李鸿裔以两百元收得宋徽宗山水卷，或系此。
5 即集苏东坡词，顾文彬为清代集词高手。
6 李鸿裔（1831—1885），字眉生，号香严，又号苏邻，四川中江人。咸丰元年（1851）举人，官至江苏按察使加布政使衔，官兵部主事。罢官后，寓居苏州，购得网师园。
7 即赵孟頫临《黄庭经》，现藏苏州博物馆，后有柯九思跋。
8 即董其昌。
9 《蒙抄》即钱谦益《大佛顶首楞严经疏解蒙抄》十卷，现有手稿本和顺治年间初刻本存世。
10 长水，北宋华严宗僧。钱塘人，或作嘉兴人。俗姓郑，号东平，人称长水大师、楞严大师，资性非凡，九岁随普慧寺契宗出家，习诵《楞严经》。

长水次之，亦居中。诸家论注，杀而小之，居以夹行，既不背蒙叟宗旨，使学人亦易于持诵，一也。原本校勘稍疏，弟与钦韵珊[1]各校一遍，始终不遗一字，脱文伪字，辩论不遗余力，别成校勘记二册，他日亦可别刻，二也。原本十二册，不便老眼，兹申为廿册，豁然神明开朗。三也。弟以独力，成此一经，共费千七百元，以后流通，亦是一大事因缘，不能无望于同气之助。每刷印一部，不过两元，兄与耦园[2]若能各助百金，开岁即可刷印百部，以为前旌之导，但须仁者发心，不强劝耳。耦园百金，昨已许诺矣。颙缕奉布。即颂法喜。香严顶礼，初七日。

4 李鸿裔致顾文彬——艮葊主人至谊：廿一日名园雅集，适值醉翁生日[3]，弟亦久思奉商同饯豫甫尚衣[4]，而贱躯自中伏偶感暑湿，服药无效。今虽小愈，犹尚畏风如虎。闻尚衣廿六日启行，为日无多。只好一面静摄，一面约季玉[5]联名订请——粗意欲约尊处同请。届期有两主周旋，弟亦得随意取便耳。执事一夏安健。廿五日务望早临，藉摅契阔。专泐鸣谢。敬候起居安稳。苏邻顿首。十九日。

5 李鸿裔致顾文彬——艮葊居士至谊：诗十二篇，祗领细读，皆山记、佛影蔬[6]二联，改本极佳，此二典弟皆不知，便中仍望见示。此十二诗乞照样写一份见赐，弟留黏册，亦《箧中集》[7]之意耳。日内即写信汇寄，

---

1 钦韵珊，叶昌炽《藏书记事诗》提到此人为地师，即以看风水为职。
2 耦园即沈秉成。沈秉成（1823—1895），字仲复，湖州人，咸丰六年（1856）进士，历官编修、苏淞太道、安徽巡抚等，有政声。同光间寓居苏州，购得娄门涉园废址，扩建增筑成耦园。
3 即欧阳修生日农历，六月二十一日。
4 杨立山，字豫甫，土默特氏，内务府蒙古正黄旗人。光绪五年（1879）以员外郎出监苏州织造，历四任乃得代。论修南范工，赐二品服。累迁奉宸苑卿、总管内务府大臣、正白旗汉军副都统、户部侍郎、户部尚书等职。
5 潘曾玮（1818—1886），字宝臣，又字玉淦、季玉，号敔闲，吴县人。潘世恩第四子，荫生。道光二十三年（1843）顺天乡试，挑取誊录，遂弃举子业。历官刑部郎中，太平天国时光复苏州有功，记名道员。故居在苏州西百花巷4号。
6 "皆山记"当即欧阳修《醉翁亭记》，因文中有"环滁皆山也"之句；"佛影蔬"笋名，五代陶毅《清异录·佛影蔬》："新罗论迦逻岛有笋曰佛影蔬。"
7 《箧中集》一卷，唐元结编录其亲友之诗歌总集，成于乾元三年（760），录沈千运、王季友、于逖、孟云卿、张彪、赵微明、元季川七人之诗，凡二十四首。

余不一一。即候颐福。苏邻顿首。

6 李鸿裔致顾文彬——右军千文[1]，褚橅兰亭[2]、三希残帖[3]，俱有之，特检出奉上，乞赐览。余晤罄，不具。即颂艮菴主人道履安隐。苏邻顿首。初九日。

7 李鸿裔致顾文彬——怡园主人侍史：契阔数旬，想起居佳胜，弟今岁一味抄书，委录各种遂至留滞。顷将坡像题正节去三首，拣其至妙者登之，诗多而纸隘也。即颂颐福。弟香严顿首。十日。

8 潘曾玮致吴云——顷谈未尽衷曲，吕庭芷（耀斗）[4]太史欲就甬东孝廉堂一席，如致艮菴主人书乞推荐，同深感泐。心香兄[5]明年总未必连任，已有正谊之席也。此颂大安，敩闲顿首，十八日。致书艮庵时望为道怀，又行。

9 吴云致顾文彬——艮庵主人足下：昨日下午，杏荪[6]与伟如[7]上院[8]为难民事，杏荪亦知上海有五万金捐款可用。拟将未过江之饥民，截留七濠口；已过江之饥民，尽送至江阴搭篷留养，中丞[9]以为然，而今日府县未知其事。回明方伯[10]，请即下札，将到此饥民分送松太，此真至

---

1 《千字文》本梁朝周兴嗣所作，此处指集王羲之字书千文者。
2 《过云楼书画记》著录一卷米题褚遂摹兰亭，过云楼集帖刻入。
3 当即乾隆刻三希堂法帖。
4 吕耀斗（1828—1895），字庭芷，号定子，阳湖人。道光庚辰（1820）进士，入翰林，历官陕西副官，直隶清河道，官至直隶天津道。工画墨兰，兼能词。著有《鹤缘词》。
5 即蒋心香，因前任冯桂芬去世而继任正谊书院山长。该书院在苏州沧浪亭对过可园内。
6 即盛宣怀。盛宣怀（1844—1916），字杏荪，江苏武进人，同治九年（1870）入李鸿章幕，曾任轮船招商局督办、中国电报局总办、华盛纺织总厂和中国铁路总公司督办等职，并创办了中国通商银行，官至邮传部尚书。
7 潘蔚（1816—1894），字伟如，号韡园居士，吴县人。初习儒，因科场失意而改习医，后因尝治愈咸丰孝成后之疾而名噪一时，门庭若市，并官至贵州巡抚。辑有《韡园医学六种》。
8 清代巡抚衙门与省治藩臬两司皆设在苏州。顾文彬归隐时，江苏巡抚为吴元炳，布政使为恩竹樵。
9 中丞为巡抚之别称。
10 方伯为布政使之别称。

下之策。而该饥民之受苦，与地方之更扰，交相为害，此间府县，但知以邻国为壑，远不如杏荪之识重也。刻知杏荪往见两司。恐吾主人往见中丞，获未悉昨日杏、伟见中丞之事，故特奉告，此刻恐空分道与他处，大非恤穷之道，尊意以为如何？即请台安，不一。愉庭[1]顿首，初三。

10 吴云致顾文彬——艮庵主人足下：《绝妙好词》[2]静逸[3]处，全家回禾，无从向取。此书市肆中亦有找处，似不难购也。烟客卷、渭长册，青帅[4]已送还，今先将烟客画卷、衡山画册两精品缴上，乞检收，渭长册留玩数日再缴。属书楹帖写就奉正，草草即请台安，不一一。弟愉庭顿首，乐泉[5]均此。烟客卷起首角上为伧夫挖去名印，可憎之至，遂用一印盖之。

11 吴云致顾文彬——艮庵主人足下：荫甫太史[6]与浙省当道有宾主之分，且多熟悉，当道亦重其品学。其书中所附《乡闱条议》，内有请设"棲疗所"一条，大有见解。鄙意或由主人将此条另行录出，先行函商省中当道，府县亦可更为次第。倘计算晋省日事，如来得及，则竟候主人到省办理，亦无不可。统祈裁夺。即请台安，不具。姻弟[7]云顿首。

---

1 吴云（1811—1883），字少甫，号平斋，晚号退楼，六十五岁后又号愉庭，斋号二罍轩，家有听枫山馆，湖州人。举人，官镇江、苏州知府，笃学考古，曾藏《兰亭序》二百种，齐侯罍二等。
2 《绝妙好词》七卷，南宋周密编选，约成书于元初。始自张孝祥，终于仇远，共132家385首，包括周密本人的22首词。
3 杜文澜（1815—1881），字小舫，号静逸，浙江秀水人。少年中举，逢太平天国战乱，参军幕，有干才，为曾国藩所称。官至江苏道员，署两淮盐运使。工词，著有《宋香词》《憩园词话》。
4 即张之万。张之万（1811—1897），字子青，号銮坡，直隶南皮人，张之洞堂兄。道光二十七年（1847）进士；同治间署河南巡抚，移督漕运，历江苏巡抚、闽浙总督、兵部尚书、东阁大学士等。
5 顾承（1833—1882），初名廷烈，字承之、骏叔，又号乐泉。过云楼第二代主人，顾文彬第三子，顾麟士之父。精鉴赏，好玺印。
6 即俞樾。俞樾（1821—1907），字荫甫，号曲园，浙江德清人，清道光三十年（1850）进士，入翰林，后任河南学政，被御史曹登庸劾奏罢官，遂移居苏州曲园，潜心学术，曾国藩称其以著书为性命，撰有《春在堂全书》，其部分书版犹存，前不久由曲园移交本馆，笔者曾有幸参与移交过程。
7 顾文彬的大孙女嫁给了吴云长孙幹臣。

廿又一日。

12 吴云致顾文彬——艮庵主人足下：午前香严来晤，谈及悟者[1]护院，真率会停顿，然如此风和景淑、草木皆馨，不可无以寻乐。尊园为第一名胜，往后一月之内为饱游一二次，却亦不可过频、过数也。明日拟访耦园，定两点钟准到，已由弟知照仲复。刻得覆书，已端整绝精、点心相藏矣。特此奉约，务于明日未刻迳访耦园畅叙为订。即颂台安，不具，愉庭顿首，廿七。

13 吴云致顾文彬——艮庵主人足下：前日许星翁[2]书来，约作蝴蝶会，弟本欲奉请，特以未登诸老之堂，不敢遽申此说。今以漆叟[3]为主人，则形迹可以略去，甚妙、甚妙。兹订初八九日奉邀，肴馔悉由弟备，不过存栩栩之名，以如星翁之指而已，预此奉布。闻新得恽画及方兰士册，乞借一观为荷。闻尚有佳品多件，可妬、可妬。此请著安。愉庭顿首，初七。

14 吴云致顾文彬——艮庵主人足下：香严立嗣[4]实一大喜事，论理至亲之外，若我辈至好数人亦应道喜，未知兄如何进止？或约日同往，或即今日去？示遵当先诣府也。 史阁部字轴。此君难与讲价钱，因嘱玉斧、岚坡[5]辈与说，中间有互易之件，竟作为三十五洋可也，特送去，此开门见山真迹也。顺请台安，愉庭顿首。元宵。 拐仙[6]若开花肆，短缺本钱，弟亦可相助为理。

---

1 当即勒方锜（1816—1880），字悟九，号少仲，江西南昌人。道光时入翰林。历官江苏按察史，广西布政史，江苏、福建和贵州巡抚，官至河东河道总督。工词之外，精通星卜术相之学。
2 即许应鑅（1820—1891），字昌言，号星台，番禺人，许广平祖父。道光二十三年（1843）举人，咸丰三年（1853）进士。历任广饶九南兵备道兼九江关监督、江苏按察使、江苏布政使、浙江巡抚等职。
3 庄子别称。
4 按：李鸿裔无子，立任子李赓猷为嗣。
5 即张玉斧、汪岚坡，二人皆精于摹拓、钩摹之道，曾为吴云钩摹《虢季子白盘》等。
6 据《过云楼日记》，顾家有花匠王跷仙，专门负责打理怡园中花木之事，或即此人。

15 吴云致顾文彬——吴渔山小立轴、米海岳薹图，均先缴上，海岳薹图已就，尚未脱稿，他日再写可耳。彦冲册正在临写，迟一日再缴上无误。顾亲家大人，愉庭顿首。¹

16 吴云致顾文彬——艮庵老兄亲家大人足下：昨奉寄一信，附有与柳门²书，计必即达，刻还□书示手□，此事曾经骏叔面述，当日同在九峰亭听琴，即为转托敦闲以照渠，极为关切。目前只有尽人调处。调处不下，惟有递呈申理。此外再无别法，一切自当随时招呼，不必记挂。此□后，即请台安，不具，退楼状。十二。托柳门买玫瑰饼，此惟开花时始有，刻下正当令，嘱即办就寄下，已许信中。

17 吴云致顾文彬——艮庵主人足下：仲复、敦闲处，兄着人往邀（望付一名片来）；悟九、香严，请尊处遣人前往（用两人名片），约两点钟去可耳。香严云若无风雨必到。此送顾亲家大人，愉庭顿首。廿九日午刻便携字画数种来，同赏如何？（已看之佳品大多重读）。

18 吴云致顾文彬——艮兄亲家大人足下：前日公函约悟九小叙，刻间来信云，连日酬应冗甚，惟廿九日可以偷闲应招。是日忌辰最宜著话，我辈不衫不履，非宴会可比。惟敦闲处应否再约仲复、香严，明后日再定可耳，缘香严三四点钟，正在局中办事也。特此知照，即请台安，愉庭顿首。新正廿六日。

19 吴云致顾文彬——艮庵主人足下：明日本拟官样文章，名帖已备，因得季玉书云，已与静翁³面订廿三巳刻集于听枫山馆，存栩栩之名，而嘱敝庖代办，盖恐如十九日之参错重叠也，故不下请帖，以五人名片相邀。静翁与夫人言定明日三点钟到，巳刻尚有一局，夜饭又有一局，廿四即行，故甚匆遽也，特此知照。前谕欲求仕女稿，有新刻《红楼梦》

---

1 据《过云楼日记》眉批，此札盖作于光绪二年（1876）四月十八日之后。
2 柳门即汪鸣銮。汪鸣銮（1839—1907），字柳门，号郋亭，钱塘人，侨寓吴门，与吴大澂同为韩崇外孙。同治四年（1865）进士，历官编修、陕甘学政、内阁学士、吏部右侍郎等。
3 即杜文澜。

四册[1],系潘石史托售,每部四洋,合意买之,否则三日内付□缴去耳。愉庭顿首。廿二。

---

1 当即《红楼梦图咏》之类。

# 顾麟士、顾则坚父子的书画情缘及对苏州美术界的影响

俞 菁

（苏州市档案馆）

**摘 要**：过云楼是近代江南著名书画收藏楼，位于苏州古城内，由清末著名收藏家、书画鉴赏家顾文彬、顾承父子建立。顾麟士是过云楼第三代主人，他与清代爱国大臣、著名学者、书画家吴大澂发起成立苏州第一个有组织的美术团体"怡园画社"，并与儿子顾则坚对苏州美术会及苏州美术专科学校的肇建和运行鼎力相助，在苏州近现代美术史上占有一席之位。

**关键词**：苏州；顾麟士；顾则坚；怡园画社；美术会

苏州过云楼是清末江南著名的书画收藏楼，建于清同治光绪年间，原址坐落于苏州古城怡园旁铁瓶巷。第一代主人顾文彬是道光进士，官至浙江宁绍台道员，他在过云楼建成之际辞官归梓，专心经营过云楼的书画收藏，并与其子顾承共同完成了怡园的营造。他在《过云楼书画记》的自叙中提道："书画之于人，子瞻氏目为烟云过眼者也，余既聩其论以名藏秘之楼，则罗而储焉，记而存焉，适然

之遇已耳，殆无容心。"[1] 他引苏轼的话，将所喜之物比喻成眼前一晃而过的烟云，过云楼也因此得名。[2] 但书画于他的意义似乎并非完全是身外之物，他一生对书画的痴迷追求都归结在了过云楼的丰富庋藏中。

受顾文彬影响，顾氏一族几代人都嗜好书画，成为远近闻名的文化世家，他们以过云楼和怡园为阵地，凝聚了一批江南的文人和画家，主吴中风雅近百年。其中过云楼第三代主人顾麟士便是个中翘楚。

## 一、顾麟士与怡园画社

顾麟士（1865—1930），字鹤逸，又字谔一，号西津、筠邻、一峰亭长，室名鹤庐、海野堂、甄印阁，苏州人，顾文彬之孙，顾承第三子，家族中行六。清末民初著名学者、书画家、收藏家、金石学家。著有《过云楼续书画记》《鹤庐题画录》《鹤庐印存》《因因庵石墨记》《鹤庐画赘》[3]诸种，出版画册有《顾鹤逸山水册》《顾鹤逸仿宋元山水册》《顾西津仿古山水册上下》《顾鹤逸中年山水精品》等。顾麟士秉承家学，十分聪颖，自小耳濡目染过云楼中各种名藏珍品，对画家师法很感兴趣。他初学清初娄东画派"四王"（王时敏、王鉴、王原祁、王翚），后宗元明诸大家，尤其崇拜元朝著名画家黄公望，临摹了他不少作品，顾麟士的山水画作也颇得其意趣。因父兄早逝，作为顾文彬最器重的孙子，他早早继承了家业，努力将家族事业发扬光大，过云楼至鼎盛时期有书画藏品两三千件，而他自己也成了江南画坛盟主。

光绪十五年（1889），顾文彬去世，年仅二十多岁的顾麟士接管过

---

1 顾文彬：《过云楼书画记》，上海古籍出版社，2011年，第3页。
2 苏轼《宝绘堂记》："见可喜者，虽时复蓄之，然为人取去，亦不复惜也。譬之烟云之过眼，百鸟之感耳，岂不欣然接之，然去而不复念也。"
3 《鹤庐画赘》为顾麟士赏画、作画时所题诗跋，由顾则坚收集、整理，厘诗为"趣"，厘跋为"识"，分为上下两卷。苏州市档案馆将两卷内容整理后，于2018年、2019年分别出版了《鹤庐画趣》《鹤庐画识》。

云楼，他在顾文彬的故交、同是苏州人的书画名家吴大澂的帮助下，于怡园发起了苏州近代历史上第一个有组织的美术团体——怡园画社。画社宗旨为"研讨六法，切磋艺事"，便是召集吴地画家不定期在怡园雅集，每每以过云楼藏品作为素材，让画家们进行观摩、赏析、临摹，以切磋吴门画派的技艺，提高大家的艺术造诣。顾家为书画爱好者提供了一个宝贵的学习场所，怡园画社成了吴门画家的培养基地。由于吴大澂德高望重，被推为首任社长。光绪二十八年（1902），吴大澂过世后，顾麟士接任怡园画社第二任社长。怡园云集了四方才俊，吴昌硕、陆恢、胡锡珪、顾沄、金心兰、王同愈、费念慈、翁绶琪、倪田、杨岘、沙馥、郑文焯等一批书画名家都是画社成员，一时盛况空前。彼时怡园已成为江南文化艺术的前沿阵地，蒲华、黄山寿、任伯年、于右任、黄宾虹等外地名家也纷纷慕名而来，与顾麟士相得甚欢。

怡园画社一直活跃到清末宣统元年（1909），由于元老们一个个年老离去，才渐渐进入停滞状态。但它在中国近代书画史上有着不可忽视的地位，顾麟士本人也占有一席之地。许多人想求得他的墨宝或得到他的指点，却因他深居简出难以见上一面。1921年，康有为到苏州游玩时，求见顾麟士未果，颇为遗憾地赋诗一首《怀顾君鹤逸》："海内于今有虎头，画师樗散挹浮邱。闭门高卧谢尘世，聊写丹青当卧游。"[1] 他将顾麟士尊为画坛"虎头"，字里行间对他极为尊敬。1929年教育部在上海举办"第一次全国美术展览会"，顾麟士的名字赫然排在此次美展作品集中284名画家的第一位。

他不但自身书法绘画功底深厚，且对画理画法也有深刻见解，故常能为同行给出正确的意见。譬如他与比自己大22岁的吴昌硕交流画艺，见其临摹恽南田的没骨花卉，未能形成自己的创作风格，便赠送自己所藏"八大山人"朱耷的作品《白鹿》以供借鉴，劝其改走"八大山人"

---

1 高福民编著：《过云楼梦——大变革时代江南文脉之一隅》（上），文汇出版社，2016年，第123页。

以书法篆刻入画的路线。吴昌硕听取了他的建议，最终形成了笔力浑厚、充满金石气息的独特绘画风格，成了海派画家代表。顾麟士虽不收徒，但对那些好学上进的后辈颇多赏识提携，怡园仍然吸引着一批对书画艺术充满热情的年轻人，比如后来创办了苏州美术专科学校的吴子深、颜文樑等人都得到过他的指导。他的儿子顾则坚也对父亲的书画成就推崇备至。

## 二、顾则坚与苏州美术会

顾则坚（1900—1929），字公柔，为顾麟士之子（顾麟士原有五子，长子夭折，顾则坚行四）。因其早年病逝，留存于世的作品今不多见，现存有《公柔日记》残稿[1]，以及他为父亲所辑录诗稿《鹤庐画赘》。其弟顾则奂[2]为纪念他，将他生前临摹古人山水画作编成《柔哥遗墨》一册。

顾则坚身体素来柔弱，但他颇有艺术天分，对书画创作十分钻研，也很有自己的思想，常静心思考参悟画理。顾麟士对他严格教导，只要觉得他用笔失法，即刻令他重作。顾则坚擅长山水国画，年纪轻轻的他，画作已会被人借去临摹，画扇也常被亲友讨要去，当作重要礼品。同时他对西洋画也感兴趣，路上看到外国画本就会购回观摩，他曾绘制西洋画作为苏州青年会开幕贺礼，对水彩画、油画创作都有涉及。20岁的他对何为美术也有自己独到的见解："美术者，挟有艺术而进求完美之设也。天地间形形色色，为吾所接触者，有美有恶，凡人皆有爱憎之心，

---

1 《公柔日记》为顾公柔残存的日记，现苏州市档案馆有5册稿本，因稿本原有缺失，5册时间并不连贯，日记中使用的是旧历记年，推算出日记时间范围为1920年7月至1923年5月。苏州市档案馆将日记稿本整理后，于2018年出版了《顾公柔日记》，并附《柔哥遗墨》。
2 顾则奂（1904—1996），顾麟士第五子，字公硕，以字行。书画家、收藏家，建国后将过云楼所藏书画、典籍及怡园捐献给国家。曾任苏州市工艺美术研究所所长、苏州市博物馆副馆长。

我挟有艺术，而被他人见而歆羡，是以凡事凡物皆欲求以术而得其美，斯即名之曰美术。"[1] 顾则坚与苏州美术专科学校校长颜文樑有着世交之谊。颜文樑的父亲颜纯生是一位画师，得到顾麟士认可，经常带儿子出入怡园。顾则坚也因此与颜文樑从小相识，两人都喜爱绘画，志趣相投。1918年，颜文樑联同杨左匋、顾则坚等一众友朋，发起了苏州美术会图画赛会，将吴地当代画家所画中国画、西洋画进行联展，这也属画坛首创。

第一次画展于1919年元旦在位于苏州旧皇宫的吴县教育会展出。此次参展的贤达名流有余觉、朱梁任、张一麐、吴昌硕、顾麟士等人，还有吴子深、陈涓隐、蒋吟秋这些在日后大放光彩的年轻书画家们，可以说是群贤毕至。首次画展获得成功，画赛会的发起人便组织成立苏州美术会作为常设机构，以期长久开展对美术的研究，并定于每年元旦举行一次画赛会。1922年初，经顾则坚提议美术会进行扩充，借怡园作为美术会会址，征求到会员70多人，每月召开一次常会，并由顾麟士担任美术会会长。顾则坚同颜文樑、胡粹中、朱士杰等人一起主持美术会日常会务，刊印《美术》半月刊以作宣传和联络会员，顾则坚担任编务，还负责组织画赛会的国画作品展出。由于过云楼顾氏家族本来擅画者就多，他便广泛发动家人一起参与。1923年元旦，第五届苏州美术会图画赛会举行。顾公柔日记中记载此次画展全家积极参与："美术会图画赛会，我家应征之画件，有严慈之小幅各一，雄哥硕弟各出巨幅，余仅寥寥数笔。彦平哥不日赴沪，倚装画就横册。季文侄嗜临余画，此番成一短幅，涉笔成趣，胜蓝多矣。家仆李升平日濡染左右，遂亦鼓兴效颦，虽不能出于一门，亦可自乐焉。超逸有致，然于赛会时藉以点缀，观者

---

[1] 顾公柔著，苏州市档案局（馆）、苏州市过云楼文化研究会编：《顾公柔日记》（下），文汇出版社，2018年，第95页。

将目我为一门风雅。"[1] 从中可知顾麟士与妻子潘志玉，儿子顾则扬[2]、顾则坚、顾则奂，以及族人等都有作品参与了苏州美术会图画赛会。顾则坚认为这能体现顾氏"一门风雅"，颇为自豪。

因美术会会员渐渐扩大，顾公柔又着手寻觅新址，于1922年下半年选定在铁瓶巷5号，即顾宅对面。接下来一年时间，新址动工、聘请木匠、置办器具、印制会证、刊登广告、征集会员、寻觅画赛会场所、布置美术会会场，他都亲力亲为。11月5日，美术会借用位于观前的苏州青年会会所召开成立大会。顾则坚在日记中记载："上午胡粹中来，谈话至近午，乃同至青年会，预备一切。饭于广南居。一时后来宾渐来，二时半开会，二工奏军乐，报告开会宗旨，张仲仁、杨怀玉、吉尔达相继演说，后为六部演讲，散会时颇晚矣。"[3] 1923年初，苏州美术会铁瓶巷新会所落成，顾公柔被推选为美术会总干事，迁入新址后重征会员。在他与美术会同仁的努力下，会员增至300多人，内部组织分设为绘画、雕刻、音乐、诗歌、刺绣、演讲等六个部门。这一年的大年初一晚上，他也是在会所里与美术会同仁一起欢聚度过的，可见他对美术会的重视。

## 三、顾则坚与苏州美校

顾则坚还参与了苏州美术专科学校的早期筹建工作，作为校董之一，他为学校事务劳心劳力，还承担办学经费，在学校一度困顿的情况下出资恢复运转。他在日记中就曾提到美校"几不能开门"，他拿出自己的

---

1 顾公柔著，苏州市档案局（馆）、苏州市过云楼文化研究会编：《顾公柔日记》（下），文汇出版社，2018年，第84页。
2 顾则扬（1897—1951），顾麟士第三子，字公雄，以字行。书画家，收藏家。建国后家人遵其遗嘱，将所藏过云楼393件珍贵书画和十多部善本古籍捐给国家，现藏于上海博物馆。
3 顾公柔著，苏州市档案局（馆）、苏州市过云楼文化研究会编：《顾公柔日记》（下），文汇出版社，2018年，第78页。

钱"以应之,旗鼓复振"。从别人的回忆文中也能得到佐证,颜文樑在苏州美术专科学校所编《艺浪》十周年纪念刊中写了篇《十年回顾》,其中提道:"学校创办之初,一切均由创办人担负,故创办人即为本校校董。当时负全校经济之责者,为顾君仲华、陈君伯虞、顾君公柔等。"[1] 美校开办时,颜文樑、胡粹中、朱士杰担任西画教师,顾则坚为国画教师,他们都是义务教学,不拿薪水,完全出于对艺术的挚爱和对中国美术事业的支持。

苏州美术专科学校创建后不久,因学生数量渐增,原有校舍已不敷用,顾公柔又在位于铁瓶巷的美术会会所中另辟宿舍。由于苏州美术会是国画家和西洋画家的联合组织,铁瓶巷会所即为中西式两层楼房,两侧各有罗马式庭柱,以示中西合璧之意。后来,吴子深出资在沧浪亭建造苏州美术专科学校的教学楼,也采用了罗马式柱子,便是从苏州美术会会所得到的启发,同时也是为了纪念以顾则坚为代表的苏州美术学校早期创办人。

然而顾则坚自小体弱多病,日记中记载颇多愁善感、忧国忧民。他常对自己的身体状况表示担忧:"英雄只恐病来磨,自问虽非金刚之体,凡事可以耐劳,精神则与年俱长,今则逐渐消磨,一变而为棉花之寿星,行一里而气急,容量仅五升,即不能举。岂年方二十二岁,已知老之将至耶。"[2] 他也多次提及因操办美术会及美校事务而倍感劳累。在苏州美术会新址落成、苏州美术专科学校步入正轨后不久,他便急流勇退,淡出美术会与美校的活动。1923 年 5 月,他向美术会移交账本,付清木匠费用后,便各处言别。颜文樑在《十年回顾》中不无遗憾地写道:"顾君公柔,遽归道山。"虽然他早早地退出了历史舞台,但不可否认,顾公柔为民国早期苏州美术的发展做出了突出的贡献,可谓是奠基者之一。

---

1 颜文樑:《十年回顾》,苏州美术学校校刊《艺浪》十周年纪念刊,1932 年 12 月 1 日,第 8 页。
2 顾公柔著,苏州市档案局(馆)、苏州市过云楼文化研究会编:《顾公柔日记》(下),文汇出版社,2018 年,第 47 页。

## 四、《鹤庐画赘》与《柔哥遗墨》

顾则坚年仅29岁就因病去世，从残存日记稿中可以看出他才藻富赡，然而空有一身诗书才华，却未及留下自己的专著。顾则坚是个孝子，他在生病之际仍坚持抱恙为父亲顾麟士四处收集散落亲友处的题画诗跋，如此收集了六七年，一一誊抄下来，将"诗""跋"分类为《画趣》《画识》两卷。直到去世前十来天左右，他专程去顾麟士住宅看望，面目憔悴地将手抄两卷册子奉上给父亲，想请其将诗文先后次序校正。父子两人相见悲伤欲泣，这一别就是永诀。顾则坚头七之日，顾麟士路过他的书房，看到那两卷凝聚着父子心血的册子，便援笔题写了"画赘"二字，又看到他病中留下的画册，更是伤心不已，引元稹《哭女樊四十韵》中诗句"未容夸伎俩，惟恨枉聪明"，题写于画册之上。爱子死后，顾麟士哀恸逾恒，病情加重，偶尔涂画两笔，但再无题识，第二年即去世。顾则坚与兄弟们手足情深，他的哥哥顾则扬与弟弟顾则奂为竟其未了之心愿，整理、续录了《鹤庐画赘》，以此纪念父子二人。

顾则奂还将顾则坚于1927年病中所作的十帧仿古水墨画结册刊印，题名《柔哥遗墨》。这些画分别模仿了"元四家"黄公望、王蒙、倪瓒、吴镇，及明清书画名家的作品。顾麟士在题跋中写道："三子则坚好弄，不任习静。丁卯九月旧疾复作，医谓非息心养气不为功。强令潜处一月，霍然病已。兹册仿古十帧，即成于药炉茶铛之间，盖独居斗室，犹藉涂抹抒其积习，诚可谓下愚不移已。十一月望日大雪节，西津老渔记。"[1]1929年顾麟士再题："坚子病殁之七日，于其书几重见此册，益增凄其。昔人诗云：未容夸伎俩，唯恨枉聪明。不啻为今日情事咏也。己巳正月二十六日，西津老人挥泪记。"[2]这两则题跋写出了父亲对儿

---

1　顾公柔著，苏州市档案局（馆）、苏州市过云楼文化研究会编：《顾公柔日记》（下），文汇出版社，2018年，第102页。
2　顾公柔著，苏州市档案局（馆）、苏州市过云楼文化研究会编：《顾公柔日记》（下），文汇出版社，2018年，第103页。

子既怜爱又痛惜的一腔深情。是年，吴大澂嗣孙吴湖帆亦为《柔哥遗墨》题记："公柔先生为鹤逸老前辈公子，精六法，孳孳不倦，频危尤写此册，气韵生动，足绍西津箕裘。方谓后继有人，乃旋即谢世。人世固无常，吾不为公柔悲。顾于窗明几净间，静对此册，又何以遣此悲怀哉！己巳夏日，吴倩记。"[1] 吴、顾两家世交，吴湖帆自然十分理解顾氏父子的感情，作为一个画家也十分认同顾则坚的才情，认为他本可以克绍箕裘、继承父亲的衣钵，对其早逝深表惋惜。

## 结语

惜顾则坚英年早逝，否则在绘画上的造诣和知名度也许就与今不可同日而语了。但是顾麟士父子对苏州美术界的影响却值得记上一笔。他们以怡园为依托，以过云楼为文脉，致力于对中国书画艺术的传承和推广，让传统文化得以发扬光大，让更多的苏州画家为世人所知。他们对书画艺术的精研痴迷，对文化遗产的守护相传和以藏治学，对志同道合之书画爱好者的赏识帮助，以及父子兄弟间的和睦敬爱、互相成就，都体现了过云楼家风的赓续绵延。

---

1 吴湖帆号倩庵，又名倩。其为《柔哥遗墨》所题记藏于苏州博物馆。

**参考文献：**

1. 颜文樑撰：《十年回顾》，《艺浪》第八期，1932年。

2. [清]顾文彬著：《过云楼书画记》，上海古籍出版社，2011年。

3. 张继馨、戴云亮著：《百年墨影——二十世纪苏州美术》，古吴轩出版社，2014年。

4. 唐乃彦撰：《百年过云楼——清顾文彬的收藏及其后人书画艺术》，《荣宝斋》第六期，2015年。

5. 高福民编著：《过云楼梦——大变革时代江南文脉之一隅》，文汇出版社，2016年。

6. [清]顾麟士著，苏州市档案局（馆）、苏州市过云楼文化研究会编：《读书随笔》，文汇出版社，2018年。

7. [清]顾麟士著，苏州市档案局（馆）、苏州市过云楼文化研究会编：《鹤庐画趣》，文汇出版社，2018年。

8. [清]顾公柔著，苏州市档案局（馆）、苏州市过云楼文化研究会编：《顾公柔日记》，文汇出版社，2018年。

9. [清]顾麟士著，苏州市档案馆、苏州市过云楼文化研究会编：《鹤庐画识》，文汇出版社，2019年。

10. 俞菁撰：《未容夸伎俩，唯恨枉聪明——记过云楼第四代传人顾公柔》，《传统文化研究》第26辑，苏州大学出版社，2020年。

11. 沈慧瑛著：《江南收藏世家过云楼》，古吴轩出版社，2021年。

# 顾承往事

倪嘉琪

（苏州市档案馆）

**摘　要**：过云楼第二代主人顾承是过云楼创建与发展过程中承上启下的重要人物。本文从顾承的个人经历出发，梳理其在书画收藏、怡园修建、家族经营等方面所发挥的种种功用，洞察"以藏治学"家风的传承，试图寻觅过云楼绵延百年背后的奥秘。

**关键词**：顾承；书画收藏；怡园修建；家族事务

苏州顾氏家族有着悠久的历史，是顾野王后裔，本为汉魏南北朝时期苏州郡望。及至顾文彬祖辈虽已为平民，但诗书传家的良好门风仍在。清同治十二年（1873），顾文彬于铁瓶巷建过云楼，以顾文彬、顾承、顾麟士、顾公雄为代表的历代过云楼主人，均善书画、好收藏，共同构建了一座百年藏书楼，在江南文化史上写下了浓墨重彩的一笔。

随着《过眼烟云——过云楼历代主人手书精粹》系列丛书的出版，我们得以深入了解顾氏各人的故事，勾勒出过云楼落成、怡园修建、书画满屋、典当经营的种种图景，捕捉到顾氏家族社会交往与家庭教育的诸多侧影。今次，我们仅将视线投向过云楼第二代主人顾承。顾承（1833—1882），顾文彬第三子，初名廷烈，改名承，字承之，别号骏叔，又号乐泉（乐全）。幼慧而体弱，天性孝友。自幼学画，精于鉴赏书画古籍，收藏家。他辅助父亲顾文彬创建过云楼，又引领三子顾麟士将过云楼的收藏推向顶峰，在怡园修建、书画收藏、家族经营等各项事务中均发挥了不可或缺的功用，是过云楼发展史上承上启下的重要一环。梳理其人生经历，或可窥见过云楼得以延续百年的些许奥秘。

## 一、顾承与书画收藏

道光八年（1828），有戚魏某携《吴道元水墨维摩像轴》及院画《上林图》售顾文彬，是为过云楼收藏之始。顾文彬之收藏，虽是发自本身兴趣，却始终未脱借以襄助家学乃至强化家族血缘纽带之念。他将"以藏治学"的理念镌刻于顾氏家风中，"今此过云楼之藏，前有以娱吾亲，后有以益吾世世子孙之学"[1]。

受此家风熏陶成长起来的顾承，自幼与长兄廷薰、次兄廷熙从塾师徐江帆先生，读举业之学，兼习书画。江帆先生素工书，其时翁小海、范引泉、沈竹宾、程旭伯诸君皆以画名，与江帆交好，时往塾中，顾承因此得兼众家之长，其"书从颜鲁公入手，偶仿近日诸名家，无不毕肖"，"画则泛滥各家，尤喜摹小米思翁水墨一种"[2]。

顾文彬在外宦游期间，过云楼的收藏便多倚仗书画功底深厚的顾承经手。顾承生性好收藏，幼时便"遇有书画小品，私出所蓄饼饵钱购之"，其后更是"好古如饥渴"，"自唐宋元明迄于国朝，诸名迹力所能致者

---

1　顾文彬：《过云楼书画记》，上海古籍出版社，2011年，第4页。
2　顾文彬：《皇清敕授修职郎翰林院待诏元庠附贡生亡男承行述》稿本，1882年。

靡不搜罗"[1]。据《顾承信札》所载，仅同治十一年八、九月间，顾承做主购藏的书画便有以下数宗[2]：

> 新获松圆小卷（十八元），李长蘅题后，与杨吉州、张尔唯两卷配合甚好，琴霞辈均赏。陈鸣远砂台估值卅，交行廿元，吴生台亦看值十元。
>
> 寿林画件带定，拣定者已有二百七十元，今加入郭河阳寒江独钓、倪云林湖上斋居两轴（寒碧庄物）、明人金扇册（唐竹子，文山水等）、朱青笠条幅六帧，共付洋三百元，照码九折不到。
>
> 叶氏画件在女流手中，已全数托诗龄带还。廉州册加之一百元，龙友轴加之卅元，余外取四件，共加之二百元。
>
> 陈家书目即誊过一帙，交书肆评估，共值一千一百四十元，交价交与书肆，不论某种，具可承买。男以为一千五百总值，与郐卿书籍较之，此票大可获利。

但观顾承存世之手稿《过云楼书画录初笔》《过云楼书画录再笔》《楚游寓目编》，收录法书名迹220余件，其中有卢鸿、赵孟頫、黄公望、米芾等唐宋元名家之作品，而以明清书画为主，于明四家（沈周、文徵明、唐寅、仇英）、清初四王（王时敏、王鉴、王翚、王原祁）、董其昌、恽寿平等人的作品尤多。顾承撰写了每件作品的用材、尺幅与表现形式以及不同时期各人的题跋与印鉴，详考其流传始末。收录者均为个中珍品，精中选优而来，据此推测，顾承过眼之书画想有逾千种之巨。

顾承购藏书画所费不菲，但顾文彬少有干涉，固然是因父子有着共同的收藏热情，亦是他对顾承鉴赏能力的高度信任，称其辨"物之真伪，

---

[1] 顾文彬：《皇清敕授修职郎翰林院待诏元㫺附贡生亡男承行述》稿本。
[2] 顾承著，苏州市档案局（馆）、苏州市过云楼文化研究会编：《顾承信札》，文汇出版社，2018年，第22、44、120、144页。

一见即决，百不失一"[1]。为此，顾文彬宦游期间得见书画，若有不决者便致信顾承，且列数例如下[2]：

> 朱成衣持来麓台画卷，我审其款字，决为真迹，但从王吴合册失眼之后，于麓台画尤不敢轻信，汝若亦定为真，必得无疑。

> 有人携示邓完白篆书六幅，我不辨真伪，寄汝一审。退老处亦有屏可比较，评定后或真或伪，如真，值若干，迅即寄还。石涛蔬果卷寄汝一决真伪。

> 有人携示山谷卷，索价三百元，现落至百四十五元，不能减矣，特寄与汝一决真赝。

父子二人戮力收藏，常有所获，却也不免有审择过滥、花费过巨之虞。顾文彬遂采纳顾承之建议，"从今以后，必照汝所言，必要至精之品，一无毛病，爱不忍释者，方可收得"[3]，其后所得便俱是徐青藤花卉人物小册、八大山人花果小册、南田设色花卉鸟虫写生册等珍品。

如是，至光绪初年，过云楼收藏已蔚为大观。以顾承先前所辑《过云楼书画录初笔》《过云楼书画录再笔》为蓝本，父子二人遴选精品收藏，以作者年代为序，自唐迄清，著录共计246件法书名迹，编撰了10卷本的《过云楼书画记》，为今人留下了开启昔日过云楼宝藏的钥匙。

顾承于书画之外，"旁及金石如钟鼎、尊彝、古钱、古印之类，亦皆精究"[4]，自著《过云楼随笔》《画余盦印谱》《钱谱》，编有《过云楼丛贴》等。

---

1 顾文彬：《皇清敕授修职郎翰林院待诏元庠附贡生亡男承行述》稿本。
2 顾文彬著，苏州市档案局（馆）、苏州市过云楼文化研究会编：《过云楼家书》，文汇出版社，2016年，第127、407、496页。
3 顾文彬著，苏州市档案局（馆）、苏州市过云楼文化研究会编：《过云楼家书》，文汇出版社，2016年，第326页。
4 顾文彬：《皇清敕授修职郎翰林院待诏元庠附贡生亡男承行述》稿本。

## 二、顾承与怡园修建

同治十三年（1874）五月起，顾文彬开始有修建怡园的构想，并在同年八月二十四日的日记中写下了造园初衷。"余拟一园，名之曰适园，先成一赞：不山而岩，不凿而泉。不林薮而松杉，不陂塘而菱荷。携袖中之东海，纵归棹兮江南。或谓文与可之篔簹谷，或谓柳柳州之钴鉧潭。问谁与主斯园者，乃自适其适之艮庵。"[1]

顾氏遂购得明代尚书吴宽旧宅，渐收巷中废地，着手构建怡园。彼时，顾文彬尚在宁绍台道员任上，只可在信中把控方向，实则由顾承主持营造。从图纸设计到具体构建，一屋一亭、一树一石、一柱一井、顾承均要拟出草稿，在信中与顾文彬细细商量，精心营造父亲的归隐之所。

古人云三分水、二分竹、一分屋，顾文彬在动工伊始便提出了"水竹幽居"的命意，其在"适园赞"中再次强调了这一点，提及钴鉧潭与篔簹谷分别取"水""竹"之意。顾承亦深谙此道，他将旧岁所凿之井重新凿穿以保证池水丰沛，将竹里馆柱子换大，使其"较之听枫山馆、沧浪亭胜多矣"[2]。念及造园经费有限，顾承遂与父亲商定，确定除三间主屋外，或亭或书室则零星分布以缩减经费，是"一分屋"也。

及至大体架构确定，顾承发现"怡园惜乎树荫少，则日晒夜露，房子一无遮盖，未免吃亏"[3]，遂于亭台游廊、山石立斋遍植花树。他请托专为苏州望族剪扎花树的光福人黄晓云入山讲价，亲往"光福山中选取松柏、海树枝干有致者，捆载而归，直者成林，曲者俯水，就地位置，皆入画意"[4]。用内行人住园收拾，令园内更夫帮同早晚浇灌。翌年，

---

1 顾文彬著，苏州市档案局（馆）、苏州市过云楼文化研究会编：《过云楼日记（点校本）》，文汇出版社，2015年，第310页。
2 顾承著，苏州市档案局（馆）、苏州市过云楼文化研究会编：《顾承信札》，文汇出版社，2018年，第188页。
3 顾承著，苏州市档案局（馆）、苏州市过云楼文化研究会编：《顾承信札》，文汇出版社，2018年，第188页。
4 顾文彬：《皇清敕授修职郎翰林院待诏元庠附贡生亡男承行述》稿本。

花树全活，顾文彬为之一喜，言称"可见地气之旺"[1]，实为顾承精心养护之功。

又见假山、池岸、庭院，园中需石之处颇多，而顾文彬酷爱峰石，常以米颠拜石自比，顾承遂"披榛剔藓，罗而致之。故怡园之石几与狮子林寒碧庄争胜"[2]。

其时，顾承常发"肠红"之症，深受其扰，然因是工程浩大，便是有图纸，亦不敢令匠人任意为之，于是"园内工程自松坡谢世，便是亲督，一日走两次三次，并无另外监工者"[3]。

光绪元年五月，顾文彬告病还乡，怡园已初具规模，但见"东南角空地筑屋三间，四面走廊绕以竹石梅花"[4]，园中池鱼业已投放。此时，园子已由最初的"适园"定名为"怡园"，自适之余多了一层"怡亲"之意，诚如顾文彬所言，怡园之修建，"在余为自怡，在承儿为怡亲也"[5]。

此后，父子二人互相斟酌，补植园中花木，布置各处湖石，修饰景点细节，直到光绪八年全局完好。世人只知怡园主人顾文彬，却不知怡园之落成，实为父子合作之功。

## 三、顾承与家族事务

咸丰十一年，顾文彬应彭蕴章保举帮办团练，"创议乞师皖北，设局会防诸军务，不暇兼顾家事"[6]，嗣后，凡会计出入、子侄教养等一

---

1　顾文彬著，苏州市档案局（馆）、苏州市过云楼文化研究会编：《过云楼家书》，文汇出版社，2016年，第481页。
2　顾文彬：《皇清敕授修职郎翰林院待诏元庠附贡生亡男承行述》稿本。
3　顾承著，苏州市档案局（馆）、苏州市过云楼文化研究会编：《顾承信札》，文汇出版社，2018年，第194页。
4　顾文彬著，苏州市档案局（馆）、苏州市过云楼文化研究会编：《过云楼家书》，文汇出版社，2016年，第457页。
5　顾文彬：《皇清敕授修职郎翰林院待诏元庠附贡生亡男承行述》稿本。
6　顾文彬：《皇清敕授修职郎翰林院待诏元庠附贡生亡男承行述》稿本。

应事务，悉令顾承主之。

购藏字画、添地置产、一应家计，需用不菲。顾文彬为官俸禄固是丰厚，亦常有另觅财源之处。同治年间，顾氏着手开办家族产业，如创设"顾得其"商号，经营酱园业，又购进顾氏义田等，而其中比较有影响的则是与盛康父子、网师园主人李鸿裔、听枫山馆主人吴云等人合股在苏州、常熟开办了济成、济兴等多家典当行。典当行的经营事务多由顾承负责，他熟习典规，大胆用人，能与各位合伙人精诚合作，更敢于在危机中当机立断，规避风险。盛宣怀不顾各家阻拦，先后领回五十万官项存入典当行之时，他为免生亏空公款之事，连累到诸位合伙人，果断提出将济成拉回轮管，后经与顾文彬商议，以济成、济兴之名将所领之款，照股分领，从盛宣怀处取出。之后，有典当行减息让利，影响城中生意，各典欲递公呈，顾承又迅速反应，"邀集各典会商，冀其私和"[1]，急商变通之法，议定章程，使得问题和平解决。正是在顾承的苦心经营下，典当行的收入贴补了购地置产、书画收藏以及日常开支所需。

经营家业的同时，顾承亦从不曾对家人稍有懈怠。家中子侄众多，且年龄参差不齐，顾承抚育、教养、婚娶，尽心尽力，无分厚薄。长子麟元身体素弱，到父亲署中学习，他细细叮咛，饮食、言语皆要格外留神；侄子麟韬结婚新房应做在新屋之西首楼上，却舍不得旧时房间，他体恤非常，以"外进楼面暂做新房，开春仍搬旧处"[2]。顾承亲母早逝，他便将父亲的两房姜室当作长辈照顾。从特色吃食到药物补品，从锦缎衣物到扎色珠宝，但有所需，他必立即着手、精心准备，还特别分而寄之，以免矛盾。对于父亲，他充满了孺慕之情。家中收藏与日常事务但有犹豫不决者，必请父亲酌示；遇有父亲心仪藏品，他求寻千里，不惮劳烦；父亲生病，他牵挂非常，再三叮嘱，"嗣后饮食必宜小心，起

---

[1] 顾承著，苏州市档案局（馆）、苏州市过云楼文化研究会编：《顾承信札》，文汇出版社，2018年，第178页。
[2] 顾承著，苏州市档案局（馆）、苏州市过云楼文化研究会编：《顾承信札》，文汇出版社，2018年，第152页。

居尤宜珍重"[1]。

对于子侄们的课业与家学的传承，顾承更是殚精竭虑。子侄们少不更事，"不惟不勤写作，连身子不能常作定书室"[2]，他忧心忡忡，请父亲在信中严谕各孙并计划另延蒙师，必要子侄考取课举进学；顾氏以藏治家，却非子侄辈性之所好，他谨遵父亲教诲，每月三期，每次取字画十件，"先论其人，次论其书法、画理，再论其价值"[3]，以慢慢培植他们的书画根基。

光绪八年，顾承偶感暑气触发咳血之症而逝，尚不足五十岁。顾文彬肝肠寸断，作哭子诗百首，"平生不抱誉儿癖，衰老偏吟哭子诗。一字吟成一滴泪，龙钟双袖少干时"[4]，以表达不尽的哀思。他在日记中感叹"自承儿殁后，余古玩之性索然已尽"[5]，《过云楼书画记》定稿亦无心付梓。幸得在父亲顾承言传身教下成长起来的顾麟士，勤研书画，工于绘事，终得继承祖父与父亲衣钵，将过云楼收藏推向鼎盛。他在《过云楼书画记续记》的自叙中表露了对收藏家风的感念，"前人之藏也无心，而后之人无心焉好之，所谓种瓜得豆，薰习濡染有不期然而然者……余幸获益之非晚"。顾麟士严守家训，恪守家藏，如父亲顾承般以藏治学，悉心教育子侄，其子顾则扬、顾则坚、顾则奂，其侄顾则正，皆受家学影响，得入书画之门，且精于鉴赏。

以多病之躯，藏书画、建怡园、理家计，饱含着顾承对家族的责任与对家风的守护。而顾承终身践行的这份责任与守护，正是顾家最为宝

---

[1] 顾承著，苏州市档案局（馆）、苏州市过云楼文化研究会编：《顾承信札》，文汇出版社，2018年，第80页。
[2] 顾承著，苏州市档案局（馆）、苏州市过云楼文化研究会编：《顾承信札》，文汇出版社，2018年，第20页。
[3] 顾文彬著，苏州市档案局（馆）、苏州市过云楼文化研究会编：《过云楼家书》，文汇出版社，2016年，第6页。
[4] 顾文彬：《过云楼书画记》，上海古籍出版社，2011年，第214页。
[5] 顾文彬著，苏州市档案局（馆）、苏州市过云楼文化研究会编：《过云楼日记（点校本）》，文汇出版社，2015年，第542页。

贵的精神力量，使得顾氏"以德传家""以藏治学"的家风绵延百年，使得过云楼一步步成为江南最著名的收藏楼，亦使得过云楼收藏传人辈出，无断层之虞，顾氏后人至今仍尽力保存先人遗泽。

**参考文献：**

1. ［清］顾文彬著：《过云楼书画记》，上海古籍出版社，2011年。
2. ［清］顾文彬著，苏州市档案局（馆）、苏州市过云楼文化研究会编：《过云楼日记（点校本）》，文汇出版社，2015年。
3. ［清］顾文彬著，苏州市档案局（馆）、苏州市过云楼文化研究会编：《过云楼家书》，文汇出版社，2016年。
4. ［清］顾承著，苏州市档案馆、苏州市过云楼文化研究会编：《顾承信札》，文汇出版社，2018年。
5. ［清］顾文彬撰：《皇清敕授修职郎翰林院待诏元庠附贡生亡男承行述（稿本）》，1882年。
6. 沈慧瑛著：《江南收藏世家过云楼》，古吴轩出版社，2021年。
7. 陶大珉撰：《从过云楼到怡园：顾氏书画鉴藏及其艺文交往》，《美术学研究》，2011年。

# 顾文彬家庭教育思想研究
## ——以《宦游鸿雪》[1]为中心

王圣云

（中国人民大学清史研究所）

**摘　要**：元和顾氏世代所传承的家学具有一定的特殊性，在晚清嘉道时期内外动荡之际，顾文彬一脉不再拘泥于传统儒家"学而优则仕"、归田"以科名长其子孙"的道路，而是强调"愿以书画传家"。《宦游鸿雪》收录了顾文彬仕宦在外期间所写的家书，集中反映了一位书画收藏家对后辈的期待。他希望子孙后学能够承袭家业，经营书画买卖，如此则不仅能够维持家族生计，亦可传承传统文化、塑造精神品质。他还希望族中子弟能够勤俭持家、维护家族和睦、善于治理家事，以更好地传承过云楼之文脉。这些教育思想皆彰显出族中代际思想碰撞的火花，成就了独特的书画传家之风，其中蕴含着的家族文脉世代传承的精神因子，也对晚清时期动荡局势下中华文化遗存的保护发挥了重要作用，今天仍有借鉴意义。

---

[1] 此处《宦游鸿雪》指苏州市档案馆2019年整理出版的图书（全四册），主要辑录顾文彬同治九年至光绪元年期间赴京谋职、任职浙江宁绍台道员期间寄回苏州的家书。

**关键词**：顾文彬；家风；家教；江南文化

嘉道之际清朝统治由盛转衰，内部起义频仍，外敌屡屡入侵，迫使政府开捐纳，官场腐化加剧，地方吏员敲诈勒索、瞒报赋税更是普遍现象[1]。龚自珍（1792—1841）将嘉道之衰比拟为"日之将夕，悲风骤至，人思灯烛，惨惨日光"[2]，可一定程度上反映出时代之哀。而此时的社会主流依旧延续了传统儒家观念的"学而优则仕"，甚至"以退缩为老成"，"以为苟安其位一日，则一日荣；疾病归田里，又以科名长其子孙"[3]。风气所及，自然影响着顾氏家族所生活的江南。然而另一方面，随着明清以来江南财富积累与文化繁荣，书画作为商品流通的市场逐渐扩大；同时，随着清统治的失序与政治管辖的松弛，大量遗献复出，书画市场流通的商品范围逐渐扩大，为从事金石书画买卖活动提供了市场条件。

元和顾氏自顾文彬一代，一改世代耕读之传统，开书画传家之滥觞。这不仅对于顾氏家族意义重大，对于江南文脉的传承、中华文化的保护更是有非凡之功。顾文彬（1811—1889），字蔚如，号子山、紫珊，晚号艮庵，又号眉绿老人。清元和人，道光二十一年（1841）进士，编著有《过云楼书画记》《集词楹联》《眉绿楼诗》《眉绿楼词》等，是影响顾氏家族后续历史走向的重要人物，翁同龢《书禅识是晚年书》赞其"过云楼主谪仙才，尺幅能将碎锦裁。留得怡园好泉石，轻舟携书渡江来"[4]。顾氏家族人才辈出，顾文彬后人依托过云楼之藏品，以怡园为中心，云集名流，挥毫泼墨，《吴县志》云"遂为有清一代艺苑传

---

1　徐杨：《道台的银两：清末宁绍台道收支初探》，《中华文史论丛》，2017年第2期，第395—396页。
2　龚自珍：《龚自珍全集》，上海人民出版社，1975年，第87页。
3　龚自珍：《龚自珍全集》，上海人民出版社，1975年，第31—32页。
4　［清］翁同龢：《瓶庐诗稿》，民国八年邵松年等刻本，卷八，页30。

人之殿"。

亲缘关系是构筑家族文化传承的纽带,依叶昌炽《藏书纪事诗》一书所见,明清时期510位藏书家中,有祖孙、父子、兄弟、叔侄、夫妻等亲缘关系的就有87家[1],可见家族文化传承于藏书一途的重要影响。从顾氏家族来看,虽历经战乱、"文革"、城市变迁等诸多因素,但过云楼所藏大量书画瑰宝递藏至今,仍完好无损,可见顾氏后人保护先人遗泽的谨慎态度,这与过云楼之开创者顾文彬的家庭教育思想紧密相关,而族中世代相传的教诲正是依托亲缘纽带而葆有至今。

顾文彬对家庭教育的思考与实践可见诸其所作诗文、题跋、书信等,其中家书尤能展示他对子孙成长的殷切希望。顾文彬之玄孙顾笃璜先生藏有保存完好的《宦游鸿雪》,主要辑录了顾文彬同治九年(1870)至光绪元年(1875)期间在京谋职、任职浙江宁绍台道员期间寄回苏州的家书。近年来随着苏州市档案馆将相关古籍整理成果出版,更多人能够看到顾氏家族所代表的江南文化之赓续脉络,《宦游鸿雪》更是集中地为我们提供了窥探顾文彬家庭教育思想及元和怡园顾氏文脉传承的窗口。

## 一、争气即是立志

"争气即是立志"一语出自同治九年顾文彬所写的第二号家书,信中讲道,二媳因病不起,未几去世。时顾文彬刚刚启程,颇为懊悔道,"设早料及此,必稍缓启程"。信中顾文彬回忆了儿媳临终前叮嘱孙辈之言语,并借以阐述:

> 二媳临终遗言,嘱孙辈"争气",虽只两字,实已包括无遗。孟子曰:"尚志。"志,即气也,故争气即是立志。凡人建功立业,

---

[1] 叶昌炽:《藏书纪事诗》,上海古籍出版社,1999年。

未有不从争气得来。但愿孙辈守一言而终身行之，死者可瞑目，生者可成人矣。[1]

在此，顾文彬将"争气"与"立志"结合起来，统一为一种积极进取的精神力量，并对孙辈解释为"志，即气也，故争气即是立志"，可见他突出了"立志"二字的重要性，并赋予"立志"以家族传承的价值，教育孙辈不忘逝者嘱托，守一言而终身行之。

那么，对于顾文彬而言，何为所立之"志"呢？首先，从顾文彬少年时期的经历来看，他的志向与同时代大部分士子已有所不同。顾文彬的父亲顾大澜弃儒学贾，再由经营油行转为投资田产，顾文彬幼时曾见还租佃户衣衫褴褛，恻然悯之，立志他日即使致富，也不愿得田。具有这一恻隐之心的顾文彬对依靠田产租佃这一营生方式已早早表现出排斥。大孙曾立志："有愿办者两事：一立义庄，一随同丈量田亩。"[2] 顾文彬则在家书中告诫他，这些并非急务，与之相对而言，过云楼及家中园林更需要操持建设，由此可见，他希望族中后辈不要将经营土地视为致富、立志的第一手段。

其次，从顾文彬生平来看，顾氏本人确实并非醉心于官秩利禄者。据《憩园词话》中《顾子山观察词又二则》一文记载，顾文彬的个人仕宦经历大致如下：

> 乙未举人，辛丑进士，由庶常改刑部，以知府简发湖北，参楚督官秀峰揆伯军事。积功锡花翎，补武昌盐法道，加布政使衔。旋以忧归。时家陷贼中，挈眷侨居上海。咸丰庚申岁暮，粤寇侵逼，势濒于危。与潘季玉、吴平斋两观察，倡议设会防局。事甫定，官

---

[1] [清]顾文彬著，苏州市档案馆编：《宦游鸿雪（一）》，文汇出版社，2019年，第2页。

[2] [清]顾文彬著，苏州市档案馆编：《宦游鸿雪（三）》，文汇出版社，2019年，第77页。

文恭招之赴楚，仍欲任以军务，固辞得归。道出皖垣，备知曾文正公军威之盛，遂与潘、吴二君密商于吴晓帆方伯，税轮船以迎李伯相之师，肤功克集，实其首谋也。苏城既复，清厘故业，抚助族姻，不复作出山计。至友劝之，始北上。到都数月，即授宁绍台道，三载即引疾归。

由此可见，顾文彬本人虽是通过学习"四书""五经"考中进士入仕，历任地方官和京官，却并未表现出对官场的流连，甚至在被委任军务时"固辞得归"，任职宁绍台道员三年即称病归乡。

不以购置田产或追求高官厚禄作为志之所向，体现了顾文彬所立之志的特殊性。清代嘉庆、道光年间儒家思想中"经世致用"的地位进一步凸显，读经世之书并入仕仍是士人的普遍追求。与顾文彬同时代、同处江南的翁同龢应当能够体现这一时期主流士大夫的态度与追求。常熟翁氏家族是清代誉冠江南的名门望族，翁同龢主张"以诗书忠厚之泽传家"为家训[1]，并告诫子孙家族兴旺不衰要靠读书力学、忠厚贤孝，颇具传统儒学"耕读传家"之特色。顾文彬要子孙后代所立之志却与之不同，他勉励子孙所立之志与传统的"立德、立功、立言"有所区别，这一"志"并非单纯的诗礼传家，而是需要兼顾家族经营产业的实用之"志"。

综合时代背景、市场条件与个人志向，顾文彬最终选择以书画鉴赏、买卖作为家族收入的重要来源。虽然自己通过科举而入仕，并积累了一定的钱财，但他并未购求田产雇佣佃农，而是将大部分钱财投资于书画收藏，这也影响着后辈志之所向。顾氏家族将金石书画买卖作为生活的重要支撑，对书籍的赏鉴可谓是其家学渊源。购入书画时，顾文彬对藏品本身所值的价格极为重视，并多次在家书中提及，这体现了他不仅重视书籍、艺术品的文化价值，还注重与维持家族生计息息相关的经济价

---

1 谢俊美：《翁同龢集（下）》，中华书局，2005年，第979页。

值，并且他多次在家书中就各幅书画的价值进行说明，"新得书画各件，皆是出色之物，价虽昂而仍不吃亏"，"我思此帖以灵飞为最值钱，既缺此本，声价必应大减"[1]。此外顾文彬宦游在外时常常访问当地的书画市场，将书画市场信息传递给家中亲友，以便寻求合适的时机买卖。由此可见书画这一事业被顾文彬赋予了家族生存重托、发扬家族荣耀的重要意义。

在顾文彬的影响下，顾承子承父业。同治十一年（1872）八月初一，顾承在信中写道，"惟邠怀书籍尚未装箱，华书贾所少《文苑英华》亦未交来，深以为恨"[2]，可见已将父志传承。此后族中后辈历代承袭这一志向，顾氏家族藏书之所过云楼世有"江南收藏甲天下，过云楼收藏甲江南"之称。顾氏家族所立之志，是进步的，是有意义的，它不仅对家族的发展有意义，而且对中华文化艺术之传承有价值。

## 二、先书画之才，后举业之学

立志以书画传家需要相应的才学为支撑与基础，在顾氏的家庭教育思想中，二者可以概括为"书画之才"与"举业之学"，且在顾文彬看来，前者相对于后者更为重要。值得注意的是，此处"书画之才"并非指的是挥墨写诗、泼墨作画之才，而是侧重于对金石、书画的鉴赏、评价之才。或许在顾文彬看来，赏鉴书画之才相对而言更易于培养，即可通过家族藏品熏陶、个人勤奋努力达到；举业之学的目标达成则不仅需要家族支持、个人刻苦求学，还会受制于外界条件，诸如考官喜好、社会风气、战乱影响等因素亦会影响仕途。对顾文彬而言，举业之学不如书画之才稳妥。此外，基于晚清的时代环境，大量书画流入市场，甚至

---

[1] ［清］顾文彬著，苏州市档案馆编：《顾文彬日记（三）》，文汇出版社，2019年，第15页。
[2] ［清］顾承著，苏州市档案馆编：《顾承信札》，文汇出版社，2018年，第4页。

流散海外，急需通过有识之士的鉴赏甄别，以去伪存真，故"书画之才"实际蕴含着经世之意。为此，虽然他像同时代其他士人一样，督促后辈勤学读书，期盼子孙中有通过举业而成才之辈，但顾文彬同时认为子孙后代不必偏执于此。

"先书画之才，后举业之学"，这一思想与顾文彬本人的仕途经历有一定的关联。顾文彬居京为官十五年，但并未被提拔重用。在清王朝日薄西山、内忧外患之时，席卷大清疆域半边的太平天国运动兴起，顾文彬和其他汉人官员一样被调往各地处理战事。随着太平天国的军队自广西出发，迅速北上直攻湖南湖北，顾文彬受命补湖北汉阳府知府。在他赴任湖北的前一年，其好友赫舍里多山调任武昌按察使，在其他道员大多驻城外督战以保全身家的情况下，独自留守助力城中防务，最终在城陷时战死，顾文彬哀叹"今日凄吟君不见，奠椒浆、焚与风前纸"，可谓亲眼目睹了保国官员的无力与无奈。顾文彬本人颇具政治才干，曾与苏绅冯桂芬、潘曾玮在上海设立会防公所，筹二十多万两军费，派遣英国商船至安庆迎接李鸿章的淮军，解了上海之围。[1]但是当李鸿章向顾氏抛出橄榄枝时，他并未接受。亲历官场坎坷令他名心益淡、不求闻达。

## （一）书画之才

从顾文彬本人来看，他不仅精于赏鉴，搜罗唐宋元明清诸家名迹，著有收录其考辨慧语的《过云楼书画记》；更是娴于诗词、工于书法，以《眉绿楼词》《顾文彬诗文集》等为代表的诗文集作品是他诗画才情的具体表现，无怪乎翁同龢盛赞他为"谪仙之才"。

顾文彬创建过云楼以遗后人，意味着他不仅仅将收藏、买卖书画视为一种家族谋生之道，更重视的是其中精神价值之传承，正所谓书画诗词传承着先贤的思想与情感，"前有以娱吾亲，后有以益吾世世子孙之

---

[1] 沈渊：《顾文彬：浮生烟云，尽归过云楼》，https://mp.weixin.qq.com/s/PD9IvZi2PxxfpeAHZmj0wg，2021年10月20日。

学"[1],"孔子云君子不重学不固,诸葛君云非静无以成学,莹学识、陶质性,莫疾于书画"[2]。

将书画鉴赏之才作为培养后代的首要任务,是顾氏家族的特殊之处。在书画教育方面,顾文彬将书画鉴赏才能视为一项专门的、必备的技艺,为了尽可能保证过云楼藏品在他身后不会被居心叵测之徒巧取豪夺,他尽心督促子孙提升书画素养,使得他们具备足够的鉴赏能力。尤其是随着家中收藏日见丰厚、于江南地区颇有名气之时,顾文彬更加注重对后辈相关技能的培养,期望他们能够守住家中所藏。他将自己与顾承视为家族"书画一道"的开创之辈,孙辈及以后乃守成之辈,若他们不精明,不掌握相关技艺,便是"有福不能享"[3],故而愈加督促孙辈于举业之暇讲究书画、万勿蹉跎,可见顾文彬不仅自己认识到了书画一道的价值,还在竭力促使后辈认识到这一事业对家族生存的重要意义。

顾文彬作为过云楼的第一代开创者,在培养顾氏子弟的书画才能方面,有自己独特的思考和实践,具有体系性与连贯性:

首先,只有勤于过眼书画,才能练就鉴赏品评这一技艺,而讲习书画需要有所规划。在与孙辈讲习书画的计划方面,顾文彬非常关心,并多次写信提出自己的设想,甚至细致到对每月讲论书画的件数进行了严格要求,并订立章程以供参考与督促。他在家书中写道:"与孙辈讲论字画一节,宜赶紧行之,不可因循,且须照我前信所定章程,每月六期,每期看十件,若必待许颖叔訾正后始逐件看去,未免迂缓矣。"[4]后又根据实际进度,更改为"所定每月讨论书画之期,拟每月三期,每期十件,终年可阅三百六十件,所藏殆可遍观尽识矣""用一年之功,再验

---

1　[清]顾文彬撰:《过云楼书画记自叙》,清光绪刻本,页2a。
2　[清]顾文彬撰:《过云楼书画记自叙》,清光绪刻本,页1a。
3　[清]顾文彬著,苏州市档案馆编:《宦游鸿雪(一)》,文汇出版社,2019年,第43页。
4　[清]顾文彬著,苏州市档案馆编:《宦游鸿雪(一)》,文汇出版社,2019年,第3页。

其领悟如何"[1]。他还将家藏书画手录一册，并小注两行估价，令孙辈各自传抄参考，以备将来再估价之用。

中国传统家庭制度之下，大家长的监督对后辈完成学习规划有一定的震慑力，顾文彬作为大家长，还常常结合自己的宦游经历，通过书信或当面对孙辈的学习进行教导。在看到孙辈提鸟笼、坐茶馆游荡之时，他贻书劝诫"专习一事方好，即讲究书画亦好"[2]，并嘱咐三子顾承"堂事交卸后，汝当渐暇，书画一节仍须与孙辈讲究，不可因其难于领会置之"[3]。

父子两代结合鉴定意见互相商讨，也是一种书画鉴别方面的督导。在鉴赏与购入书画等艺术品时，顾文彬多与三子顾承探讨，他们既是父子，也是书画同道。顾文彬曾一度认为对书画的鉴赏应该凭借第一感觉，正如金兰颇所言"一眼望去为准""凡事皆以初念为明，一涉转念便有迁就回炉，书画其一端也"[4]。但当顾承在家书中自言看书画眼光如电、一闪便知真伪时，顾文彬嘱咐其"观古人遗迹，必须虚心细审，若自执己见，一望便决其真伪，必有失眼之处"[5]，并举例其曾得到无款石田册一事，顾承乍一看视为伪作，复审始知为真。故而至嘱子孙：以后遇到书画，宁可细审一番，勿夸眼光如电。在顾承提及自己有段时间对书画的兴趣减弱时，顾文彬劝导其："书画一道，汝已阑珊，我尚高兴。汝何不从我之兴，踊跃从事乎？"[6]

---

1　[清]顾文彬著，苏州市档案馆编：《宦游鸿雪（二）》，文汇出版社，2019年，第28页。
2　[清]顾文彬著，苏州市档案馆编：《宦游鸿雪（一）》，文汇出版社，2019年，第10页。
3　[清]顾文彬著，苏州市档案馆编：《宦游鸿雪（一）》，文汇出版社，2019年，第20页。
4　[清]顾文彬著，苏州市档案馆编：《宦游鸿雪（三）》，文汇出版社，2019年，第14页。
5　[清]顾文彬著，苏州市档案馆编：《宦游鸿雪（三）》，文汇出版社，2019年，第14页。
6　沈慧瑛：《解读〈过云楼家书〉》，《档案与建设》2017年第4期，第65页。

当然，对于书画的去留顾文彬与顾承也时有分歧，他曾因顾承擅自回绝几件书画而不悦，特地写家书道，汝眼光虽好，然"父在，子不得专也"[1]，况且写信只需四日可达，完全可以请命而行。顾氏父子对书画均有自己的观点，对其取舍皆有见解，而非亦步亦趋、有单一的价值评判标准，从中可见顾文彬对后辈"鉴赏之才"培养的成果。

在家庭教育影响下，顾承与父文彬被认为具有"空群之目"，登高一呼即可引领收藏界之流向。到孙辈顾麟士时，曾因其"好版本之学"而大量扩大收集宋、元、明、清古籍刻本，甚至不惜花费高于市场价格的重金求得。直至21世纪的今天，过云楼所藏传世孤本宋刻《锦绣万花谷》历经两次拍卖，最终以2亿余元被拍下，期间备受各界人士瞩目，更加证明了顾氏家族所具有的收藏鉴赏眼光。

### （二）举业之学

清代的科举考试制度日臻成熟，越来越多的青年走上科考的道路，尽管八股取士已然不能满足经世致用的要求，但科举依旧是广大士人实现理想抱负的重要方式，也是获取俸禄以生存的主要途径。顾文彬的祖父顾鑑经营油行，父亲顾大澜由经商转为经营田产，后来家道中落。所幸顾文彬自小接受了较好的教育，并在祖母许氏的坚定支持下走上了科举仕途，逐渐将顾氏家族发展为江南地区的文化世家，从这一点来看顾氏对科举当有一定的认同感。

顾文彬作为族中长者时，虽然家族已依靠经营书画有所成就，但依旧希望后辈中能有通过举业成才者。他提出"与其捐监，不如如泮，为正途也"[2]，曾在七孙入学时慨叹："七孙欢喜入塾，或是读书种子，

---

1　[清]顾文彬著，苏州市档案馆编：《宦游鸿雪（三）》，文汇出版社，2019年，第21页。
2　施林霞：《顾文彬的家庭生活研究》，《开封教育学院学报》2019年第4期，第2页。

我家须出几个好子弟，方能继书香而昌门第也。"¹

即使宦游在外，顾文彬也时刻不忘监督孙辈按期作文、用功科举，时常审阅他们的文章并提出建议。"四孙虽来宁，按期作文，仍可寄苏。二、三孙逢文期，必须当日做完，切勿迟至明日交卷。三孙如欲下大场，自应作大题，然小题亦宜相间而作，仍可留为小考地步"²，"此数月内，须嘱孙辈格外用功，已与三孙恳切言之，汝再传谕知之"³。收到四孙的举业文章后，即刻在家书中给予评价，认为其文尚圆熟，未列为一等或许是由于题中，譬如"北辰"三句尚欠渲染华藻⁴。当孙辈忙于家中喜事不能如期作文时，他写信切责之："孙辈既无坐性，作文又不能如期，种种暴弃，可恨之至。现在喜事接踵而来，更易荒功，务嘱孙辈忙里偷闲温习故业为要。"⁵他还结合自身经验，为孙辈推荐科举考试的参考书："校邠诸君与我同考时所刻一部，其中佳作甚多，买一部寄来，俟我选出数十篇，令孙辈读之，必有所进益。"⁶

顾文彬深知举业之要在于良师益友，"诱掖者固在名师，切磋者尤在益友"⁷。在良师方面，顾文彬为孙辈觅得吴培卿教习⁸，并嘱托培卿

---

1　［清］顾文彬著，苏州市档案馆编：《宦游鸿雪（四）》，文汇出版社，2019年，第81页。
2　［清］顾文彬著，苏州市档案馆编：《宦游鸿雪（一）》，文汇出版社，2019年，第52页。
3　［清］顾文彬著，苏州市档案馆编：《宦游鸿雪（三）》，文汇出版社，2019年，第11页。
4　［清］顾文彬著，苏州市档案馆编：《宦游鸿雪（四）》，文汇出版社，2019年，第12页。
5　［清］顾文彬著，苏州市档案馆编：《宦游鸿雪（二）》，文汇出版社，2019年，第54页。
6　［清］顾文彬著，苏州市档案馆编：《宦游鸿雪（一）》，文汇出版社，2019年，第41—42页。
7　［清］顾文彬著，苏州市档案馆编：《宦游鸿雪（四）》，文汇出版社，2019年，第58页。
8　［清］顾文彬著，苏州市档案馆编：《顾文彬日记（三）》，文汇出版社，2019年，第81页。

先生严立课程，勿因学生年纪已大而从宽优待¹。培卿先生到馆之后，学馆规模一振，顾文彬期望"孙辈遇此名师，可望有成"，并催促四孙赶紧回苏，加紧功课学习²。取益友方面，顾文彬认为"取友之广，每在书院、会课两处"。在家书中他纠正了后学"视考书院每以为无足轻重"之"大谬"，教育孙辈"逢课必要认真，切勿草率了事，超等前列之文必须抄录、揣摩，时髦名手必与之结纳讲贯，以资取益"。至于会课方面，顾文彬结合自己经历，认为从童生至孝廉皆应做会课，月必两举，并加以约课，如此能够使名士汇集、切磋琢磨、获益不浅，此举"志在必行"。³

三子顾承谨遵父意，留意孙辈科举之业。同治十一年（1872）八月初九日，顾承向父亲汇报家中子孙学习举业情况，"近来书房中不认真，反不如去岁师江师模样，学台即日考到，三个孙不惟不勤写作，连身子不能常坐定书室。二、三孙甚怕写字，吴师看学生不认真，因而先生亦松劲，必望大人严谕二、三、四孙各一纸"⁴。同年（1872）八月二十二日，顾承写给顾文彬的信中，提及："凡在学内当祭者，虽不列一二等，均给过科举，以示鼓励不致日后废弛。浙省闻已详准，苏省引案仿样，谅亦可准。果尔，二孙春秋与祭有名，四孙秋学有名，应邀请科举之列，想不虚此一场也。"⁵在传统中国大家长制度之下，这样的书信沟通与大家长监督自然对孙辈具有较强的震慑、引导作用。

在顾文彬、顾承、江师、吴师等人的教育下，顾氏孙辈们纷纷投身

---

1 ［清］顾文彬著，苏州市档案馆编：《宦游鸿雪（二）》，文汇出版社，2019年，第2页。
2 ［清］顾文彬著，苏州市档案馆编：《宦游鸿雪（二）》，文汇出版社，2019年，第10页。
3 ［清］顾文彬著，苏州市档案馆编：《宦游鸿雪（四）》，文汇出版社，2019年，第58页。
4 ［清］顾承著，苏州市档案馆编：《顾承信札》，文汇出版社，2018年，第21—22页。
5 ［清］顾承著，苏州市档案馆编：《顾承信札》，文汇出版社，2018年，第66页。

举业,并取得了可观的成绩。从"二、四孙均得科举"[1] "二、四孙均列二等前茅"[2]可见顾氏对子孙举业的培养成果。

  然而对待族中举业方面的后进之生,顾文彬一边严格要求他们按期作文,鼓励他们积极应考,另一方面也安慰子孙"功名之事皆有前定,得之必可喜,失亦不必愠也"[3],"做个好秀才,每考必列前茅亦非易事。借此,当益加策励,不可徒存抑郁牢骚之见,果能勇猛精进,不怕不出人头地也"[4]。从中可见顾文彬对儿孙科举一途并不强求,他从自己的亲身经历对举业功夫进行了一番探讨,曾经分析道:"大凡举业功夫,筑基总要在二十岁左右,过此以往,虽用功亦不长进。"[5]可见顾文彬认为举子之业的成功有一定的制约条件。

  总之,顾文彬作为家族之长,更为重视的是"鉴赏之才",而不强求后辈为官,对未取得科举功名者持宽容态度。从顾文彬自己的经历来看,他并不以政治资本为重。他曾经拒绝做李鸿章幕僚的邀请,并在任职道台三年后称病辞官回乡。从子辈的发展来看,长子顾廷熏是唯一一位通过科举取得功名的,在湖北时陪伴顾文彬左右协助处理文案,次子与三子则均长于鉴赏、书画[6],这种先书画之才后举业之学的家族教育观点在传统社会中还是难能可贵的。

---

1  [清]顾文彬著,苏州市档案馆编:《宦游鸿雪(二)》,文汇出版社,2019年,第42页。
2  [清]顾文彬著,苏州市档案馆编:《宦游鸿雪(二)》,文汇出版社,2019年,第45页。
3  [清]顾文彬著,苏州市档案馆编:《宦游鸿雪(四)》,文汇出版社,2019年,第11页。
4  [清]顾文彬著,苏州市档案馆编:《宦游鸿雪(四)》,文汇出版社,2019年,第12页。
5  [清]顾文彬著,苏州市档案馆编:《宦游鸿雪(一)》,文汇出版社,2019年,第41页。
6  沈慧瑛:《过云楼主人顾文彬家世考略》,《档案与建设》2018年第1期,第59—62页。

## 三、治家事与传文脉：顾氏家族的"两重"

顾氏作为以艺术鉴赏、买卖收藏为重要支撑的家族，教育子弟必然需要兼顾"两重"——治理家庭事务并维持生计、传承文脉以绵延不绝。可以说治理家事与传承文脉是家族发展的一体之两面，二者一个功在当代，一个功在千秋，都展现了顾文彬对整个家族的期许。

### （一）治家事

作为一家之长，顾文彬要关心家中开支、家中事务、族内关系等；同时为了经营书画之家，他有着不同于传统士大夫的治家之道，这些在顾文彬日记及其所写家书中可见一斑。随着自己年事渐高与藏品增多，他希望子辈能够善于治理家庭事务，以和睦的家庭氛围稳固来之不易的家业，故而对子孙提出相关期待和要求。

#### 1. 重视节俭

勤俭持家是一个氏族长久兴盛的重要法则之一，子弟节俭方能有所积蓄，这也是购置金石书画的前提条件之一，顾文彬对此极为重视。他曾在家书中写道：

> 我家去年喜事层出，今又接此丧事，费用浩大。是以诸事可省即省。恐孙辈不知艰难，一味要好看，可以我意谕之，勿专令汝难做人也。[1]

随着顾家开枝散叶，门房逐渐增多，顾文彬针对各房的支取用度设定了节制之法。他会对比苏州和其他地方的物价，在价格较低处购买日常生活用品、家中族人衣物、女眷配饰等，还在同治十三年（1874）六

---

1 ［清］顾文彬著，苏州市档案馆编：《宦游鸿雪（一）》，文汇出版社，2019年，第1页。

月所写的家书中规定:将四子分为四大房,"每房每年提给洋六百元作日用一切之费,公中只备午、晚两餐及诸亲友婚丧喜庆礼物,此外分文皆不准取给于公中"[1],并希望子孙恪守毋违。从这些规定可以看到顾文彬以严格的制度要求后代勤俭持家、切勿挥霍。

### 2. 敦促和睦

"家和万事兴"是中华传统文化的重要概念,作为大家族之长,顾文彬极为重视顾氏各支之间的团结和睦,他认为家族的团结、和睦至为重要。当三孙不去复试时,他不仅写书训饬三孙,而且认为顾承身为叔父,"谊应责令去考,四孙亦应劝令去考,家庭之间,何皆漠不关心、视同陌路耶?"[2] 家庭内部不免有些纷争,对于这些顾文彬在家书中强调"家庭以和为贵"[3],并认为作为一家之长,要学会"忍"字,遇事坦然化解矛盾,以促进家庭和睦为旨归。

大孙女出阁时,身为祖父的顾文彬无法回家,只得托书信以作训诫。他在家书中所写的话语表达着对家庭和睦的祝福,也体现着顾文彬对家中女子的家庭教育思想。"大麟"是顾文彬对孙女的爱称,他在家书中嘱咐其出嫁后应该如何维护家庭和睦,字里行间充满了长辈的关怀:

> 大麟素杏尚为驯顺,此后务当孝顺重闱,敬事夫子,扶躬宜俭,作事宜勤,谨慎为先,言笑勿苟,退楼夫妇必能爱怜小辈。况门当户对,定然另眼相看。其姑传闻略有脾气,尤须加意侍奉,切勿稍有违拗。况生长我等阅阀之家,一切规矩礼貌,偶有失措,便要受人指摘,被人谈论,非同小户人家子女,可以恕其无知也。两家虽

---

1 [清]顾文彬著,苏州市档案馆编:《宦游鸿雪(四)》,文汇出版社,2019年,第38页。
2 [清]顾文彬著,苏州市档案馆编:《宦游鸿雪(三)》,文汇出版社,2019年,第78页。
3 [清]顾文彬著,苏州市档案馆编:《宦游鸿雪(二)》,文汇出版社,2019年,第48页。

对衡望宇,无事不必时常归宁,彼家新妇,只此一房,自应常依膝下也。[1]

### 3. 宽严有度

长者在外为官,家事也需要人来治理,随着顾氏藏书买卖的发展,家业也越来越大。顾文彬在这方面尤其注重对三子顾承的培养,曾谆谆告诫他:"我不在家,汝即一家之主,遇事必当振作,岂能尽推我出场耶"[2],"当家之人,不免受气诽谤,亦是常有之事",所谓"不痴不聋作不得阿家翁"也[3]。顾承曾通过书信与父亲探讨家族内大小事务的处置,顾文彬评价他"汝做事过于宽柔,既然管理,必要生辣些,不犯着为杏荪所笑也"[4],杏荪即盛宣怀,顾文彬在此也是对三子顾承的一种激励,希望他能够自信、果敢地处理家中事务,在仁厚的基础上树立威信,宽严相济,才能使家中事务井井有条。

### (二)传文脉

据叶德辉《书林清话》卷九《吴门书坊之盛衰》一文记载:"东邻、西邻乘我之不虞,图画书籍古物,尽徙而入于海外人之手。上海飞凫客,群翔集于茶坊、酒市之中。而吴门玄妙观前,无一旧书摊,无一书船友。俯仰古今,不胜沧桑之感矣。"[5]随着晚清局势动荡,吴门书坊纷纷衰落,我国典籍大量流散海外,顾文彬宦游期间看到了保存中华文化典籍的必

---

1 [清]顾文彬著,苏州市档案馆编:《宦游鸿雪(一)》,文汇出版社,2019年,第24页。
2 [清]顾文彬著,苏州市档案馆编:《宦游鸿雪(四)》,文汇出版社,2019年,第7页。
3 [清]顾文彬著,苏州市档案馆编:《宦游鸿雪(四)》,文汇出版社,2019年,第2页。
4 [清]顾文彬著,苏州市档案馆编:《宦游鸿雪(四)》,文汇出版社,2019年,第85页。
5 [清]叶德辉:《书林清话》,中华书局,1957年,第168—171页。

要性，也带给后辈一份责任与紧迫感。顾氏后辈重视家族事业、严守庋藏法则、严格防盗，代代延续着先贤教诲，在家国衰败的晚清、战火频仍的抗战时期不惜辗转各地，保存了大量传统文献与艺术作品。

### 1. 庋藏家训

顾文彬曾就过云楼藏品制定了庋藏法则，这可以视为顾氏传承的家训："书画乃昔贤精神所寄，凡有十四忌庋藏家亟应知之：霾天一，秽地二，灯下三，酒边四，映摹五，强借六，拙工印七，凡手题八，徇名遗实九，重画轻书十，改装因失旧观十一，耽异误珍赝品十二，习惯钻营之市侩十三，妄摘瑕病之恶宾十四。"[1] 顾文彬定下这十四忌收藏法则，从保存条件、收藏原则到价值取向，较为全面地细致叮嘱后人如何传承赓续，告诫子孙要珍爱这些藏品。

### 2. 严格防盗

由于家中所藏书画费父子数十年心力，价值不下一二万金，过云楼名声初起，盗贼也盯上了这些宝物。为此，顾文彬极为重视家中的保护之方，多次在信中嘱托：加意照料门户火烛，前门严谕司阍，家人稽查出入，后门及时关门落锁，尤防匪徒潜入。顾文彬教育晚辈谨慎守护过云楼的态度与家中森严的防卫使得这一批藏品能够安然渡过多场劫数而保存良善。

### 3. 代代传承

在顾氏家族代代相传的文脉浸淫之下，到了清末，过云楼在顾承之子顾鹤逸的手上不仅成为书画收藏上千幅的藏书楼，同时也成了集藏宋元旧刻、精写旧抄本、明清精刻本、碑帖印谱800余种的大型藏书楼。[2] 《宦游鸿雪》《顾文彬日记》《顾文彬诗文稿》、顾承《过云楼书画录初笔》《过云楼书画录再笔》等作为顾氏家藏秘珍代代相传，一直递藏

---

1 ［清］顾文彬撰：《过云楼书画记凡例》，清光绪刻本，页4a。
2 马杰：《姑苏小巷"过云楼"的印痕》，《寻根》2012年第6期，第130—131页。

到今天，传至顾文彬的玄孙顾笃璜先生手中，这是一种经验的传递，更是一种文化的传承。

  总之，顾文彬通过言传身教、鸿雁传书等方式教导晚辈，成就了独特的书画传家之风，也实现了过云楼文脉的赓续。在他看来，无须强求族中子弟日后入朝为高官，也不可通过经营土地压榨佃户获利，而是应当经营书画收藏与鉴赏谋生，并以此为媒介传承文化。书画更重要的使命是继承先贤精神、传承文化使命，顾氏先辈将这一精神播种，顾氏后人将之发展发扬。顾氏家族并不认为过云楼中奇珍至宝皆是顾氏私有，新中国成立后，顾氏后人将所藏的诸多书画无条件地捐赠给了国内各大博物馆。过云楼中的藏品为传承乡邦文献和先贤精神提供了可能，顾氏家风也为后世留下了宝贵的精神财富。过云楼的藏书具有社会意义与深远历史影响，顾氏家族在晚清至近代他者入侵的特殊时期保存了数量、质量均可观的图书，传承了中华文化。

**参考文献：**

1. [清]顾承著，苏州市档案馆、苏州市过云楼文化协会编：《顾承信札》，文汇出版社，2018年。

2. [清]顾文彬著，苏州市档案馆、苏州市过云楼文化协会编：《顾文彬日记》，文汇出版社，2019年。

3. [清]顾文彬著，苏州市档案馆、苏州市过云楼文化协会编：《宦游鸿雪》，文汇出版社，2019年。

4. [清]顾承著，苏州市档案馆、苏州市过云楼文化协会编：《过云楼书画录初笔》，文汇出版社，2019年。

5. [清]顾承著，苏州市档案馆、苏州市过云楼文化协会编：《过云楼书画录再笔》，文汇出版社，2019年。

6. 苏州市档案馆编：《过云楼友朋信札》，文汇出版社，2021年。

7. [清]叶德辉著：《书林清话》，中华书局，1957年。

8. 范凤书著：《中国私家藏书史》，武汉大学出版社，2013年。

9. 周少川著：《册府文津——古代私家藏书文化研究》，河南人民出版社，2019年。

10. 毛旭、凌冬梅主编：《中国藏书的历史与传统》，朝华出版社，2020年。

11. 沈慧瑛撰：《过云楼主人顾文彬家世考略》，《档案与建设》，2018年。

12. 施林霞撰：《顾文彬的家庭生活研究——以〈过云楼家书〉为中心》，《开封教育学院学报》，2019年。

13. 范金民撰：《晚清江南士大夫的致仕生涯——以顾文彬为中心》，《河北师范大学学报》（哲学社会科学版），2021年。

14. 魏秀萍撰：《明清时期江南私家藏书楼及其文化传承研究》，硕士学位论文，兰州大学，2012年。

图书在版编目（CIP）数据

过云楼与江南文化论文集 / 苏州市档案馆编. — 上海：文汇出版社，2022.12
　ISBN 978-7-5496-3927-4

Ⅰ.①过… Ⅱ.①苏… Ⅲ.①藏书楼－苏州－文集②吴文化－文集 Ⅳ.①G259.258.3-53②G127-53

中国版本图书馆CIP数据核字(2022)第227025号

## 过云楼与江南文化论文集

编　　者 / 苏州市档案馆
责任编辑 / 吴　斐
装帧设计 / 周　丹

出版发行 / 文匯出版社
　　　　　上海市威海路755号
　　　　　（邮政编码200041）
印刷装订 / 苏州华美教育印刷有限公司
版　　次 / 2022年12月第1版
印　　次 / 2022年12月第1次印刷
开　　本 / 787×1092　1/16
字　　数 / 170千
印　　张 / 15.5

ISBN 978-7-5496-3927-4
定　　价 / 55.00元